Conflict Resolution in Early Childhood
Helping Children Understand, Manage, and Resolve Conflicts

儿童的情商课
——教幼儿理解和解决同伴冲突

［美］埃迪斯·J. 惠勒（Edyth J. Wheeler）／著
刘晶波 等／译

中国轻工业出版社

图书在版编目（CIP）数据

儿童的情商课：教幼儿理解和解决同伴冲突／（美）埃迪斯·J. 惠勒（Edyth J. Wheeler）著；刘晶波等译. —北京：中国轻工业出版社，2022.7（2024.4重印）

ISBN 978-7-5184-3944-7

Ⅰ. ①儿… Ⅱ. ①埃… ②刘… Ⅲ. ①情商—能力培养—学前教育—教学参考资料 Ⅳ. ①G613

中国版本图书馆CIP数据核字（2022）第055912号

版权声明

Authorized translation from the English language edition, entitled CONFLICT RESOLUTION IN EARLY CHILDHOOD: HELPING CHILDREN UNDERSTAND, MANAGE, AND RESOLVE CONFLICTS, 1E, ISBN: 9780130874016 by Edyth J. Wheeler, published by Pearson Education, Inc., Copyright © 2004 by Pearson Education, Inc.

All rights reserved. No part of this book may be reproduced or transmitted in any form or by any means, electronic or mechanical, including photocopying, recording or by any information storage retrieval system, without permission from Pearson Education, Inc.

CHINESE SIMPLIFIED language edition published by CHINA LIGHT INDUSTRY PRESS LTD., Copyright © 2022.

本书封面贴有Pearson Education（培生教育出版集团）激光防伪标签。无标签者不得销售。

责任编辑：吴　红　牟　聪　　　责任终审：张乃柬
策划编辑：吴　红　　　　　　　责任校对：刘志颖　　　责任监印：吴维斌

出版发行：中国轻工业出版社（北京鲁谷东街5号，邮编：100040）

印　　刷：三河市鑫金马印装有限公司

经　　销：各地新华书店

版　　次：2024年4月第1版第2次印刷

开　　本：787×1092　1/16　印张：24

字　　数：233千字

书　　号：ISBN 978-7-5184-3944-7　　定价：78.00元

读者热线：010-65181109

发行电话：010-85119832　　010-85119912

网　　址：http://www.chlip.com.cn　　http://www.wqedu.com

电子信箱：1012305542@qq.com

版权所有　侵权必究

如发现图书残缺请拨打读者热线联系调换

240405Y1C102ZYW

译者序：冲破冲突，成就成长

在人类个体的成长过程中，人与人之间的合作与冲突是两种基本且常见的行为样态。前者以彼此之间亲和友善、相互理解、相互支撑、共同达成双方各自的愿景为特征，后者则是以彼此之间的争执交恶、相互排斥、相互拆台，甚至直接破坏对方想达成的理想状态为基本表现形式。

辩证地说，如果我们借助于"探照灯"纵深或绵延地查看二者，则不免发现：合作与冲突乃是宇宙万物间不可或缺且相依相存、此消彼长的一个组合，单纯关注哪一边都难免有失偏颇。然而，当换成用"聚光灯"对准现实生活之时，我们则无论如何都会想尽办法避免、阻止冲突的发生，或者以最快、最有效的方式解决冲突。原因很简单：在当时的情境中，你来我往、恶行不断的冲突行为不仅会对人们的身体、情感以及归属物（权）等造成伤害，更会因为冲突而导致双方陷入深深的僵局，进而根本性地消解人类自身生命中积极的能量，消损人世间的美好。

基于对冲突行为所具有的破坏性认知，在生命初端就学习避免冲突、化解冲突，则成了人类个体社会性成长中的一项重要议题。在教育机构（尤其是幼儿教育机构）中，帮助孩子减少同伴之间的冲突、习得避免和解决冲突的行为策略，是教师极为关注且"操心"的一项工作。

1995—1996年，我在做师幼互动行为研究时发现，在幼儿园里的一日生活中，在幼儿发起的、指向教师的互动行为主题中，发生频率最高的行为恰好是告状行为，即幼儿同伴冲突行为的一个外化表现——借助于向教师报告他（她）的同伴哪里不好、哪里不对，以求教师对之进行干预，甚至惩罚。这一发现不仅证实了"幼儿同伴间冲突行为高发"这一经验性判断，也更进一步让我了解到教师在帮助孩子解决同伴冲突这项工作中的关键困境：孩子之间的冲突并不可怕，帮助孩子们解决冲突似乎也不是难事，可怕的、令人犯难的是那些冲突不仅量大，还弥散在一日生活中的各个时段、各个场景（午睡睡熟时除外），而且原本以为已经解决过的冲突还会"卷土重来"！无奈之下，很多时候教师只能以"最小精力付出，最快速度了断"为行为方针，对幼儿与同伴间的冲突进行淡化处理，甚至采取听而不闻、视而不见的"随它型"回应方式——只要不出现过多、过重的肢体和情绪伤害，就任它自行发生、自行消退。

究其原因，我认为可以分为两个方面：

- 与教师本身要面对的大量既定教学工作内容有关。在紧张的工作步骤推进过程中，教师根本无暇分身关注儿童同伴间的冲突行为——"老师这里正事还有一大堆呢，你们竟然还来吵闹添乱！你们都不要再争了，去做某某事情吧！"孩子们随即散开了事。
- 与孩子自身的行为方式有关。没错，限于其身心发展的阶段性特征，幼儿间很容易发生冲突，也非常愿意以告状的方式寻求教师的支持，但他们的年龄特征决定了其注意力很容易发生转换，很容易"忘记"彼此之间的冲突——上一分钟还在激烈地争吵，转眼间就又玩在一起，笑作一团。这一情况在客观上减弱了教师对幼儿同伴冲突行为的关注程度——"孩子在小的时候就是这样，互相争来争去，打打闹闹，过后就好了，长大后自然也不会这样。"

这两个方面的原因叠加，昭示出一个更为深层的理由：尽管教育者们关注孩子同伴间的冲突问题，但却既没有真正地从教育哲学层面认识到教会孩子理解、解决冲突对于个体成长，乃至整个人类的和平所具有的重要价值，也没有在中观教育理论和微观教育实践操作方面为这一教育困境提供足够的、有效的策略与方法。换句话说，关于幼儿同伴间的冲突问题，存有大量的研究空间。

在过去的10年间，随着人们对频发于中小学的、与儿童同伴间冲突密切关联的"欺凌/霸凌"等极端行为的关注度的提升，教育研究者们围绕儿童同伴冲突行为的研究不仅在数量和质量上都有明显提升，而且研究范围也快速地延展到幼儿园中的同伴冲突行为。尽管受限于先前的研究积累不够充足等多方面的客观因素，但相关研究成果仍层出不穷。它们不仅使幼儿教师对同伴冲突行为有了更深刻的理解，也在实际操作层面为帮助幼儿解决同伴冲突提供了诸多行之有效的策略。在众多的研究成果中，《儿童的情商课——教幼儿理解和解决同伴冲突》堪称一份优中之优的上乘之作。

通读全书后，我们不难发现，相比于其他同类研究成果，本书在以下四个维度特别见长：

- 在基点选取方面，本书将儿童的同伴冲突行为从之前儿童心理学研究者们所厘定的攻击性行为的类别中剥离出来，将之放置在人类行为总体中进行剖析。这一方法不仅去除了儿童心理学领域关于同伴冲突行为的固化标签，而且还原了冲突行为最为基本的所属谱系，进而极大地扩展、加深了人们对儿童同伴冲突行为的认知，更新了人们对儿童同伴冲突行为的价值判定。

- 在视角确立方面，本书摒弃教育工作者们常用的从教育目标出发、反向关照儿童同伴间冲突行为的思路，避免简单的应然推断，转而聚焦于行为主体——"冲突中的儿童"，从儿童如何理解、发起和回应冲突的过程入手，跟随冲突行为演进的细节来锁定其基本框架，进而"地毯式"地把握这一行为过程的全貌，为探究儿童同伴冲突行为的适宜的解决方式筑下了一个深基。

- 在整体布局方面，本书采用了深入的理论阐释与实践探索相结合的写作范式。在理论阐释部分，尽可能将诸种对冲突行为具有解释功能的理论流派都囊括其中，以"多元发声""相互佐证"的方式把握儿童冲突的本质特征；在实践探索部分，则由表及里、由浅入深，犹如"剥洋葱皮"般地将儿童同伴冲突行为的表现、发生环境、显性和隐性原因全方位地呈现出来，鲜活且条理分明。

- 在实践操作策略叙述方面，本书以儿童的年龄分段为经线，特别将2—3岁、4—5岁、6—8岁儿童的年龄特征分别叙述，然后将教室环境创设、适宜的教学活动、行为评估与干预等多个维度交织、穿插进行研究，将相关的知识点、重要的实证研究结果搭建成一个类目清单详细、操作策略衔接精准的"儿童同伴冲突解决使用说明书"。这种内容编排方式对身处教学第一线、终日忙碌的教师来说，既适用，又便利。

除去上述显见的优长外，本书中还有多个闪光之处等候读者见仁见智。特别分享一个对我而言最为"夺目"的亮点：书中借助于"三层蛋糕"的比喻，着重从建立和谐的人际环境、人际氛围入手，从消解人类个体之间行为冲突的"土壤层"动工，以促进成人和孩子共同成长、共同的社会性发展来描摹、塑性、稳固儿童同伴之间的和平行为，由此从根本上消解冲突行为。这一主张与我所热衷的"临床式教育思路"完美契合，并且已经由我在幼儿园里的实际应用中验证了成效。这一点，最终成为促使我接受此书翻译工作邀约的直接理由。

为保质保速地推进工作，我特地组建了一个包括博士研究生贾昊宇、张平，硕士研究生唐玉洁、杨梦圆、陈子璐在内的焦点工作小组。借助于组会聚焦研讨，我们从"扫荡"专业词汇到句意理解的一致性训练，从对原作整体内容的熟稔到译文表述的统一风格确立，从各自分头翻译到组间互译校准，再到译稿整合，最后集中校对、反复润色。在一年的时间里，我们按照计划完成了翻译工作，同时小组成员的专业与外语水平有了显著提升。

现今，书稿即将出版，工作日程表中又可以划去一个项目了，实在是件令我们欣慰的事情。而更为欣慰的是，这本有助于幼儿教育实践工作者指导儿童同伴行为、促进儿童社会性发展（特别是情绪情感与行为方面）的好书终于可以和读者见面了。盼望书中的内容与方法可以帮到有需要的教师和家长，更关键的是可以帮到孩子们的成长，也盼望读者们可以对我们的翻译工作提出宝贵的意见。愿与此书有关的人们都可以冲破各种消耗生命能量的冲突，成就人类及其个体生命天赋的各种成长。

祝福未来！

刘晶波
2022年3月22日于南京

前　言

随着儿童在生活中遇到越来越多的暴力事件，全国各地的学校和社区对解决冲突问题的兴趣呈现出持续增长的趋势。冲突是我们在面向儿童的工作中每天都需要面对的事件。解决冲突成了人们预防暴力、应对国家危机、开展品格或道德教育及和平教育等活动的一部分。

本书致力于探讨儿童冲突的性质、同伴冲突在儿童发展中的影响，以及实践者和家庭促进儿童亲社会互动和解决冲突的方式。在以儿童及其同伴的冲突为主要关注点的同时，本书还探讨了成人在解决冲突时应为儿童树立积极榜样的观念，并且在其中融合了家庭、社区和文化所应扮演的角色。此外，还有一个关注点是对于冲突解决课程方案的模型建设。

为了支持儿童解决冲突能力的发展，成人需要了解在儿童冲突过程中发生了什么。本书以现实生活中的儿童互动为例，从若干理论角度对冲突进行了解释，并为实践者提供了关注的焦点，以支持他们聚焦于在2—8岁儿童的课程和课堂建设中确立以儿童为中心的冲突解决方案。在本书中，我们以建构主义和生态学为背景来支持每一个儿童对冲突解决与和平创设进行理解。

从早年开始，如何解决冲突就是一个值得深入研究的重要领域，而不应该仅仅在一个更大的范围中占据一个章节或者寥寥几页。本书将儿童理解和解决争议的能力定位为一个学习和发展的过程，它对课程创设、行为指导和儿童发展都有重要意义。促进儿童和教师的成长也是这本书的一个重点。

书中的章节是与合作的理念相对应的，这种理念注重通过广泛的参与者的共同合作来支持儿童冲突的解决。我们将近距离地关注儿童本身，关注教室、学校、家庭和社区。我们的方案与1994年布朗大学暴力问题研讨会上提出的14项预防和减少暴力解决方案清单中的建议相一致（Lipsett，1994，p. 91）：

- 对暴力行为承担集体的道德责任，并对消除暴力行为做出长期的国家层面的承诺。
- 从被动态度转变为主动态度。专注于教授解决冲突的方法和确保日常的教养工作等任务，而不是安装金属探测器和建造更大的监狱。
- 在实践中预防暴力行为。尽可能提早教育孩子。
- 向每个人传授非暴力的冲突解决方案。
- 限制媒体对暴力的宣传并提高儿童电视节目制作者的责任意识。
- 协调孩子、家长、学校、警察和社区之间的沟通。

本书结构

本书分为四个部分。第一部分详细介绍了儿童冲突的含义，以及更广义的儿童世界中的暴力与和平。第二部分提出了观察和理解儿童冲突与解决冲突的方法：首先介绍了观察和倾听儿童的方法，然后找出了儿童冲突的特征，最后从理论视角出发帮助我们理解观察到的内容。第三部分将我们带入日常教学中的课堂决策，涉及关怀共同体的创建、对冲突解决与和平创设的支持、课程的方法和材料，以及干预儿童冲突的指导方针和策略。第三部分的重点放在特定的年龄组上（包括年幼的学龄前儿童和小学生）。第四部分将从对儿童早期教育环境的讨论转移到与家庭和社区的合作上，评估和使用解决冲突的方案模型，进而代表儿童和家庭采取行动，并倡导通过共同努力实现冲突解决与和平创设。

本书特色

本书将儿童的亲社会发展、行为指导、反暴力、建立和平与关怀的教室等多个主题领域聚集在一起。本书涵盖了早期儿童教育专业人员可能遇到冲突的所有领域：主要是儿童与同伴的互动，也包括其与同胞和成人的互动。本书考虑了文化、语言和能力的多样性，因而适用范围遍及全体。这一特点将使得本书的内容可以直接应用于课程和早期儿童教师的专业化发展。本书的目标就是进一步加深读者的理解，同时对实践产生直接的影响。

学 习 本 书

本书为不同的读者提供了丰富的信息。章节内容包含重点、目标、实践案例、理论联系、进一步讨论的问题、应用练习、"对每一个儿童的思考"模块。贯穿全书的真实生活场景为学生提供了从儿童和成人的角度分析冲突的机会。本书还讨论了课堂决策的影响并推荐了相关资源。有更多需要的学生将在本书中发现有用的理论观点、研究进展、教师研究者的建议和当前该领域所关注的问题。那些刚进入这一领域的学生则可以学习应用任务、案例研究、课堂策略和儿童活动。这些内容也将有助于教师进行教室管理。反思和自我反省的问题部分则适用于所有读者。

阅读本书并将所学知识应用于实践的学生、教师和其他人员将会：
- 在同伴、家庭和社区文化背景下更好地理解儿童的冲突；
- 通过向儿童学习，开发工具来观察和理解儿童的同伴互动和冲突；
- 把儿童的同伴冲突和冲突解决看作复杂的社会、情感和认知过程，我们可以通过一些理论视角来理解这些过程；
- 了解儿童的同伴冲突、问题、策略和结果的要素；
- 努力创造一个注重和平创设与冲突解决的早期教养环境，创建一个关怀共同体，并在具有多样化和包容性的环境中整合课程活动、材料、日常活动及物质和社会环境的各个方面；
- 在儿童的同伴冲突中采取适当的成人干预，努力实现可以让儿童独立解决和相互达成协议的冲突解决方案；
- 为了发展一种和平、非暴力的环境，需要开发与家庭和社区合作的新方式；
- 熟悉并能够评估各种冲突解决模式、暴力预防及和平教育方案。

致　　谢

这本书的完成，得益于许多人给予我的巨大帮助、灵感和鼓励。我非常感谢他们。首先，我要感谢北弗吉尼亚州的孩子，我在他们那里教学并开展研究，他们教给我要"从儿童中来，到儿童中去"。我也深深地感激托森大学的研究生，他们为我提供了很多建议，并提出了很多具有挑战性的问题，特别是把他们的声音带到了本书中，这些帮助是无价的。

我要感谢早期儿童教育领域的同事：琼·伊森伯格（Joan Isenberg）启发了我考虑儿童的同伴冲突问题，然后我才写下了本书；艾琳·斯托姆费－斯蒂茨和布莱思·海尼茨（Aline Stomfay-Stitz & Blythe Hinitz），提供了很多关于和平教育的深刻见解；黛安娜·莱文（Diane Levin）与我分享了她对和平行动及直面儿童生活中的暴力问题的热情。特里·R. 伯克利（Terry R. Berkeley）和托森大学早期儿童教育系的同事们，也不断地支持和鼓励我，并指出我在写作中的问题。

梅里尔/普伦蒂斯·霍尔（Merrill/Prentice Hall）的编辑和制作人员与我合作得非常愉快，我感谢他们在整个过程中的指导和支持：安·戴维斯（Ann Davis）给了我开始写作的信心；克里斯蒂娜·托尼、凯文·戴维斯和奥特姆·克里斯普（Christina Tawney，Kevin Davis & Autumn Crisp）为我的写作和修改提供了指导。我非常感谢这本书的审稿人提出的宝贵意见和建议，他们分别是肯特州立大学的理查德·P. 安布罗斯（Richard P. Ambrose），蒙哥马利学院的金尼·A. 巴克纳（Ginny A. Buckner），萨姆福德大学的苏珊·卡尔佩珀（Susan Culpepper），爱荷华大学的理查德·埃拉多（Richard Elardo），南佛罗里达大学的帕梅拉·弗利奇（Pamela Fleege），目标社区学院的凯西·汉布林（Kathy Hamblin），哈德逊谷社区学院的艾琳·马奥尼（Eileen Mahoney），华盛顿州立大学的卡伦·L. 彼得森

（Karen L. Peterson）和谢里夫·理查兹（Sherriff Richarz），以及俄亥俄大学的德博拉·S. 祖尔米利（Deborah S. Zurmehly）。

最后，我要感谢我的家人和朋友，他们不断地鼓励我。特别是我的丈夫比尔（Bill），他作为主要的鼓舞者，提供了很多技术支持和耐心，并且陪伴我在计算机前度过了无休止的时间。

目 录

第一部分　儿童与同伴的冲突：第一印象 / 1

第一章 对儿童与同伴冲突的相关介绍 ·············· 3
　　一个熟悉的场景 ······························· 4
　　第一反应 ··································· 4
　　关于冲突我们需要知道什么 ····················· 8

第二章 冲突解决的框架：对暴力的回应、和平教育和安全的环境 ······ 15
　　导言 ····································· 16
　　暴力问题 ·································· 17
　　对暴力的回应 ······························· 27

第二部分　同伴冲突和儿童的发展 / 39

第三章 观察和理解儿童的同伴冲突 ················ 41
　　有教师介入的冲突 ··························· 42
　　观察和倾听儿童 ····························· 42

第四章 儿童同伴冲突的特点 ····················· 71
　　戏剧中的一场冲突 ··························· 72
　　在儿童冲突中发生了什么？ ····················· 72
　　冲突的当事人是谁？ ·························· 82
　　冲突在哪里发生？ ··························· 89
　　儿童对于公平的看法 ·························· 91

　　　　　　双方认可的冲突解决：最有可能的成功 …………………………… 91
　　　　　　对教师的启示：利用我们已知的各种信息 ……………………… 93

第五章　认知发展、社会道德和社会文化的视角 …………………………… 97
　　　　　　整理环节中的一次冲突 ……………………………………………… 98
　　　　　　同伴冲突和儿童发展 ………………………………………………… 98
　　　　　　认知发展的视角 ……………………………………………………… 99
　　　　　　皮亚杰 ………………………………………………………………… 99
　　　　　　社会道德的视角 ……………………………………………………… 101
　　　　　　社会文化的视角 ……………………………………………………… 106
　　　　　　维果茨基 ……………………………………………………………… 106
　　　　　　生态系统理论 ………………………………………………………… 110
　　　　　　对教师的启示：理论联系实际 ……………………………………… 111
　　　　　　把碎片拼在一起 ……………………………………………………… 112

第六章　社会学、社会语言学和社会学习的视角 …………………………… 115
　　　　　　社会学的视角 ………………………………………………………… 116
　　　　　　社会语言学的视角 …………………………………………………… 120
　　　　　　社会学习理论的视角 ………………………………………………… 125

第三部分　帮助儿童理解、管理和解决冲突："三层蛋糕"模型 / 129

第七章　创建一个充满关怀的教室"环境" …………………………………… 131
　　　　　　"三层蛋糕"模型 …………………………………………………… 132
　　　　　　充满关怀的教室环境 ………………………………………………… 134
　　　　　　和平创设和冲突解决的教室环境 …………………………………… 139
　　　　　　为每一个儿童提供具有包容性的共同体 …………………………… 143
　　　　　　帮助儿童将自己视为和平缔造者 …………………………………… 148

第八章　建立关怀和解决冲突的课程：幼儿园和学前班 …………………… 153
　　　　　　理解儿童并帮助他们学习 …………………………………………… 154

2—3岁儿童 ·················· 157
　　　4—5岁儿童 ·················· 165
　　　每一个儿童 ·················· 178
　　　建立关怀型教室所需的资源 ·················· 179

第九章　冲突解决的课程：小学阶段 ·················· 187
　　　理解儿童并帮助其学习 ·················· 188
　　　小学阶段儿童的发展特征 ·················· 188
　　　6—8岁儿童因何争执？怎样争执？ ·················· 195
　　　合作型教室环境：做什么 ·················· 205
　　　教与学：课程模式与活动 ·················· 212
　　　每一个儿童 ·················· 221
　　　关怀型教室的资源 ·················· 223

第十章　成人对儿童同伴冲突的干预 ·················· 227
　　　何时干预：观察儿童 ·················· 229
　　　如何干预：当你决定介入时 ·················· 234
　　　独立解决冲突的工具 ·················· 242

第四部分　在教室之外支持儿童的冲突解决：
家庭、学校和社区的理解与合作 / 253

第十一章　与家庭和社区合作支持儿童的冲突解决 ·················· 255
　　　儿童在教室之外的冲突 ·················· 256
　　　家庭中的儿童冲突 ·················· 259
　　　家庭与学校合作支持儿童的冲突解决 ·················· 283
　　　家庭、学校和社区：为儿童创建充满安全与关怀的环境 ·················· 291
　　　支持家庭的资源 ·················· 294

第十二章　冲突解决的方案模式 ·················· 299
　　　方案评估表 ·················· 300
　　　方案的类型 ·················· 300

　　　　　评估和筛选方案模式的方法 …………………………………… 308
　　　　　在你的教育机构中应用方案模式 ……………………………… 311
　　　　　方案模式的案例 ………………………………………………… 316
　第十三章　反思与行动：与儿童和成人一起解决冲突 ……………… 325
　　　　　反思与重新审视 ………………………………………………… 326
　　　　　维权、行动和成长 ……………………………………………… 332

附录A　观察工具：游戏量表 …………………………………………… 345
附录B　观察表和资源 …………………………………………………… 349
附录C　以关怀、冲突解决与和平教育为主题的儿童图书 …………… 353
附录D　教师用书——活动和课堂点子 ………………………………… 361
附录E　如何进行第八章和第九章中的游戏 …………………………… 363
参考文献 …………………………………………………………………… 367

第一部分

儿童与同伴的冲突：第一印象

引言： 第一章主要介绍了什么是冲突，并解释了冲突与攻击性行为、建设性冲突和破坏性冲突之间的不同。我们将开始认识儿童通过与同伴的冲突进行学习，并反思我们在这个话题中的经验和假设。第二章阐述了社会对儿童同伴冲突的广泛关注，将探讨可能由之形成的关于暴力、和平、安全和品格教育等方面问题的相关框架。这些多元框架将会对教师和家庭如何处理儿童冲突问题产生影响。

第一章

对儿童与同伴冲突的相关介绍

一名教师的评论：

"2岁的儿童会仅仅因为认识彼此而互相交流。神奇的是，当你观察一群2岁的孩子时，他们所做的一切都是自然而然的，而这是我们试图理解他们的开始。"

>>>

目标： 了解儿童的同伴冲突，读者将会形成一种关于冲突是什么或不是什么的理解。同时，读者会认识到建设性冲突和破坏性冲突、冲突和攻击性行为之间的不同。本章将向读者介绍儿童通过与同伴的冲突进行学习的理念。

>>>

一个熟悉的场景

本、布鲁斯和斯科特（都是4岁）正在用一些小积木搭建建筑。布鲁斯从本那里拿走了一块积木；本又从布鲁斯那里拿来了一块积木；他们来回抢夺，试图抓住积木。

布鲁斯：我要这个！

（两人都停止了争抢的动作。）

本：你拿了我的，所以我要拿你的！

布鲁斯依然攥着他拿到的那一块积木。

本：好吧，你可以拿着这一块，但是其他的不行。

接着他们继续搭建自己的建筑。

第 一 反 应

你听过这样的对话吗？如果听过，你将会意识到争论的根源（对玩具的占有）、肢体的反应（在地板上争抢），然后可能就是和解。或许在看到这种情景时，你会经历愤怒、受挫、惊奇和放松等一系列的情绪。你应该如何回应？当面对明显的争吵时，你应该怎么做？当遇到本和布鲁斯这种情况时，你应该怎样帮助儿童和平地解决冲突？

要回答这些问题，我们就需要通过阅读本书来开启一个理解儿童冲突的旅程。我们探究的这个话题对教师、父母、学生和社区成员，乃至全世界都非常重要。在生活中，我们对破坏性冲突、暴力、令人憎恶的偏见和歧视等现象的关注正在持续增长。我们每天都在面对潜在的冲突：

- 在教室中的每一天，教师都在担心儿童的争吵和儿童为玩具、铅笔、空间、伙伴和规则进行的争斗。
- 很多家庭都发生着同胞间的对抗和矛盾冲突。
- 操场和街区可能会成为发生争执、霸凌、恶性竞争和帮派竞争的场所。

- 儿童经常会看到愤怒的司机、公路暴力和"充满愤怒的停车场"。
- 日常的犯罪事件和暴力现象（例如随机和有目的的枪击事件）被见诸报端，造成了儿童的教师和家长的恐慌。
- 在美国，国家之间的战争（例如"9·11事件"及伊拉克战争等）越来越真实地展现在儿童面前。
- 跨越年龄、代际、地理、文化和语言边界的各种误解正在不断发生。

我们可能会困惑，甚至绝望于到底怎样解决这些冲突。但是当面对这些冲突时，我们同样会很欣慰地看到那些行为中带有爱心、共情和理解能力的儿童。我们会看到儿童主动进行调解、安抚和妥协。在前面的案例中，本和布鲁斯自行发现了解决冲突的方式，并重新回到和平的游戏中。这本书的任务就是探究儿童为什么且如何做到这样，以及我们怎样才能帮助他们。

在儿童的课堂上，冲突可能会经常自然且频繁地出现。

在下面的章节中，我们将探究什么是冲突，什么不是冲突，冲突如何适应儿童发展的背景，冲突从哪里来，以及怎样解决冲突。最终，我们将探究儿童专业工作人员在教室、家庭和社区中支持冲突解决的作用。这本书要求教师能够提出问题、运用自己的知识和经验，并决定如何将它们结合起来。我们的目标是帮助儿童理解、管理并解决冲突。

 小贴士

这本书中的案例将会涉及不同性别的孩子和成人，以及不同年龄段的幼儿。

自我觉察：检验你对冲突的理解和回应

首先，从理解冲突开始。想一分钟当提及"冲突"这个词时，你会做出怎样的反应。在这一节点上，一个有用的策略是运用头脑风暴，或者列一张单子写下你认为和冲突有关联的词语。图1-1是一个"冲突"词汇网络的案例。

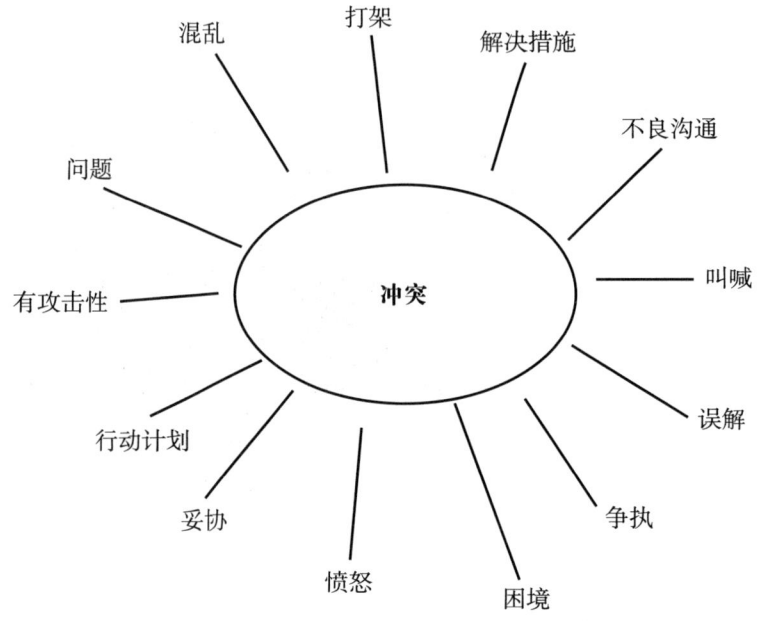

图1-1　关于冲突的单词网

"冲突"的同义词，包括不满、争吵、敌对、斗争、摩擦、对抗、不和谐、竞争、打架、吵架、小规模战斗、争论、辩驳和论战。

当你想到这些词的时候，想想那些浮现在脑海中的内容，这是一个衡量你对日常生活中冲突的反应的好方法。在研究儿童冲突之初，评估你对冲突的反应和解释是非常重要的。看看本和布鲁斯的案例，考虑一下你对这种冲突的反应。作为一名教师，你在课堂上对解决冲突的设想和期望是什么？

成人对儿童冲突的处理和解决有着不同的方式，它们反映了其自身的互动风格和价值观。以行为为导向的个体可能会采取迅速干预的措施，而其他人可能会首先进行观察和评估。那些重视和谐的人可能会鼓励调解，那些重视公平的人可能会觉得追求事物的原则很重要。我们对民主的解释，已经从少数服从多数的原则变化为通过各种声音的参与而最终达成共识。

威廉·克里德勒（William Kreidler，1984）描述了五种教师在面对冲突时可能会采用的方式：

- 简单直接的方式：我不会让步。我会尝试教给儿童公正与诚实，他们需要硬性的指导去学习什么是可接受的行为，什么是不可接受的行为。
- 问题解决型方式：有冲突就是有问题存在。我会尝试建立一个我们可以一同解决问题的环境，而不是打击儿童。这将会产生具有创造性的想法和更稳固的关系。
- 折中的方式：我听取儿童的陈述，并帮助他们互相听取对方的意见。接着我提供一些帮助。我们不可能拥有我们想要的一切。半个面包总比没有好。
- 圆滑的方式：我喜欢在任何可能的情况下保持平静和安宁。大多数儿童的冲突相对都不是很严重，所以我只把注意力放在其他事情上。
- 忽视的方式：我指出限制所在，让儿童自行解决问题。这对他们有益，他们也需要看到自身行为造成的后果。无论如何，你对冲突局势并不能做出多大改变（Kreidler，1984，pp. 10-11）。

教师可能会发现自己属于这其中的某一类别。然而，优秀的教师通常会根据学生的具体情况或特殊需要来调整方法。在第十章中，我们将深入探究教师遇到冲突时不同的处理方式。在本章中，我们将以这五种类型为起点，帮助你找出对你而言最自然和舒适的解决冲突的方式。

关于冲突我们需要知道什么

☐ 冲突总会发生

冲突是人类日常生活中自然的组成部分。实现和谐与和平是内部的（个人的）或外部的（人际间或社会性的）一系列协商的结果。图1-2显示了内部和外部冲突的案例。在内部冲突中，我可能会担心"明年我们班有一半的人要转到混龄班。我是应该待在一年级，还是转到新的三年级？"。在权衡这些选项时，我与自己进行了一次内部的对话，并倾听到了问题的两面性。我和我自己的对话继续进行。"我阅读了很多关于混龄设置对儿童学习的价值，但这个工作对我来说确实也是一个新的挑战。"最终，我会想出一个折中方案或新的视角来解决我的内部冲突。

内部冲突或个人冲突　　　　　外部冲突或两人之间的人际冲突

图1-2　内部和外部冲突

外部的（人际间或社会性的）冲突相对更为复杂。人与人之间的冲突（不管年龄大小），总会给人们提供机会去互相学习，并让我们打破一己视角的局限去发现别人眼中的世界——"噢，我从来没有这样想过！"我们的目标是要理解冲突的双重性质。积极的冲突可以促进成长，增进理解；而消极的冲突则会制造一个楔子或障碍，带来更大的误解、对伤害性语言的防卫以及暴力和痛苦。

第一章 对儿童与同伴冲突的相关介绍

在教室里，当儿童互动时，冲突、争论和争执是自然且经常发生的事情。依据传统认知，许多成人认为儿童之间的冲突是无益的，并试图阻止他们，或者在冲突出现时就进行及时干预。近期，更多的专业工作者致力于帮助儿童自行获得解决冲突的策略，而不是依赖成人的干预（Chen & Smith，2002；Crosser，1992；Essa，2002；Kohn，1991；Ramsey，1991）。长期以来，理论与实践的研究表明，同伴冲突有助于儿童的发展，是儿童社会交往的一种重要形式。在了解儿童如何学会与同伴处理冲突、如何达成和平和相互满足的解决方案方面，我们正在不断进步（Arcaro-McPhee et al.，2002；Wheeler，1997；在第四章中有更多关于儿童冲突解决策略的内容）。

在本书接下来的章节中，我们将会在成长与发展理论的背景下对冲突进行探讨，并着眼于儿童当下的实践，促进儿童与同伴之间的和谐关系。我们也会把儿童冲突解决视为和平教育和反暴力运动等更大的连续体中的一部分。

对冲突的界定

界定

根据韦氏大词典，"冲突"不仅被界定为打架、战斗或战争，还被界定为不相容的竞争或对立——一种对立的状态和行动（比如不同的想法、兴趣或人群），或者因需求、内驱力、愿望及个体内部与外部要求间的不相容或对立导致的心理斗争（Mish et al.，2001，p. 242）。当一个人对另一个人持反对意见（不一定是有意伤害）时，就会发生社会冲突（Shantz，1987，p. 284）。研究者们从互斥的角度对口头和书面的冲突进行了界定：儿童 A 做了或说了影响儿童 B 的事情，儿童 B 进行抵抗，儿童 A 则坚持自己的行为（Shantz，1987，p. 284）。如同在先前的案例中，本

在游戏中，儿童有大量关于冲突与和平协商的机会。

拿了一块积木，布鲁斯反对本的行为，本坚持要拿，布鲁斯则继续反对，由此，口头坚持和试图恢复对物品的占有交替进行。

建设性和破坏性冲突

冲突具有两种类型，对其进行区分是一件重要的事情。建设性冲突，包括为共同解决问题和达成持续的社会互动做出的努力。在我们的案例中，本提出了自己反驳的理由，然后他或许看到了布鲁斯也需要玩具，本就提出了一个有条件的调解策略。于是，两个孩子又回到了和谐的玩耍中。

破坏性冲突，或者功能失调的冲突，以威胁、胁迫和问题的不断升级为主要特征（Furman & McQuaid, 1992）。让我们假设在前面的案例中，本和布鲁斯继续在地板上扭打，并伤到了彼此。此时，积木游戏的问题将被抛到脑后，两个孩子之间的冲突也许直到一方在战斗中获得控制权后才会结束。在这个过程中，双方关于推理、换位思考和问题解决能力的学习都将会丧失。习得的东西将只是把权力、暴力和单边主义当作解决分歧的最有效路径。

建设性冲突和破坏性冲突（尤其是破坏性冲突的结果），会对冲突的参与者和在教室中观察同伴行为的旁观者产生深远的影响。

攻击性行为

与惯常的想法相反，攻击性行为只是儿童在冲突中可能使用的几种策略之一。大多数儿童的冲突不涉及攻击性，而是社会差异导致的一种结果。我们稍后将考察导致儿童同伴冲突的各种原因。

攻击性行为在词典中被界定为一种具有强制性的行动或手段（无端攻击），特别是带有支配或掌控他人意向的，具有敌意、破坏性、有害性或攻击性的行为和观点（Mish et al., p.23）。此外，"攻击性"一词还意味着一种倾向，即在无视他人权利的情况下支配他人（Mish et al., p.23）。攻击性行为本身被认为是一种敌对侵犯，可能与冲突问题无关，但意图是通过有害或带有工具性攻击的手段来实现冲突的目标。例如，如果布鲁斯为了留住积木而用它击打本的头部，那么这就是工具性的攻击行为。

尽管如此，还是有很多人会将冲突与攻击联系起来，并从消极的角度看待冲突。因此，教室中的儿童冲突往往是相关书籍、文章和研讨会探讨的主题，涉及纪律、战争游戏、课堂管理和行为问题等内容（Carlsson-Paige & Levin, 1992; Crosser, 1992; Essa, 2003; Guralnick, 1994; Katz, 1984; NAEYC, 1990—2002）。

总而言之，现在我们可以说明冲突究竟是什么——冲突是人与人之间的分歧，是儿童学习的机会。冲突与攻击是不同的。冲突可能具有建设性或破坏性。儿童从冲突中学到的东西可能是可取的或不可取的。冲突可能会造成有害的攻击或导致和平的协商。我们将在全书中进一步探讨关于儿童冲突的各个方面的内容。

冲突和儿童的发展

有很多来自不同学科的学术团体支持从反传统（消极）的视角来看待冲突在人类成长和发展中的重要性。经典精神分析学派代表弗洛伊德和埃里克森强调，内部冲突是心理成长的关键因素（Shantz, 1987; Erikson, 1963）。约翰·杜威（1938）描绘了一个可以解决儿童冲突的模式，该模式构成了其进步教育思想的一部分。更多的当代理论则深受皮亚杰（1962）、维果茨基（1978）和布朗芬布伦纳（1979）的影响，这些理论都认为同伴冲突与家庭和社区有着密切的关联，冲突可以促进儿童在社会、认知、语言和文化等方面的发展。

皮亚杰认为，正如儿童在经历内部认知冲突时通过适应的过程来进行学习，与同伴之间的冲突也为儿童提供了认知成长的机会。在维果茨基的内化理论中，儿童通过与有能力的同伴在想法和言语上的接触来学习，儿童之间的同伴冲突行为可以对儿童的发展产生重要意义。儿童的争论为他们学习掌握"丰富的声音"创造了条件（Goodwin, 1990, p. 239）。儿童通过倾听和理解他人的话语来接受和反馈信息，并在此基础上进行学习。同伴冲突也被描述为在儿童同伴文化中进行社交管理的一种手段，并为儿童发展社交问题的解决技能提供了途径（Maynard, 1985; Straus, 2002; Vespo et al., 1995）。

儿童通过什么方式来学习说话、阅读、写字和玩耍呢？儿童早期研究的相关知识告诉我们，学习是发育规律、行为强化和基因构成的综合结果，并且受家庭、朋友、学校、文化和社区的影响。正如我们将在下文中看到的内容，学习冲突解决并不是一件难事。我们将会探究各种不同的理论视角，更进一步的内容将在本书的第二章中谈及。

❑ 冲突如何开始，如何被解决？

如果对儿童的冲突观察得仔细一些，我们就可以发现儿童的冲突中存在着一种模式或结构。描述性研究调查了儿童的冲突，并将其结构特征概括为煽动性问题、对立策略和所造成的结果等几个方面（Laursen & Hartup, 1989; Shantz & Shantz, 1985; Malloy & McMurray, 1996; Wheeler, 1997; Wilson, 1988）。在对冲突模式的分析中可以发现，本和布鲁斯的问题是谁该占有玩具。儿童会运用肢体和口头的策略，并最终通过推理和协商达成一个和平的、相互认可的结果。

我们将在下面的章节中对冲突进行剖析，并指出儿童冲突的各种变化。我们也将进一步提炼观察和评定的手段，以明晰当儿童冲突时究竟发生了什么。社会或物理环境如何影响儿童与同伴冲突的开始、行为和结束，也是需要探讨的重要问题。通过观察儿童在自然环境中与其他人的关系，我们也可以进一步深化对儿童冲突的理解（Arcaro-McPhee et al., 2002; DeVries & Zan, 1994; Levin, 1994/2003; Ramsey, 1986; Rende & Killen, 1992; Ross & Conant, 1992; Shantz, 1987）。

❑ 专业工作者的角色

儿童同伴冲突中其他需要关注的内容还包括强化对发展冲突解决技能的关注。通过关注全国各地的学校、街区、社区与校园中不同群体间的暴力和紧张局势，中小学和高年级教育工作者可以通过合作学习、同伴调解、和平课程和鼓励多样性的存在来解决冲突（Johnson et al., 1992; McCarthy, 1992; Molnar, 1992）。冲突解决在儿童专业工作者中越来越受到重视（Arcaro-McPhee et al., 2002; Levin, 1994/2003; Wilson, 1988; Ramsey, 1991）。更深入地了解儿童社会冲突（包括原因、策略和结果），将支持我们达成和平、积极的教学目标。

这本书专门为致力于解决和调解儿童冲突的专业工作者而准备。在第二章中，我们将通过对儿童冲突的深入理解来形成冲突解决的实践基础。在第三章和第四章中，我们将深入探究在教室、家庭和社区中我们和儿童的对应角色。

作为儿童教育专业工作者，我们也必须致力于道德层面的实践。全美幼教协会（National Association for the Education of Young Children，NAEYC）的《道德行为准则和承诺声明》（*Code of Ethical Conduct and Statement of Commitment*，2001）详细说明了我们对儿童、家庭、同事、社区和社会的责任（NAEYC，2001）。我们将在开展儿童冲突的相关研究时谨记这些原则。

小　结

冲突现象构成了人类日常生活中的一部分，它既有积极的一面，也有消极的一面。在儿童发展的相关理论中，关于冲突的认知存在着矛盾的说法。有一些理论认为儿童的冲突可以促进儿童的发展，而较为传统的理论则把冲突界定为消极的存在和不良的行为。跨越这一鸿沟可能需要相关发展理论和积极的冲突解决策略等儿童冲突研究的进一步发展。我们需要考虑一个重要的问题——影响儿童冲突解决的发展因素和环境因素是什么？

专业工作者对教室内冲突的关注主要集中于以下几点：创建一个和平的教室环境，在维持秩序的情况下有效地管理学生的行为，并教授他们冲突解决的技能。这些关注点可能会引发以下思考：如果冲突是一个有利于儿童成长和学习的机会，那我们能允许它发生吗？基于我们对儿童的观察，哪些冲突和解决策略是我们期待在教室中发生的？我们怎样才能帮助儿童找到双方都同意的冲突解决方案？我们能否做到在对文化、语言和能力差异做出恰当反应的基础上解决儿童的冲突？从冲突是一种自然现象的角度出发，冲突解决是一种发展性能力，我们应将其重要性等同于儿童发展的其他领域（比如精细运动能力、语言、幽默感、自我意识等）。作为具

建设性冲突可以促进儿童的发展。

有反思性的专业工作者,我们必须问问自己:我们理解和应对冲突的能力是什么?

在我们理解儿童冲突的旅程中,第一站是教室门外的世界。当我们欢迎儿童进入教室时,我们同样需要认识到外部环境中依然存在着和平与暴力的现象。在下一章中我们将考察外部环境的相关背景,并学习怎样帮助儿童进行和平的冲突解决。

补充材料

研究重点

回顾教育学和儿童早期教育理论中,涉及儿童冲突及教师实践的理论家和思想家的相关研究工作。

应用练习

1. 运用克里德勒(Kreidler)对教师冲突处理方法的分类,思考当面对冲突时,你最自然的反应是什么,以及哪种反应最接近你的表现。

2. 向其他教师讲述你的思路或在学校中进行访谈,询问其他教师对克里德勒分类法的看法。

3. 访问全美幼教协会的网站。在网站立场声明部分,找到《道德行为准则和承诺声明》。打印一份副本以便指导你的实践工作,并与他人进行分享。

对每一个儿童的思考

1. 需要进行思考和分析的问题:你解决冲突的方式是根据儿童的需要来制定的吗?你是否假定某些儿童会影响你对冲突的处理方式?

2. "为了每一个儿童"是什么意思?全美幼教协会将每一个儿童界定为"包括发育迟缓或残疾的儿童、有着不同家庭文化和语言背景的儿童、有才华和天赋的儿童、来自不同社会经济阶层的儿童及其他具有不同学习风格和需要的儿童"(NAEYC,2002)。

第二章

冲突解决的框架：
对暴力的回应、和平教育和安全的环境

一名教师的评论：

"我知道我每天在上学的路上都看到了什么，我的孩子们也看到了同样的事情。我们的教室需要成为他们感觉安全的地方。"（市区学校一年级的教师）

目标： 这一章着重于探讨对儿童冲突的更广泛的社会关怀，涉及暴力、和平、安全和品格教育等相关问题。本章的主题包括暴力、暴力的起因及其对儿童的影响，也包括对寻求暴力问题的解决措施并为儿童提供安全环境的利益相关者的回应。之所以在这一章对此展开讨论，是因为本书的读者对这些讨论主题很熟悉。我们需要先考虑这些问题，然后才能以儿童的视角来看待同伴冲突，并找到支持儿童和平解决冲突的方法。

导　言

　　我们对于儿童冲突的研究包括大家认识到的在儿童及其家庭，乃至全世界中都普遍存在的暴力行为。关于校园和街区枪击事件、恐怖主义威胁、虐童事件、家庭暴力的报道甚嚣尘上。儿童在电视节目、游戏和电影中也大量地接触着暴力的画面。面对上述状况，我们需要通过品格教育、同伴调解和其他相关方案（如"不放弃""第二步"和"品格至上"等），使人们更加重视学校安全和价值观培育的重要性。另一方面，社区和国家也在开展相关的活动。如2000年的"百万妈妈三月活动"和1996年以来每年举办的"代表儿童"活动，都试图提高大家对儿童和家庭生活中的暴力现象的认识。在经历了2001年秋天的恐怖主义行动之后，美国各地的成人和儿童聚在一起，通过关怀和支持活动来抚平悲痛，并在其中寻求跨文化的理解。我们不断看到暴力与和平交织的现象，现实中既存在悲剧般的暴力事件，也有努力为儿童创造和平与幸福的案例。

　　儿童冲突和冲突解决与和平教育、品格教育、创建和谐校园及预防暴力等主题紧密相连。当专业工作者看到这些目标和倡议时，我们必须将其全部整理出来，并思考这些内容带来的反馈信息。这要求我们把学校和学区当作解决暴力冲突的"解毒剂"。教师可能会在忙碌的校园生活中面对一些充满矛盾的信息，而这些信息会告诉他们在专注于基本学术技能的同时，要在学校日常生活中增加对活动价值的关注。

　　其他问题包括：教师是否理解要求其使用冲突解决的规定以及和平教育的方案？孩子们如何看待成人努力引导他们与同伴相处的行为？非常重要的一点是，这些任务有考虑到儿童及其学习和发展的特点吗？是否有适合每一个儿童和家庭的不同需求的发展方案？

　　在对上述问题进行讨论之前，我们还需要先从更细微的角度分析暴力可能造成的破坏性冲突。我们还要认识到儿童、家庭、学校和社区在面对普遍和持续的暴力时所具有的心理弹性能力。

暴 力 问 题

暴力问题在你所处的环境中意味着什么？我们知道，儿童并不是生活在一个真空环境中，课堂冲突的原因极可能来源于其他方面。教师需要了解外界广泛存在的问题，以及教室内的安全问题。作为专业工作者，我们应该在讨论中共同创造明智的声音。

□ 什么导致了暴力？

什么是暴力？暴力是一种单方面的攻击性行为，它会对受害者造成身体和情感上的伤害；暴力一般会伴有身体、语言或情感上的破坏性反应和愤怒的表达。这个关于暴力的界定是在一个全国性的暴力专题讨论会上提出的（Lipsitt，1994，p.99）。

基于参与者的动机与策略，暴力有着不同的表现形式。人际暴力包括威胁、企图或直接折磨他人的身体或心理健康的行为。基本性暴力多发生在熟人之间；次级性（工具）暴力则发生在没有关系的人之间，例如在武装抢劫中（Lipsitt，1994，p.99）。

暴力是由多种因素组合导致的。利普西特（Lipsitt，1994）提出，对暴力过于简单的解释可能会导致概念理解的窄化和暴力问题解决的简单化。发展的、社会的和文化的复杂观点在暴力事件的发生中扮演着重要的角色。在关于暴力的讨论中，我们的论述能否理清个体暴力行为并展现暴力行为的一般社会倾向非常重要。对于个体而言，遗传和环境因素都影响着暴力的产生。以下内容说明了可能导致个体暴力行为的各种情况，其中包括发展因素、家庭因素、学校和同伴的影响以及社会和文化因素。

发展因素

儿童作为暴力的实施者、证人、受害者和旁观者会对后续的行为产生很大的影响。事实上，美国心理学会（American Psychological Association，APA）的立场是，对儿童参与暴力的最有力的发展预测因素是以往的暴力史（APA，1993，p. 17）。美国心理学会指出，随着时间的推移，既定暴力侵犯的程度可能趋于稳定并可以预测。出于这种原因，对童年暴力侵犯行为的早期干预非常重要，而且越早干预越好（p. 17）。

发展因素中的生物因素包括暴力遗传的易感性和可能导致暴力行为的遗传特征。那些被描述为无畏和冲动的人更可能有暴力和出现攻击性行为的倾向（APA，1993，p. 18）。早期的迹象包括对动物的攻击和暴力行为、纵火，以及其他情绪和行为抑制缺乏的现象。不过，相关研究很少探讨这些报告存在差异的原因（APA，1993）。这些发现不应被过于笼统地接受，而应被谨慎地对待。与遗传因素相比，我们更应关注那些与家庭、社会及文化有关的因素。

很多关于暴力事件的报道表明，在美国男性的暴力现象多于女性。男性和女性之间的不同可能受遗传和社会因素的影响。威廉·S.波拉克（William S. Pollack，1988）的研究表明，男孩之间的暴力行为是其奉行"男孩行为准则"的表现——这种表现让儿童匆忙地扮演起成人的角色，并急于摆脱爱、关系和支持。

儿童情感和认知的发展同样会影响暴力行为的产生。那些对社会行为准则了解不深、控制力不强、有暴力史的人，更可能会以暴力的方式来面对生活中的各种情况。尽管对早期暴力迹象保持警惕很重要，但同样重要的是避免错误地将个人标记为潜在的暴力罪犯。为什么个体抑制停止后，暴力行为会随之产生？对这一问题进行深入研究非常有必要。

家庭因素

家庭中的一些因素也有可能会促成暴力行为的发展。这些因素包括不利的育儿条件、无效的抚养方式和对儿童的虐待。贫困、疾病、家庭成员的失业都有可能导致绝望情绪的产生，从而引发家庭暴力的现象。个体即时的需要无法得到满足，可能会造成对自我、家庭乃至整个社区丧失信心。对于那些从事与儿童和家庭相关工作的人员来说，认识到贫困可能造成的压力和风险因素非常重要。

贫困现象在需要养育儿童的家庭中普遍存在。美国人口调查局的数据显示，2001年有超过117万的儿童生活在贫困线以下（三口之家的年收入少于14128美元)。其中，44%的儿童的家庭处于极度贫困，年收入低于贫困线的一半以上。贫困比率较高的是非裔儿童(30.2%)和西班牙裔儿童(28%)(儿童保护基金，2002)。即使在国家最繁荣的时期，儿童依然是美国最贫穷的公民之一。为了检验这一趋势，我们需要查看人口调查局网站上现有的统计数据。

当代家庭中还可能会出现家庭成员之间的隔阂，个体的权利被剥夺，经历种族主义和歧视的痛苦，缺乏家庭支持、酗酒、滥用药品等各种情况。儿童在家庭中如果面临上述情况极可能会出现显著的暴力行为。我们需要考虑这些因素，但也要注意它们往往只是暴力行为的诱因（Lipsitt，1994）。

学校和同伴的影响

随着儿童的不断成长与学习，他们会从家庭以外接受更多的信息。同伴群体为儿童提供了很多行为和态度的范式。共享的期望成为儿童理解同伴文化的一部分。儿童在和其他有侵犯和暴力行为的孩子在一起时极易习得暴力。那些同他人进行互动有困难的儿童可能会结伴在一起，从而被其他同伴嫌弃和回避。

学校中存在的一些因素可能会为儿童暴力行为的产生创造条件（例如过分强调学业成绩和权威）。这可能会造成制度上的暴力和学校权威人士对儿童施加的暴力。学校的制度和程序往往表现出对儿童权利的漠视。隐私保护的缺乏、严格的管理、毫不妥协的时间表和必须站成一条直

学校中的同伴冲突对图中的三个孩子都产生了影响。

线的要求是连成人都会感到厌恶的典型学校的样例。庆幸的是，儿童在学校里遭受体罚的日子已经变少了。但是，现如今学校中的儿童暴力现象呈现出不同的样态，并且不总是显而易见的。

社会和文化因素

美国社会的趋势和主导文化也是导致暴力的一大因素。儿童生活在一个受媒体影响严重，并且暴力频现的文化环境中。人们在潜移默化中接受了暴力是生活的一部分，而暴力和权力的使用也被视为解决争端的一贯方式。暴力的词汇和短语通过战争和体育的隐喻渗透到日常语言中。儿童倾听和模仿成人使用暴力语言，但又无法领会其中带有的可怕的反讽。例如现实中的一个真实案例，很多人会说："他太粗鲁了，我真想杀了他！"还有一些以和平为导向的案例，如"打击毒品"和"打击犯罪"等口号同样蕴含着暴力的反讽。

手枪的易获得性和美国人对枪的热爱也强化了暴力的观念。拥有手枪的人往往会通过暴力来采取行动，而这通常会带来悲惨的后果（Lipsitt in Judy Mann, 2000）。对这种行为的抑制正在瓦解，向同学和同事开枪的想法已不再是不可想象了。

尽管许多教育工作者建议采取彻底而有效的方法，但要有效而全面地扭转这一趋势还面临一些障碍（包括认为自己什么都不能做，或向旁人做一个无助的耸肩动作等处事态度，以及"这不是我的问题，这是其他人的错""没有什么办法""这都是生活的一部分"等话语表达）。在另一些案例中，有些解决方案显得过于肤浅和简单。例如在弗吉尼亚州，州立法者通过一项法律，要求学生在上学时必须保持沉默，以此来帮助减少学校中的暴力。这显然是不合适的。

一个善意的提醒

通过上述讨论，要时刻牢记你为何读这本书。非常重要的是，作为教师和具备关怀素养的成人，我们可以成为改变儿童和家庭的中介。一个具有指导性的原则是，"如果个体的暴力行为是通过习得养成的，那么暴力也可以被忘却并被改变"（APA, 1993, p. xx）。美国心理学会提出，暴力可以被习得，也可以被改变（Slaby et al., 1995）。在儿童成长和社会环境影响下滋生的暴力行为风险可以通过干预进行抵消。图2-1揭示了儿童在日常生活中所看到的和平与暴力的连续性表现。

第二章　冲突解决的框架：对暴力的回应、和平教育和安全的环境　　21

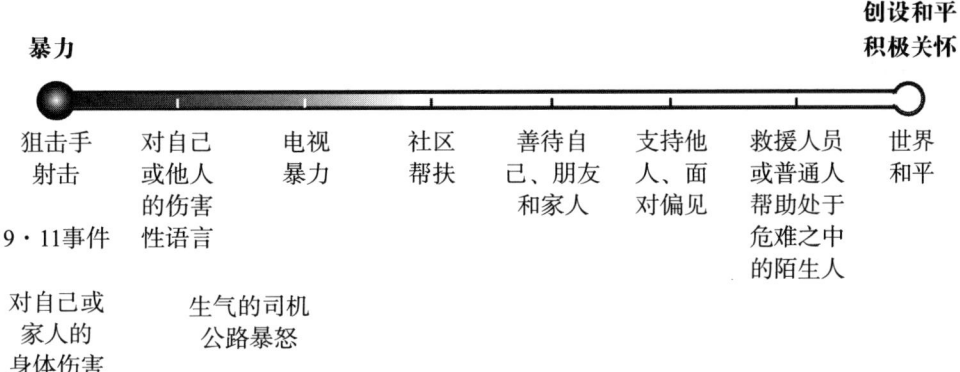

图2-1　儿童看到和经历了什么：贯穿儿童日常生活的关于和平与暴力的连续性图表

儿童看到和经历了什么？

正如本章开头那位一年级教师所指出的，儿童不是生活在真空中的个体，他们会受到外部环境中的暴力或和平的影响。他们能够察觉并回应发生在其周围的事物。在接下来的故事中有两个名叫塞缪尔和彼得的孩子，他俩的故事向我们展示了在成长过程中暴力如何影响其对自我期望的理解。

塞缪尔的故事

在城市学校中，有着丰富戏剧经验的教师会通过戏剧角色扮演的方式，培养儿童进行创造性表达的技巧。为了准备角色剧，教师会要求孩子们为自己创造一个角色（一般是一名成功的探险家或英雄）。小组成员会对角色进行讨论，然后各自画出他们心目中的角色的样子。

塞缪尔是一名因暴力行为而被贴上"有特殊需要儿童"标签的二年级学生。不过他在戏剧讨论期间表现得非常矜持，他正努力完成他的绘画作品。

教师：我看你画的是一名杀手，你能给我讲讲这个角色吗？

塞缪尔：所有人都认为他是黑帮的成员，但我觉得这不公平。

教师：那你觉得他是吗？

塞缪尔：不是，但不管怎样，每个人都对他不好。如果人们不放下对他的偏见，他就不得不加入黑帮。

教师：你还有其他补充吗？（暂时的停顿）他是很勇敢的人吗？

塞缪尔：不，其实他很胆小。

教师：他会哭吗？

塞缪尔：他会。

教师：你知道他为什么会哭吗？

塞缪尔：因为他不想使用他的枪。他也不想打任何人。

教师：那他会怎样？

塞缪尔：但是他不得不这样做。他没有其他选择。

教师：他没有别的办法吗？

塞缪尔：嗯，他没有。

彼得的故事

东海岸郊区这所学校中的一年级学生们，写下了关于他们长大后会是什么样子的故事。彼得用他的想法来撰写这个带有插图的故事。故事如下：

"当我长大了，我想成为一名训练有素的杀手。我会有一把枪。我会保护我的家庭。我会在雪天杀死坏人。我会在黑夜中杀死坏人。我的名字是大力士。"

彼得画中的人说："我要抓到你！"

教师在后面对彼得写道："我觉得你写得很棒，但是请记住（两道下划线）枪是非常危险的。如果你想保护你的家庭，你可以去当一名警察！"

塞缪尔和彼得在故事中表达了暴力的不可避免性，特别是他们在自己描绘的故事情节里都使用了枪支。塞缪尔的故事展现了他虽然很不情愿，但最终还是成了黑帮的成员，不得不使用枪支来杀人。彼得的故事反映了我们在电视和现实生活中经常可以看到的一些信息，即"一个好人"可以通过暴力的手段来达到自己的目的。接下来的一章将会说明，暴力是可以在日常生活中习得的，有责任心的成人可以做很多事情来培养孩子的心理弹性，帮助他们克服在生活中接收的暴力信息。

在1993年，全美幼教协会声明，我们需要意识到在儿童的日常生活中广泛存在的暴力。儿童可能会在家庭、邻里和学校中直接体验暴力事件，也会通过新闻、电视、计算机游戏、某些运动和互联网间接接触暴力。成人需要意识到在家庭附近和外界发生的暴力和恐怖事件也会对儿童造成影响。在过去的几十年，儿童对暴力的担忧已经从20世纪80年代的全球核威胁，转变为20世纪90年代对街头暴力和学校枪击事件的关注，以及延伸到2001年的恐怖袭击和2003年的局部战争等更大范围的暴力事件。

《华盛顿邮报》（*Washington Post*）的一篇报道（Stepp，2001）担忧地指出，"儿童的忧虑有了新的表现形式"。这篇报道描述了儿童电视工作坊的研究人员进行的一项研究。他们让6—11岁的儿童画出自己喜欢、不喜欢、渴望和害怕的东西。在2001年5月，儿童画出的他们害怕的东西是蛇、蜘蛛和怪兽。在接下来的秋天，儿童图画显示的是被劫持的飞机撞进了大楼和黑暗的墓地。

在2002年秋天，一位母亲讲述了在她的孩子（4.5岁）身上发生的事情："我的女儿在今年的9月10日，在没有被刺激和提醒的情况下，画了一张飞机坠落在燃烧的建筑物上的图画。我和她聊起她的画，她就给我描述了一年前发生的劫机事件。"

这种让儿童直接暴露在电视暴力情景中的不良影响，包括对暴力的脱敏、暴力行为的复制或再现、对暴力现实及其影响的理解能力的减弱。儿童经常会看到未受到惩罚的暴力事件，电视中主要角色的暴力行为也被描绘成合理的现象，可以被大众普遍接受（Krcmar，2001）。

为了在儿童的日常生活中增加积极的影响因素，我们要注意在家庭中不仅要降低暴力的负面影响，还要帮助儿童发展批判性思维和对暴力的回应能力。监控儿童观看和讨论关于暴力的内容是家庭可以采取的关键策略（Chang，2000）。

儿童与电视

对于儿童通过电视接触暴力的记录，官方的统计数据详细地显示了儿童观看电视的时长和他们观看电视时所看到的暴力行为的数量。

◆ 数据显示，儿童平均一周花费35小时来观看电视、玩计算机游戏和

> 看视频。在学前时期，儿童看电视的总时长可以达到4000小时。
> ◆ 周六早上的动画片每小时有20多起暴力行为，甚至比黄金时段的电视节目中的暴力行为还多。
> ◆ 在小学结束时，一名儿童平均会看到8000起谋杀和100000起暴力行为事件，即使是电视中的"好人"也会使用暴力的手段来进行拯救和平的行动（TRUCE, 2002；Levin, 1998；APA, 1993）。

暴力对儿童及其家庭的影响

在理解暴力对儿童产生的影响时，我们要考虑的内容包括身体、社会、情感和认知发展，暴力对儿童学业的影响，以及可能对家庭造成的损失。根据《从0岁到3岁》（*Zero to Three*, 2000）这本书中所说，"暴露在暴力行为中的婴儿和学步儿可能会在四个关键方面受到影响，包括情感失调、不稳定的抑制行为、身体的痛苦，以及身体机能（尤其是语言）的丧失"（Groves et al., 2000, pp. 9-10）。

暴力对儿童发展的影响表现为以下几个方面：

- 信任和安全感。儿童日常看到的是一个充满了敌人的危险世界，而不是一个在别人的帮助和信任下可以克服恐惧的世界。在这个世界中，他们为了安全不得不持有武器。
- 自主性和连贯性。儿童感受到的自主性来自暴力使用的武器和强权的表现；儿童在与他人玩耍中表现出的软弱和依赖则被认为是具有连贯性的表现。
- 授权与效力。力量和暴力被认为是必要的。
- 性别认同与多样性。成见和排斥成为具有优越感和权利感的正当暴力表现。坏人就应该被暴力对待，胜利是唯一可以接受的结果。
- 戏剧。在电视剧情节的限制下，有意义、有创造性的戏剧被迫让位于模仿性戏剧（Levin, 1998, p. 28）。

根据全美幼教协会（2001）关于儿童生活中的暴力现象的声明，儿童有基本的安全需要。在马斯洛的需要层次理论中，安全是最基本的需要（Prince & Howard, 2002）。根据埃里克森（1963）的理论，从孩子出生的那天起，培养信任感就是一项至关重要的任务。如果让儿童暴露在暴力的情境中，那么这些基本的发展需要就会受到影响。结果可能会造成儿童在学校中面临各种困境，不能很好地与同伴交往和玩耍。儿童直接接触的暴力类似于战争退伍军人的创伤后应激障碍（Alat, 2002）。它的特点是不能集中精力、睡眠不安、做噩梦、出现恐怖和闪回的景象、饮食失调、出现退行行为等（Alet, 2002；Garbarino et al., 1992）。

当儿童成为暴力的受害者后，他（她）还可能会变为暴力的施行者。据罗得岛州检察长杰弗里·派因（Jeffrey Pine）所说，从产房到居室都充满了暴力的可能。毫无疑问，家庭暴力与青少年长大后的暴力行为有着直接的联系。当年轻人是家庭暴力的受害者，或是家庭暴力行为的目击者时，他们就会习得这种暴力方式是面对问题时的一种适当反应（Lipsitt, 1994, p. 11）。

但并非所有经历过暴力的儿童都会受到这些创伤的影响。同样，家庭和社区也具有改变暴力的不良影响的力量（Lipsitt, 1994, p. 13）。关注这些致力于使儿童和家庭得到恢复的因素，将为我们在对抗暴力和支持儿童冲突解决方面提供指导（Alat, 2002）。

❏ 对生态系统理论的关注

生态系统理论对我们理解在暴力背景下的儿童成长和学习有着特殊的意义。根据布朗芬布伦纳的观点，儿童的发展受到五个相互嵌套的生态系统的影响（Bronfenbrenner, 1979；Bronfenbrenner & Morris, 1998）。具体内容可以参照图 2-2。

儿童在日常生活中面临的直接情境或系统，为其与家庭、学校及邻里直接面对面互动的微观系统。中间系统涉及微观系统中各种环境的相互作用（例如家庭与学校的关系）。外层系统的因素间接影响着儿童，包括大众传媒、家人工作场所、社区和社会服务项目等。宏观系统代表了影响儿童生活的宏观背景，包括社会、政治和经济环境，以及对儿童和家庭生活文化的价值观和意识形态的影响。

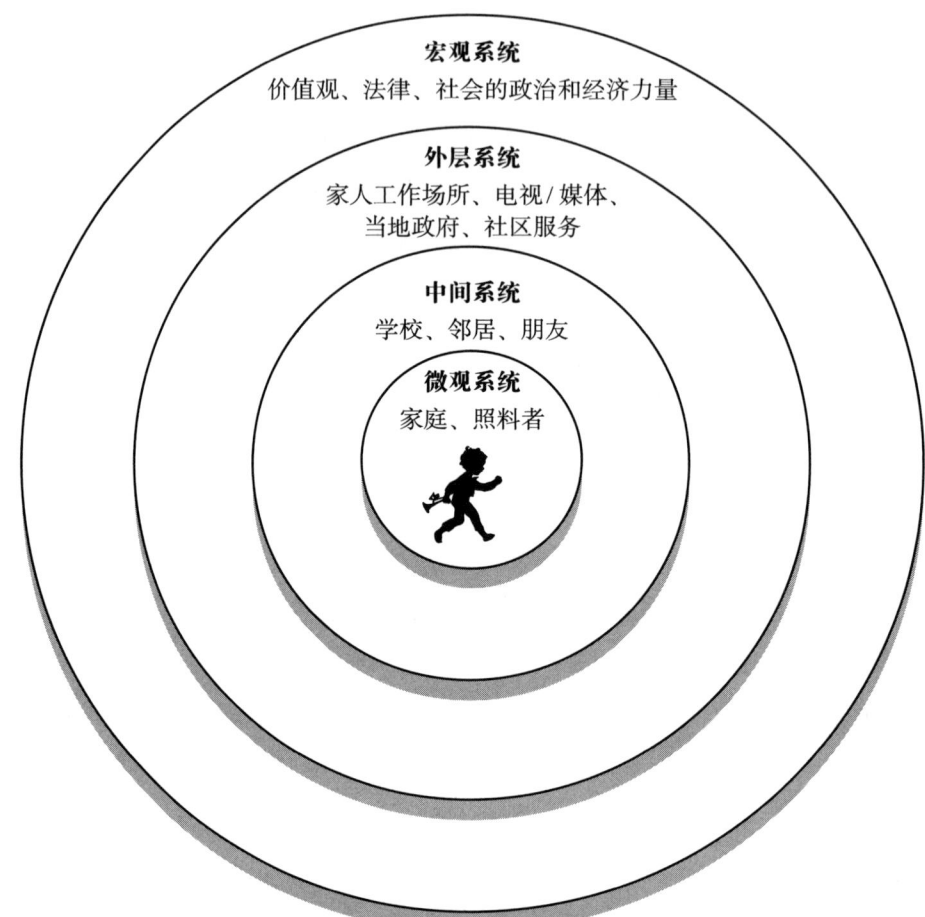

图2-2 布朗芬布伦纳的生态系统理论：在这个系统或圈层中，你能找到儿童生活中关于暴力和创设和平的案例吗？

第五个系统是时间系统，表明了随着时间的推移各个系统发生着交互变化（Berk，2000；Bronfenbrenner，1979）。

在这些系统中，儿童在接触暴力的同时学习着关怀与和平。布朗芬布伦纳的理论给我们提供了在儿童成长中洞察其社会道德发展复杂性的方法。我们可以通过这些系统看到在本章中提及的潜在的有害影响。我们也可以看到很多支持儿童学习创设和平、培养冲突解决能力的机会。

第二章 冲突解决的框架：对暴力的回应、和平教育和安全的环境   27

对暴力的回应

☐ 关于儿童暴力相关者的问题

接下来要考虑的问题：谁应该参与暴力预防、冲突解决与和平教育等相关活动？为什么这些和他们有关？他们是怎样参与的？相关者包括家庭、学校和社区（公民团体、执法人员）、公司、政府和各级机构。

相关者所属的不同群体有着不同的看待问题的视角（这是有关"为什么"的问题）。家庭的良好关系可以为儿童带来安全感和美好的未来。学校的关怀可以让教师为了儿童的安全而营造有效习得暴力解决的和平环境。社区团体会以不同的方式看待暴力和安全问题，包括广泛关注社区所有成员的状态并遵守为他们提供指导的法律。公司团体更多关注的是顾客和员工的安全问题，他们对儿童需要的关注往往与儿童作为未来劳动力的想法有关。政府官员则根据自己对该问题的理解，对选区内的民众做出回应。儿童专业工作者的职责包括保护儿童免受课堂暴力的侵害，同时帮助他们理解自己在其他地方看到和经历的暴力行为（Levin，1998）。我们将在本书的第三、四部分具体探讨教师和家庭应该怎样做。

预防暴力行为的合作和冲突解决策略可以让这些团体团结起来。但是这些团体应该怎样解决问题呢？近些年来，通过威慑来遏制暴力的强硬方法势头正盛，包括更严厉的刑罚、严格的纪律，以及在校园中对武器、毒品和暴力行为的零容忍（网络用户可以通过搜索美国教育资源信息中心数据库来获取关于零容忍的有效性研究及意义）。这些团体所运用的各种方法都着眼于产生暴力的深层原因。我们需要在高质量的护理和教育、反贫困和建设关怀型社区等方面给予家庭和儿童更多的支持。

> **问 题 讨 论**
>
> 儿童专业工作者需要根据我们所了解的情况来检验关于儿童和家庭方面的努力。有如下问题需要考虑:这些方法传递了什么信息?如何看待家庭中更具惩罚性的做法?专业工作者是要明确指出家庭成员在育儿方面的错误做法,还是要尊重家庭成员作为陪伴者的所作所为?

在研究暴力解决方案的范围时,我们需要提醒大家注意"前言"中列出的预防和减少暴力的相关建议(Lipsitt,1994,p. 91)。

1994年,在布朗大学开展的关于暴力解决方案的研讨会指出(Lipsitt,1994,p. 102):

- 削弱那些教导"暴力在一定情况下是合理的"的文化传统。
- 考虑对罪犯真正起作用的威慑和相应的代价代表什么。
- 识别处于困境中的儿童,并对其进行早期干预和补偿。
- 提供有效的辍学预防和基本技能的学习方案。
- 建立儿童的家庭支持与替代角色模式。

研讨会还提出了如下短期解决方案:

- 减少儿童暴力和家庭虐待。
- 强制执行枪支管理。
- 减少日常暴力的发生,打破暴力的代际循环。
- 为生活在高度贫困地区的人员提供更多的工作机会。
- 教师要学习解决暴力的办法。
- 使学校小型化,并寻求其他创设和平环境的方法。
- 与社区进行合作,使之成为集娱乐、教育、安全于一体的场所,并可以提供医疗服务和针对药物滥用的治疗。

在制定全面有效的教育方案时面临的障碍包括:对外部机构参与的抵制;很

多团体的重复努力；时间、资金和精力的限制；通过长期努力才能见效，但缺乏持久性和耐心。

❏ 在学校和社区里为儿童创造安全的环境

很多团体会通过不同的方式致力于为儿童创造安全的环境。一个典型的案例就是儿童与家长共同体（Adults and Children Together，ACT）对暴力的抵制运动。在国内也有一些其他形式的合作活动。为了帮助学校减少暴力现象，品格教育项目开展了冲突解决的相关活动。纽约市所有的公立学校也通过广泛的学校和社区合作，开展解决暴力冲突的项目（Lantieri & Patti, 1996）。这种努力已经超越了学校并向社区延伸。从1996年开始，马里兰州盖瑟斯堡市就开展了一个名为"品格至上"的项目。我们可以通过互联网检索到其他相关信息。

儿童与家长共同体对暴力的抵制

全美幼教协会和美国心理学会联合促成了儿童与家长共同体，通过广告委员会的支持，于2001年发起了一项全国性宣传活动。这项活动汇集了来自多个组织的网络资源，致力于为家庭和社区在暴力的干预、不良情绪的调节和问题解决等方面提供支持。

儿童与家长共同体的宣传信息有以下四个原则：

◆ 在儿童早期，暴力是可以被大量习得的。
◆ 在儿童早期，暴力是可以被预防的。
◆ 成人可以通过塑造环境来影响儿童。
◆ 成人可以通过模仿示范和教导让儿童学会如何应对不良情绪、挫折感和冲突。

为了应对全国范围内的暴力行动，我们需要与社区进行通力合作，一起致力于暴力的解决。在新奥尔良市，公共服务委员会是一个由商业团体资助的、主要致力于儿童心理问题解决的警察合作组织。这一组织可以为儿童提供健康的活动、发展信任关系并提供必要的干预和外部服务，旨在授人以渔，而不是授人以

鱼(《从0岁到3岁》,2000,p.26)。旧金山市儿童创伤研究项目工作组致力于教导社区来帮助解决儿童家庭暴力问题。波士顿市确定了儿童见证暴力项目,为受暴力影响的儿童、家庭和照料者提供相应的支持。匹兹堡市开展的避风港培训项目,可以为目睹暴力的儿童提供与成人建立信任关系的安全场所。

关于这些方案和其他相关内容的信息可以通过"在暴力环境中保护儿童"(《从0岁到3岁》,2000)来进行了解。关于家庭、学校和社区合作的内容将在本书的后几章进行讨论。

□ 和平教育

为解决国际战争冲突而缘起的和平教育活动,不仅倡导反对暴力,还进一步强调和平的重要意义。和平教育课程包括冲突解决、合作和相互依存、全球意识、社会和生态责任等方面。和平教育课程的其他主题还包括学习利他主义、共情、善行和关怀等内容。

和平教育自诞生以来,就不断根据时代发展的变化而转换中心主题。在20世纪的第二次世界大战时期,和平教育运动致力于达成世界和平的愿景。在20世纪中期,以往反帝国主义的运动倾向被一种更积极的社会建设取代。在20世纪80年代,和平教育强调冲突解决,更多地从相互包容、跨文化理解和全球意识等层面综合看待和平教育问题。到了21世纪,和平教育的主要内容又转换为倡导建立一个跨越国际的网络。在美国"9·11事件"后,和平教育则更多地强调要跨越语言、宗教、民族和习俗的障碍,达成更大范围的沟通与交融。

和平教育也可以在基础层面通过学校的和平活动来开展。和平教育的倡导者和研究者着眼于与和平相关的各个方面的问题,涉及对跨文化和不同民族的理解、战争地区学生积极关系的建立、学校暴力问题、平等问题、和平的意义以及发展和平文化的途径等主题。和平教育在学校中的运用包括:在教室中设立和平桌,儿童可以坐在和平桌上学习怎样一同解决冲突;在全校范围内进行和平展示,如展示和平壁画或装饰好的和平柱;为社区提供和平教育的相关信息。其他一些案例包括举行和平周庆典活动、让儿童寻找国际笔友、开展和平环境意识提升项目等内容。

☐ 儿童与家长的心理弹性[1]

儿童面临着很多对其健康成长，社会、情感和认知发展构成威胁的情况。贫困、不稳定的家庭结构、药物问题和其他与暴力相关的因素都可能对儿童造成不良影响。当面对这些挑战时，一些儿童能够做到积极应对。无论是儿时，还是长大后，他们都能做到很好的自我调整。还有一些儿童就没有那么顺利。能够进行自我调整和适应不良的儿童之间有一个很大的不同，即他们的心理弹性能力存在差异。

对心理弹性的把握，有助于儿童在面对各种状况时变得更具灵活性与适应性。对儿童来说，譬如坚持不懈等能力可能是天生和自然而然的。在儿童的世界中，成人可以发展并培育他们的心理弹性能力。埃米·沃纳（Emmy Werner）在对夏威夷的儿童进行的一项纵向研究中指出，许多儿童在成长中都曾经历过一个或多个具有危险性的情况（Werner，1982，2001）。

儿童心理弹性的特征如下：

- 能够以积极的方式吸引人们的注意；
- 能够提前计划和解决问题；
- 能够发展自我的天赋与爱好；
- 有幽默感；
- 面对失败时依然保持坚持不懈；
- 能够对他人表达关怀；
- 能够培养自我的幽默感；
- 能够培养对自己生活的控制感；
- 能够分辨对错。

我们还可以进一步探寻在家庭中对儿童进行心理弹性培养的支持策略。长期研究可以帮助我们进一步理解家庭系统（《从0岁到3岁》，1994，p.11）。

---

[1] "resilience" 一词一般被翻译为心理弹性、抗逆力、心理适应力等。根据本书的主题进行综合考虑，此处将该词译为心理弹性。——译者注

以下五点可以帮助高危社区中的家庭更好地养育儿童：
- 强烈的亲属关系；
- 灵活的家庭角色；
- 强烈的精神；
- 强烈的工作导向；
- 高成就导向。

> **关于心理弹性的阅读推荐**
>
> 我们可以让儿童阅读引人入胜的故事，从而帮助他们了解什么是心理弹性。他们可以阅读乔纳森·柯作尔（Jonathan Kozol）的《神奇的格雷丝》（*Amazing Grace*, 1995）和《平凡的复活》（*Ordinary Resurrections*, 2000），以及罗伯特·科尔斯（Robert Coles）的《危机中的儿童》（*Children in Crisis*）的相关系列丛书。

对于早期儿童专业工作者而言，我们需要清楚地把握儿童心理弹性的含义。首先，我们需要成为儿童生活中的重要他人。我们可以鼓励儿童追求自己的兴趣和天赋。在课堂上，我们需要根据儿童不同的智能水平来安排课程内容，以展现儿童不同的能力和兴趣。教师可以为儿童提供工具和机会，以使其提升规划能力、解决问题的技巧、对积极事件和道德理性的关注。随着时间的推移，我们便可以支持儿童发展出更多的自主感、才能和希望。

家长关怀并支持儿童发展心理弹性。

第二章　冲突解决的框架：对暴力的回应、和平教育和安全的环境　　33

❑ 一个有心理弹性的民族和一个有心理弹性的世界

2001年秋季，许多美国人对国际安全的信心和信任受到了动摇。当"9·11事件"发生时，儿童专业工作者需要为儿童及其家庭做出适当的帮助和反馈。网站和出版社也需要为家庭和教师提供指导，帮助儿童应对这种可怕的事件，顺利渡过难关。在下一阶段，我们还需要让儿童和成人向那些直接受到袭击影响的人表达自己的关怀和进行共情能力的培养。

❑ 在危急时刻对儿童的回应

成人总会假定儿童太小，他们什么也不懂，所以我们往往会在第一时间让儿童从正在发生的事情中得到庇护。但要注意，我们需要在理解儿童发展及其个人需求的基础上，当他们遇到困难时，再向其提供帮助。这才是正确的做法。吉姆·格林曼（Jim Greenman，2001）描述了不同年龄阶段的儿童如何感知危急时刻所发生的事情。

3岁以下的儿童："他们知道似乎有什么事情发生了。"

学龄期的儿童："他们知道的比你想象的要多，但可能充满了不完整或误解的信息。"

小学阶段的儿童："他们知道的比你想象的要多，并且想要了解更多的信息。"

以下是2001年11月《幼儿》（*Young Children*）杂志上的一篇文章提供的相关建议（pp. 6-7）：

- 给予儿童精神上的安慰和身体上的照料。
- 给儿童提供合适的安排，让他们产生坚定感。
- 让儿童知道感到不高兴是正常的事情，但要有合适的表达。
- 如果儿童准备好了，要帮助他们说出来。
- 适时关掉电视。
- 提供可以帮助儿童释放紧张心情和应对自身不良情绪的体验。
- 帮助儿童以和平的方式解决冲突。
- 尊重多样性，反对偏见。

- 密切观察儿童的行为变化。
- 关怀我们自己。

《从0岁到3岁》（2002）这本书中提出了一个关于儿童和家长的心理弹性的声明："我们需要通过彼此获得安慰，虽然世界在改变，但养育之乐永存。"

与儿童讨论悲剧

2001年9月12日来自瑞吉欧教育的相关内容。

专家的建议包括：

◆ 让儿童知道你会一直保证他们的安全。

◆ 关掉电视机。过度接触媒体会造成儿童精神上的损伤。如果较大的儿童需要观看新闻，家长要确保对其观看的内容进行监督。

◆ 要清楚你的孩子所处的年龄会影响他在一些事情上的反应。尤其是青少年可能会受到某些事件的严重打击。在灾难发生后尽快为儿童或青少年提供帮助，可以避免对他们造成长期的影响。

◆ 大声而坚定地表达你的情感——要记住沉着冷静的态度会为你的孩子提供更好的安全感。

◆ 给予你的孩子额外的时间和关注，并且在接下来的一个月中花更多的时间去陪伴他们。

◆ 让儿童学会提问，让他们说出事情的经过并充分表达自己的情感。

◆ 与还不能说话的儿童一起玩耍，帮助他们克服恐惧，并对周围的环境做出恰当的反应。

◆ 通过对日常饮食、游戏和睡眠时间的规律化设定，让儿童重建安全感和生活常规意识。

◆ 思考你和你的孩子可以如何帮助其他人。如果儿童觉得自己能以某种方式帮助他人，那么他们就可以获得对权力和安全感的正确理解。

其他资源

① Greenman, J. (2001). *What happened to the world? Helping children cope in turbulent times*. Bright Horizons Family Solutions.

② NAEYC. (2001). Helping young children in frightening times. *Young Children, 56*(6), 6–9.

③ Zero to Three (2002). *Little Listeners in an uncertain world: Coping strategies for you and your child after September 11*.

小 结

我们将关于心理弹性的论述作为本章的结束。儿童生活中的暴力悲剧可以通过他们的心理弹性和成人采取的积极措施达到平衡。对于儿童来说，心理弹性的一些特征可能是天生的，但是他们身边的成人（父母或家庭成员、教师和社区中的其他成人）也可以帮助其促进心理弹性的成长。对于像塞缪尔这样的孩子，他的戏剧教师会鼓励他的天赋并支持培养他的控制感；对于彼得，理解他的教师也会培养他的天赋特征。儿童专业工作者应该理解儿童生活中的暴力问题及其相应的应对措施。

本章探讨了暴力对儿童的影响。我们需要记住儿童专业工作者在了解儿童所处环境、支持他们的心理弹性及与家庭和社区合作方面的作用。当进入本书的下一部分时，我们就可以看到儿童的冲突是如何解决的。

谈到创造一个能够理解差异和教会宽容的环境，薇薇安·佩利（Vivian Paley）说道："如果我们不能在儿童的课堂上做到这一点，那么我们还能在世界上的哪里做到？"（Teaching Tolerance Project，1997）。从另一个角度来说，我们可以通过冲突解决与和平教育来预防暴力。

在下一章中，我们将会进一步探讨儿童如何理解和感受与他人的冲突。

补充材料

研究重点

关于暴力的成因、影响因素和应对策略：探讨在儿童生活中暴力行为的最新进展，以及成人如何有效地帮助儿童应对暴力。

Clarke, S. H., & Campbell, F. A. (1998). Can intervention early prevent crime later? The Abecedarian Project compared with other programs. *Early Childhood Research Quarterly*, 319–343.

Kamps, D. M., Tankersley, M., & Ellis, C. (2000). Social skills intervention for young at-risk students: A 2-year follow-up study. *Behavioral Disorders, 25*, 310–324.

支持儿童心理弹性的干预措施：你能找到关于这一主题的最新研究，从而帮助儿童专业工作者发展儿童的心理弹性吗？

Lowenthal, Barbara. (1999). Effects of Maltreatment and Ways to Promote Children's Resiliency. *Childhood Education*, 204–209.

Novick, Rebecca. (1998). The Comfort Corner: Fostering Resiliency and Emotional Intelligence. *Childhood Education*, 200–204.

应用练习

1. 提供暴力与和平的示例：在课堂上分享大家收集到的案例。使用布朗芬布伦纳理论的图表（见图2-2）。在相关系统（微观系统、中间系统、外层系统和宏观系统）中确定你的位置。

2. 从和平到暴力的连续体验：想想你在童年时的经历，想想你现在生活的经历。为你的孩子和你自己绘制一个连续的图表。

3. 问题：考虑在当下环境中的儿童视角。

4. 用生活中的具体实例来填写自己的生态系统图示。

5. 看看今天的报纸：在头条和重点新闻中，看看有多少与暴力相关的新闻报道，你又在哪里找到了关于和平行为的正面故事和报道。

6. 常用的暴力短语（列一个单子，将战争和体育运动进行对比）："他太粗鲁了，我想杀了他"是父母经常使用的话语（由幼儿园教师提供）。

7. 寻找儿童可以阅读的、与亲社会主题和模式相关的书籍。

8. 看一整天电视。记录自己看到的暴力与和平现象的次数。

9. 调查儿童独自和在成人陪同时都看到了什么（例如摔跤、极限运动）。

对每一个儿童的思考

1. 每一个儿童是否都经历着相同的暴力行为？
2. 儿童在家里都看到了什么：
   - 我们必须承认，在一些儿童的生活中存在着家庭内部的暴力冲突和虐待伴侣的情况。不能把所有的家庭问题都归咎于功能失调（我们需要审视自己的偏见）。
   - 另一方面，成人的争论（打架和吵架）可能会使儿童感到害怕，这些情况可能比成人预想的更为严重。
   - 本章中提到的一些看似无害的学校做法，可能会对儿童有着潜在的暴力影响，你能想到更多的例子吗？

第二部分

同伴冲突和儿童的发展

>>>

引言： 在第一部分，我们探讨了儿童生活中和平与暴力背景下发生的冲突，并对儿童与同伴的冲突做了初步的探究。在这一部分，我们将更密切地关注儿童如何在日常生活中体验彼此的冲突。在第三章中，我们将首次探讨如何清晰地观察儿童在冲突中发生了什么。在第四章中，我们将研究儿童冲突的具体特征，以进一步指导我们的观察。在第五章和第六章中，我们将探讨儿童冲突的相关理论，这些理论将为我们理解冲突提供框架。

>>>

第三章

观察和理解儿童的同伴冲突

> **一名教师的评论：**
>
> "当两岁的孩子互相交流时，你可能感觉他们只是知道有对方的存在。但令人惊奇的是，当你看到一群两岁的孩子一起玩耍时，他们已经可以自然地做各种事情了。这是我们试图理解他们的开始。"

目标： 本章主要论述了基于儿童视角的背景下如何运用观察和倾听的方法来理解冲突。我们将在考虑儿童同伴文化的背景下研究语言对冲突的意义，并调查冲突问题和解决策略中的文化和个体差异。相关的示例和应用还包括儿童和教师之间的对话。

有教师介入的冲突

肯德拉和查德两个人在一起使用计算机，双方都在寻找二年级课程中"地球变化"的相关信息。他们有很多问题需要讨论：谁来控制鼠标？要搜索什么单词？要追踪什么链接？这是一段大声的争辩、坚持与反对的语言和互相小声的解释混杂在一起的持续性对话。在今年，谁来使用计算机成了冲突的中心。托马西老师忙于教室中的其他活动，但也时不时地看一看他俩。他想知道这两个孩子是否能够和平地工作，或者他们的小冲突是否会升级到无法解决的程度。

观察和倾听儿童

如果你作为老师看到上述的情景，你的第一反应是什么？你会如何描述接下来发生了什么？你认为孩子们也会用同样的方式描述这种情况吗？在你所处的环境中，你多久会看到一次冲突？你注意到的亲社会行为和帮助儿童改正行为的次数有多少？你看到过儿童之间的侵略行为或和解行为吗？为了回答这些问题，我们需要观察和倾听儿童，从儿童中来，到儿童中去。

教师经常通过观察儿童以确定其在各个领域都能得到学习和成长，并为其进一步的学习和发展规划合适的经验与环境。儿童的社会、情感、认知、语言和身体的发展都需要通过系统的观察方法来考察，以便教师进行有效和适当的评估。观察儿童在自然环境中的言行表现为真实的评估提供了背景。儿童冲突解决的能力是随着他们在其他领域的发展而不断提高的。冲突是一种复杂的人际互动，需要我们基于密切、彻底和客观的观察进行理解。真实的评估强调事实性发展（Puckett & Black, 2000），并将指导我们更好地理解儿童的冲突。

通过观察和倾听来评估儿童冲突的目标是，学习如何帮助儿童发展冲突解决能力以及确定在冲突发生时教师的干预作用。适用于不同情况的自然观察法和系统观察法，能够为观察和评估提供思路。

自然观察法是观察和捕捉儿童正在发生的冲突或者和平的互动。上述案例中的托马西老师观察到两名儿童因谁来使用计算机而发生了争吵。他观察发生了什么，倾听两个孩子的协商，观察他们的面部表情、语调和手势。这些信息将有助于托马西老师看孩子们能否自行解决争端。他还可以记录下每个孩子所展示的解决问题的能力，以及在课堂上孩子如何共享计算机等做法。这些观察都可以为他将来进行决策提供指导。

系统观察法则更多地关注儿童的冲突和对抗行为，并为其寻找解决途径。托马西老师注意到了计算机中心的冲突，并决定用系统观察法看看到底发生了什么。他想确认是否有孩子与别人相处困难，或者这里的环境是否导致了儿童冲突的产生。

重要提醒

根据这一章，我们将通过观察儿童在自然环境中的互动情况来理解他们的冲突。我们可以在没有干预的情况下观察并做出决定，但是如果出现了任何对儿童安全构成威胁的状况，则需要成人进行立即的干预。

▢ 观察和倾听的基础工具

在本节中，我们将简略介绍一些通过观察和倾听来理解儿童的方法。我们在儿童发展、观察和评估的相关文本中可以找到关于这些方法的更为详细的信息。教师作为研究人员也需要积极参与到对儿童冲突的研究中。

观察和倾听是我们理解儿童的主要方式。在本节中，我们将重点介绍从儿童身上发现信息的方法：

- 观察处于自然情境中的儿童，记录儿童在游戏中的言行、时长和结构化的学习情况。对过渡和常规时间进行整理。
- 不管是在非正式还是结构化的场景中，都可以访谈儿童，对他们的想法进行询问，并仔细地倾听他们所说的话。

除了这些关于儿童的直接（或主要）的信息来源外，还有间接（或次要）的信息来源。我们可以通过观察儿童所说的故事、日记、绘画作品、口述、手工艺品和文件来了解他们。我们还可以通过与其家人和其他专业工作者进行交流来掌握更多的信息。我们将在本书的后几章中考虑与家庭和其他人合作的方式。

观察

何时何地进行观察 教师可以在不同的时间和环境中通过观察儿童来了解他们的情况：

- 自然情境下的儿童游戏，为儿童提供了在角色扮演中学习协商和互动的机会。儿童的常规活动时间是教师进行观察的重点。
- 学校一日生活中的结构化时间（例如故事讨论、晨会和小组学习），为搭建鹰架（指导儿童更高层次的思考）和评估儿童的潜能提供了机会。教师可以在一天中不同的时间段，通过观察儿童身心发展的状况和表现，获得对儿童更全面的理解。
- 随着时间的推移，多次观察能够提供比单次观察更为完整和有效的信息。

教师谈论到的儿童

"我观察儿童的方法太多了。有时，我会告诉儿童我对他们的工作很感兴趣，趁机观察并把我看到的东西都写下来。如果他们对我的反应感到好奇，我就告诉他们我想要记住他们所经历的一切有趣的时刻，这样我才能在他们长大后向他们描述。有时，我觉得自己像中情局或联邦调查局的'间谍'，在房间里鬼鬼祟祟地走动，避免和他们进行眼神交流，并迅速地记下我所观察到的一切。我的目标是让儿童不知道我的行为，这样就能让他们不受我的影响，而我也可以得到最真实的观察。我的最后一种观察方法是拍摄儿童行为的图片并和他们一起制作这些图片的标题，这样我们就能记住发生了什么。"

教师谈论到的儿童

"在地板上玩耍的时刻——我发现作为一名教师，实际上如果可以保持和儿童同步，花很多时间和儿童在教室的地板上进行教学工作、玩耍和交流，那么我们就可以真正在这个过程中发现属于他们的经验。当我站在儿童面前时，我与他们的脑袋的距离是合适的（我甚至没有那么高）。但要让他们的声音传到我的耳边，则需要付出更多的努力……如果我在地板上和儿童一起玩耍，那他们就会很自然地被我吸引，和我进行交流并向我介绍他们做的事情。和儿童在一起玩耍是获取信息，进而了解他们的重要途径。"

观察的方法 教师所使用的观察方法，取决于他们想要了解的关于儿童冲突的内容是什么，以及想要收集信息的原因是什么。观察目的的不同使得教师会选择不同的方法，从而让观察可以提供最有价值的信息。你可以选择分类（封闭式）记录或叙述（开放式）记录方法。

观察并对儿童的互动进行记录，可以帮助教师理解他们之间发生的冲突。

- 分类或封闭式记录：它指的是通过频率计数、清单、评分表和评价表来界定所要观察行为的具体信息。封闭式记录的问题可能包括——每天发生了多少冲突？在教室里的某些区域，一天中的某些时间或某些儿童之间发生了多少冲突？儿童多久喊一次别人的名字、拿别人的铅笔或推搡别人？哪些儿童似乎挑起了冲突？儿童在冲突中使用推理和协商的情况有多少？

  （托马西老师用一个清单来记录儿童在使用计算机时的互动。通过这个清单，他可以了解儿童在使用计算机时的争吵频率、儿童通过求助教师来解决问题的频率和他们自己解决问题的频率。）

- 叙述或开放式记录：对正在发生的事情进行详细的记录，可以为我们提供更为完整的关于儿童互动的背景信息。开放式记录的问题包括——儿童平时会互相说什么？在冲突中他们会使用什么词汇？当儿童与他人互动时，他们会怎样使用自己的身体动作？儿童之间的打斗是为了什么？还发生了什么事情？在冲突之前又发生了什么事情？（托马西老师想知道在计算机中心都发生了什么，为什么某一天非常和平而改天又充满了矛盾和冲突。他花了几分钟仔细地记录了儿童在一起使用计算机时发生的事情。）

以下是我们可能会用到的不同类型的观察方法。

叙述或开放式记录的方法

- 逸事记录：以描述性文字进行记录的叙述性记录法。通常是在事情发生后尽快地进行记录。叙述具有真实、详细和准确的特征。教师可以随身携带笔记本，或者在活动图表上做笔记以便日后进行整理。
- 运行记录：记录连续时间内发生的事件的叙述性记录法。运行记录在事实的细节和准确性上与逸事记录相似，但记录时观察者所观察的部分是不同的。请注意，特定类型的运行记录可以用于儿童的阅读评估，也可以用于其他观察。
- 样本记录：样本记录是一种叙述性记录法。它与运行记录法类似，但相较而言更为详细。在教室里，观察人员可以使用样本来进行记录。贝蒂（Beatty，1998）建议，书面记录应该足够完整，以使不熟悉背景的人在看到记录时也能够对场景进行重现。

分类或封闭式记录的方法

- 时间取样：在预定的时间内，观察者以计数或时间标记的方式对特定行为进行记录的方法。记录发生在行为发生之时。
- 事件取样：一种记录预定事件的方法，包括对特定行为之前和之后情况的简要叙述。当目标行为发生时，观察者可以简单记录先前的事件、行动的发展和行为的结果。
- 检查表：在特定行为发生时和发生后，使用标记行为的列表进行记录的方法。没有叙述性细节，但是提供了关于是否存在相关事件和发生频率的信息。
- 评分量表：一种基于特征尺度或行为尺度的记录方法。需要对指定行为发生之前、期间和之后的情况进行观察并做出标记。如果没有相关的叙述细节，那么观察者必须在观察时决定评分标准。
- 评分法：将所观察到的内容与表现或过程标准进行匹配的一种记录方法。评分法通常被儿童或教师用来评价书面作业等。

观察儿童的游戏

皮亚杰、帕腾和豪斯制定的游戏量表提供了观察儿童游戏的方法示例和有关儿童互动的社会背景信息。正如我们在后面章节中所看到的，这些信息可以帮助我们理解儿童的冲突。游戏量表见附录。

图形文档和媒体技术　还有一些其他的方法为补充开放式和封闭式书面记录提供了有价值的客观信息。这些方法包括录音和录像、照片、图纸和草图，以及课堂地图和图解。所有图形文档都需要贴上日期、场所等表示细节的标签（教师需要了解隐私和机密性问题，还要关注家庭对儿童照片的看法）。

- 录音和录像：录音和录像可以记录完整的事件和准确的细节。与其他观察方法一样，录音信息仅限于收集所观察区域的相关情况。这一方法的主要优点是可以进行播放和重放，让成人观察者有机会观察儿童行为的不同方面，并可以注意到在现场单次观察中可能错过的细节。还有一些新技术（包括数码相机、小型和大型摄像机和微型电话），可以增强我们捕捉观测数据的能力，以便日后对数据进行分析。
- 照片：一张照片可以用一千个单词来进行描述吗？一张照片可以捕捉到一个场景下的所有细节，频繁地拍照对教师来说可能比录像更容易。照片也可以作为以后与儿童进行交流的基础工具。
- 图纸和草图：在叙述性记录中添加草图对于捕捉事件所发生的顺序尤其有价值。画一幅儿童玩积木的草图比写一篇冗长的描述要清楚和容易得多！一个快速绘制的图纸可以显示儿童的位置在哪里，从而让观察者能够更充分地关注儿童之间的谈话。

- 儿童互动地图：不同于叙述性记录，这种观察记录的策略是，在教室中使用图表以记录儿童在哪里进行互动、哪些儿童会在一起玩耍以及他们所选的活动是什么。这个方法被称为课堂社交地图、社交活动地图或课堂互动地图（见图3-1）。教师可以画一张教室的草图并标出儿童互动所在的位置。通过花时间仔细观察并在地图上记录观察的结果，教师将会获得关于儿童互动社会背景的相关信息。你可能会惊讶地发现儿童把时间花在了哪里、和谁一起度过。

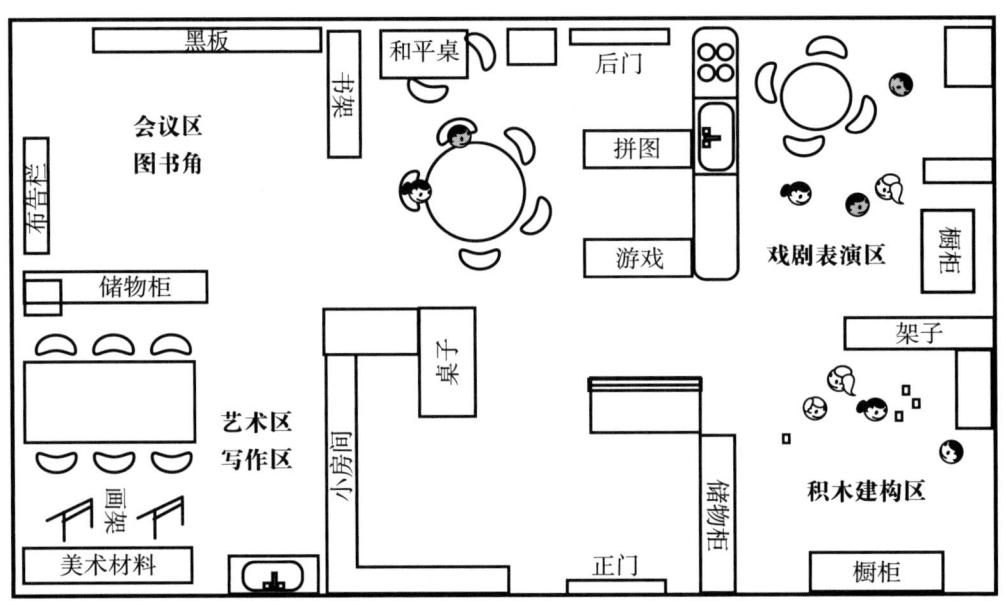

图3-1　教室平面的儿童互动地图

瑞吉欧·艾米利亚市属幼儿园的记录

在意大利的瑞吉欧·艾米利亚市属幼儿园中，图纸和照片是记录的重要组成部分。在美国，受瑞吉欧·艾米利亚市属幼儿园启发的学校和教学中心，也开始通过持续的观察、解释和记录的过程来获悉儿童怎样了解知识，而不仅仅关注他们学习了什么。在瑞吉欧·艾米利亚市属幼儿园中，记录作为一种可见的学习对儿童、家庭、管理者和社区都产生着影响（Reggio Children, 2001）。有关瑞吉欧·艾米利亚市属幼儿园记录的信息，请参阅爱德华兹、甘第尼和福尔曼所著的《儿童的一百种语言》（*The Hundred Languages of Children: Narratives of the Possible*, 1998），或者回顾《儿童的一百种语言》的巡回展览。展览在2003年于欧柏林大学举行。

注：在本书中，我们将会经常参考瑞吉欧·艾米利亚市属幼儿园的相关经验。这个意大利小镇中的儿童学前中心极大地启发了美国的儿童教育工作者。瑞吉欧·艾米利亚市属幼儿园的方法不是一门课程，不是一种理论，也不是一套很容易解释的材料。它是一种与儿童在共同相处的环境中进行思考、感受和行动的方式。这种方式重视环境的作用，重视教师与儿童及其家庭的合作；这种理念也充满了对儿童的能力、谦逊的品质，以及对时间、空间、光线和社区合作的欣赏。想要了解更多的信息请阅读由瑞吉欧儿童中心（2001）出版的《儿童的一百种语言》和《让学习可见：个体的儿童和群体的伙伴》（*Making Learning Visible: Children as Individual and Group Learners*）。

注：对社会关系的分析可以通过正式的社会关系图表来表示。在访谈中，儿童被要求说明最好的朋友是谁，他们视为朋友的同伴有哪些，或者对可以一同进行玩耍和工作的同伴进行选择，并以此创建一个群体偏好的图形。在我们的课堂关系图表中，图形的展示是基于观察，而不是通过提问获取的。

下面列举的一些案例，可以帮助教师更好地理解几对学前班儿童之间频繁发生的冲突状况。

课堂地图的案例

菲利普被很多成人认为是冲突的煽动者。课堂地图显示，菲利普是个子很高、4岁左右的孩子，他会花很多时间在戏剧角玩耍，并会与较大的儿童一起玩角色游戏。尼克，也是4岁，他大部分时间都在建构区和较小的儿童一起玩。看着这份地图，教师在思考："为什么菲利普会离开自己的区域，扰乱其他高年龄儿童的角色游戏，又跑去和尼克发生冲突呢？"把视野放宽，教师开始注意到底发生了什么。尼克经过了菲利普玩耍的区域，并开始做一些只有菲利普才会注意到的事情（比如拿一个玩具或踢一下桌子）。菲利普不会立即做出反应，但稍后会走到房间的另一边撞倒尼克所在建构区的建筑。菲利普的报复行动引起了尼克的强烈反应。然而，教师们总是注意到菲利普的报复行为，就自然把他视为了侵犯者。

教师谈论到的观察

"在观察中，我主要使用逸事记录的方式，并集中于观察儿童之间的互动。我用摄像机记录特殊的事件，并让儿童在吃点心时观看录像。我用录音机和假装打电话的形式对故事进行复述。我不认为我的观察方式会因性别不同而各异。但如果团队规模有小有大，我就会采用不同的技术。如果是观察一个大的群体，我一般不会在事情发生时进行记录。在通常情况下，事情发生的速度要比我写得快，结果就是我会错过很多东西。所以我选择用录音机，或者只是观看，然后在观察之后写下关键的内容。"

访谈

访谈儿童对社会理解的解释　对儿童进行访谈最大的原因就是，我们想了解并探究他们的想法。教师和研究人员通常会根据从其他成人的表述、儿童的考试成绩和儿童的行为观察中收集到的信息来了解儿童。那些尊重儿童的表达、自我意识和能力的教师可能会认为最直接的方式就是询问儿童自己的想法。更具体地说，对儿童的访谈可能有两个不同的目的和结果。在这两种情况下，成人访谈者的角色各不相同：

- 第一个目的是通过儿童对世界的解释，而不是基于成人的判断来理解他们的想法。在这种方法中，成人承担着接受型倾听者和学习者的角色。"倾听是对事物的悬置，也是一种为某些事情打开空间的机会。"

（埃琳娜·贾科皮尼的笔记，记于意大利瑞吉欧·艾米利亚市属幼儿园，2001）

- 第二个目的是为儿童提供学习的鹰架。访谈成为儿童和成人进一步理解对方谈话的机会。倾听是教师的核心能力（Filippini，1988，p.181）。在维果茨基的理论框架中，他描述道："我们必须能够接住儿童抛过来的球，并把球扔给他们，让儿童和我们一起继续。也许我们在继续进行的过程中，还能开发出其他游戏。"（Filippini，1988，p.181）

访谈儿童：怎样访谈，何时访谈，如何访谈　对儿童进行访谈可能是非正式和自发的，就像日常谈话一样（在儿童写作和演示的时候，教师在房间里四处走动，很自然地询问起萨拉一些关于她的事情）。访谈可能会在一个预先确定的时间，以一个特定的主题进行（教师会和萨拉就她的故事进行探讨，可能会考虑如何对故事进行编辑或是否将它包含在她的作品集里）。

教师可能会基于对所发生事情进行理解的前提下询问："让我们坐下来谈谈桌上的铅笔。"教师可能会问孩子的感受、想法或之前发生的事情："你认为公平意味着什么？当你的朋友叫你的名字时，你感觉如何？让我们来谈谈上周的野外考察。"通过类似于人种学的访谈过程，教师可以开始了解儿童的世界观（Spradley，1986）："当课间休息时的游戏规则不能达成一致，你该怎么办？"

另一个方法是与儿童谈论他们的绘画作品。例如，当听儿童谈论她正在画的一幅画时，教师可能会了解到这个儿童对黑暗的恐惧，或者她在探望祖母时的快乐。在第一章塞缪尔的故事中，一幅画引发了一场关于这个小男孩所预感的暴力的对话。罗伯特·科尔斯在其著作《儿童的道德生活》（*The Moral Life of Children*，1986）和《儿童的精神生活》（*The Spiritual Life of Children*，1990）中，对儿童的绘画作品进行了广泛的访谈，为理解儿童的学习方式和领悟他们是怎样认知世界打开了一扇窗户。

教师可能会以小组和个人的方式来对儿童进行访谈。在一个小组中，教师可以模仿焦点小组的访谈方法。让所有人都参与对话并进行讨论（你认为如何……），这种方式可能会为那些不愿意进行一对一谈话的儿童提供一个安全网，并且可以激发那些在个人访谈中可能不会出现的想法。如果教室规模不大,通过晨会进行简短的小组访谈也是很合适的机会。

当你询问儿童的时候,他们会说些什么?成人在访谈儿童时需要铭记几个要点。为了掌握儿童真实的想法,成人需要重新界定他们以往习惯的角色和地位。在访谈中,成人需要建立一种"儿童是信息和知识的提供者"的信念,在谈话过程中儿童有着更高的地位。成人作为知识信息的搜寻者,要放低自己的姿态。一种情况是儿童可能会预期成人想要了解的信息,并向成人提供其期望的所谓正确的回答。成人访谈者必须要以真挚的态度来探问儿童的真实想法,要做到不评判儿童的反应、不预设问题的答案(Tamivaara,J.,& Enright,D. S.,1986)。

有明显的证据表明,儿童知道自己的行为、动机和对事件的反应,并且能够回忆起过去的经历。

> **案例**
>
> 在一个有关冲突的访谈中,5岁的托马斯观看了两周前的一段录像。在这个过程中,他展示了自己对近期发生的相关事件的记忆能力。
>
> 作为一名经常在建构区搭建积木的儿童,他看着自己用积木建造的房屋,详细地描述了自己所做的工作,并补充道:"我今天没有做这个,我是在其他时间做的。"

> **案例**
>
> 当成人在阅读区的桌子旁观察时,两个儿童之间的交流展现出他们有意识到冲突发生的相关证据,以及回忆和讨论冲突的能力:丹尼尔(5岁)问他的朋友托德(4岁):"你还记得我们想要那些东西并打了乔斯吗?"

> **和儿童的对话:来自瑞吉欧·艾米利亚的声音**
>
> 当成人问儿童对和平、暴力、冲突和战斗的看法,并真正倾听儿童说话时会发生什么?在瑞吉欧·艾米利亚市的戴安娜幼儿园,儿童会处于一种

安全而开放的环境中,他们会分享关于儿童权利的看法:

"儿童有权拥有朋友,否则他们就无法很好地长大。"

"儿童有权在和平中成长。"

"儿童如果对某些事物还不了解,那么他就有权利犯错。当他看到自己的问题和造成的后果时,他就能进行学习。"

"和平的生活意味着幸福,意味着我们荣誉与共,意味着我们要有朋友并能够拥有梦想。"

"我们需要有这些权利,不然我们会很难过。"(Gandini, 1998, p. 161)

关于观察记录和访谈的指南

- 对儿童行为的书面记录应该是客观地描述所观察到的行为,而不是进行价值判断或解释。
- 用另外一本笔记来解释和理解记录。这些笔记对我们的分析很有价值,但必须与客观的观察记录分开保存。
- 记录要按照事件发生的顺序来进行填写。
- 记录应该完整和客观,要包括所有发生的事情。
- 单词或对话应该被逐字记录,而不是被转述或小结。
- 要客观详细地描述非言语行为。
- 观察者和访谈者在记录和录音时不能太引人注目。
- 要记录日期、地点和时间。
- 准备好面对意外和未预料的情况。这种心态是客观记录所看到和听到的事件的基础。
- 最后一条建议:作为一名儿童观察者,要认识到自己所观察和记录的内容的局限性。记住这样一个问题:"我真的知道这里发生了什么吗?"来自瑞吉欧·艾米利亚市属幼儿园的教师给我们这样一句提醒:"我并没有捕捉到这里发生的事情,而是捕捉到我能够捕捉到的事情。"(Giacopini, 2001)

☐ 儿童冲突观察的细节

上述指导方针和建议适用于观察儿童的冲突。由于儿童冲突的复杂性、冲突背景的重要性以及观察员的客观性要求，以下建议更适用于一些具体的情况。

- 记录：包含观察记录中关于以下内容的详细信息。
- 时间背景：事件顺序和事件持续的时间，可以精确到一天或一周中的某一天。
- 社会背景：参与事件的儿童、附近的儿童、在场的成人以及所有参与者的言语和非言语行为。
- 物理环境：儿童参与的活动和地点。
- 事件的外部界限：在关注儿童冲突时也要参考之前发生的事情，而不是立即采取行动。

观察冲突时的记录工具

观察表、评分量表和评分标准可以在儿童冲突的观察中发挥作用。在下一章中，我们将探究儿童冲突的结构特点和性质。这些特征可用于建构观察的工具（例如检查表和评分量表）。时间样本可用于确定在设定的范围内发生了多少冲突。事件抽样可以澄清引发冲突的原因和冲突的结果。检查表有助于记录儿童在冲突中运用了哪些策略。附录中包含了观察工具和观察表格的相关示例。

观察作为冲突背景的教室环境

除了观察课堂上的具体事件之外，教师可以将课堂中学生的共同体活动作为评估冲突与和平互动的背景（在第七章中，我们将探讨创建和支持关怀型社区的途径，关注点将在评估物理和社会环境上）。

要注意的内容：

- 儿童是否在相互倾听？有接纳性倾听的证据吗？
- 儿童是如何进入群体的？他们是受欢迎的，还是被排斥的？儿童知道如何加入一个小组，并有效地加入正在进行的活动吗？

第三章　观察和理解儿童的同伴冲突

- 游戏小组里有多少儿童？小组的组成是什么（男孩、女孩、有色人种的孩子或有不同能力的孩子）？
- 两人或多人一组的互动持续了多久？
- 是否有儿童通过商谈建立预期行为和规则的证据？
- 你观察到的冲突管理策略是什么？儿童是寻求成人介入、打小报告，还是通过自己的方式解决问题？冲突是升级了，还是降级了？
- 退后一步，注意教室的声音。是否有舒适的声音（忙碌，但声音不太大）？是否有平静的声音和笑声？在谈话中有平衡的、互动的声音吗？还是充满了吵闹、坚持己见和反对意见？

观察儿童冲突后要做什么？

通过对儿童冲突的观察，教师可以了解并指导儿童发展冲突解决的能力。首先，我们需要分析观察到的信息，然后为儿童进一步的学习和发展制订计划。

分析

第一步是对观察到的冲突进行描述性分析。确定问题、策略、结果和冲突的背景（如儿童在游戏前后的互动、物理环境的状态、一天中的时间安排等）。接下来，仔细观察正在发生的事情，寻找隐含其中的模式、过程和关系。收集到的信息如何帮助你回答问题并引发观察？也许你注意到的信息会引发新的问题？

教师拥有的角色身份，往往会导致其将自己的先验知识带到对儿童的观察中。这种非判断性的知识在理解儿童冲突、认识儿童的情感和交流方式、持续关注儿童日常需求的满足以及个体差异和文化因素等方面很有价值，可以为儿童的互动提供丰富的知识背景（一个新生儿在家里适应良好吗？孩子的病好了吗？）。然而，这种知识也使得教师在分析儿童于冲突中所扮演的角色时，产生先入为主的想法。教师必须避免对儿童做出假设，尤其要注意一些刻板的印象（例如菲利普和尼克的案例）。

计划

教师利用对环境变化的观察，小组策略设计和实施信息，对课程理念、活动和材料的把握等内容来为儿童制定个人计划方案。例如，教师可能会注意到儿童在工作中面对冲突时无法进行很好的表达，此时就可以为儿童提供在其面对这种情况时能让冲突平息的语言，并创造机会让儿童进行练习。如果发现儿童没有试图听取他人的观点，那么教师就可以让儿童更多地从事相关的活动和游戏，并通过讲故事的方式发展儿童的换位思考能力。这些课堂中的相关策略将是本书第三部分的主要内容。

警戒线：当你看到越界的行为时

在课堂上，大多数儿童与同伴之间的冲突都属于正常的互动，这也构成了他们发展社会能力的一部分。在某些情况下，教师可能会观察到有些行为超出了正常的迹象。不可控的状况或警戒线可能表现为：频繁的、无端的攻击，暴力的、具有破坏性的冲突，或者过度的愤怒。这些行为有许多解释和可能的原因（包括身体的疾病，如图雷特综合征、阿斯伯格综合征、多动症等）（Kostelanick et al., 2000；Novick, 1998）。遗憾的是，虐待和忽视儿童也是导致儿童冲突的原因之一（Crosser-Tower, 2002）。如果儿童的感觉统合存在问题，那么儿童在与同伴互动时也会表现出困难（Bakly, 2001）。教师需要注意儿童感觉统合困难的迹象，并与专业治疗师进行合作来理解自己观察到的情况。

其他的持续性行为问题包括伤害自己或他人、阻止其他儿童交朋友和造成财产损失。对于这些行为要密切观察，进行仔细而非判断性的倾听和精准的记录，并为进一步的团队评估和转介做准备（ACT, 2002）。

教师不能轻易对儿童做出假设，或试图诊断和鉴别行为超出规范的原因。但教师应与家长进行密切合作，以便在适当的时候向其他专业工作者进行转介。在遇到困难时的决策可以参考全美幼教协会针对儿童专业工作者而制定的《道德行为准则和承诺声明》。

第三章　观察和理解儿童的同伴冲突

看到积极的一面

根据阿尔菲·科恩（Alfie Kohn，1991）的说法，儿童的反社会行为并不比他们的亲社会行为更为常见。成人往往会被破坏性行为和儿童之间的问题吸引。很多儿童之间关怀合作、相互支持、富有同情心和同伴调解的案例每天都在发生，但是很多时候没有被注意。当教师花时间去寻找这些亲社会行为时，他们常常会感到惊讶和兴奋。给善行以鼓励，确保儿童意识到周围的善行，可以制约反社会的行为及其造成的不良后果。

> *教师的话*
>
> "当准备观察儿童的冲突及其解决冲突的方法时，我预设我可能会见到很多冲突，并且我会大量地参与到这种冲突的解决中。然而当我真正开始观察时，我非常惊讶地发现了两点：①我观察的儿童在早上来园和玩耍的时间中，并没有发生太多的冲突，那可是一天中最忙碌的时间；②即使发生了冲突，儿童也可以自行解决，而且处于冲突中的儿童往往不会选择把冲突延续下去。"

> *教师的话*
>
> "我经常听到其他儿童说，很多的三年级学生是伟大的调解人。例如，上周我在无意中听到一些学生在排队时讨论一个女孩打扰了他们的音乐活动。一个叫艾比的学生告诉雷切尔，不要理会那个叫卡伦的女孩在音乐活动中对她说的粗鲁的话。艾比说：'嘿，有时候卡伦也这么对我，但我总是不去理她。我就直接转到另一边去和其他人说话。'从雷切尔的反应能看出，她喜欢艾比说的话，并非常感谢她。"

▢ 儿童的同伴文化：儿童语言及其在冲突中的意义

访谈者：我想知道你们在争吵的时候是怎么解决问题的。如果有人想和你玩，而你不想和他玩，你该怎么办？

艾普尔（4岁）：我会告诉他我想和纳塔莉、玛丽·佩顿一起玩，他应该改变他的想法。

儿童的同伴文化是什么？

"文化"可以被界定为群体成员对行为现象、共同经历、共同语言和意义的共同理解。尽管这个词经常被用于种族、肤色或民族起源等方面，但文化的概念其实要广泛得多。我们每个人都是不同文化中的一员，这些文化共同塑造着我们的身份，并形成了我们对世界的理解。

当儿童开始上学时，他们就从家庭文化圈层扩展到了学校文化圈层。他们首先要学会根据规则、惯例和期望来适应学校，而这在很大程度上是由成人决定的。儿童自身的同伴文化存在于这种学校文化之内或之外。作为同伴文化中的一员，儿童有着共同理解的规则、关系、幽默、期待和冲突解决的方式，并有着自己界定和展示其文化中的成员、层次和地位的方法。法恩（Fine, 1985）使用儿童间的"独特文化"这一术语来代表一种由知识、信条、行为和集体习惯组成的交互性团体。"它有助于调节群体行为，并提供了一种凝聚力。"（p. 111）

在这种同伴文化中，儿童创造并界定着文化的含义。"文化既是界定意义和解释行为的平台，又是一套行动的规则或规范……正是文化的这种特性，使文化中的个体能够积极地扮演参与者的角色，从而不断地创造和重塑文化，而不仅仅是作为集体的旁观者……从文化作为一个平台的观点来看，如果想让年轻人为生活本身做好准备，就需要通过在教育中引入文化的信念，并共享文化的交流和意义再造的价值。"（Bruner, 1986, p. 23）

"每一个儿童都至少是两种文化中的成员：一种是他们自己创造的文化，另一种是由成人创造的文化。"（Tamivaara, J., & Enright, D. S., 1986, p. 233）少数民族儿童有着四种文化可供选择：

在同伴文化中，儿童会共享规则。

母语的同伴和成人文化与第二语言的同伴和成人文化。

在意识到儿童之间存在的同伴文化后，尽管成人相对于儿童有着局外人的身份，但他们可以通过几个步骤来对儿童加以理解。我们要从对儿童的预设性理解出发，认识到我们其实对他们并不完全了解。最后，我们破译儿童的"密码"是为了学习关于儿童的知识，并了解他们的世界。要意识到，成人对儿童在日常和平和冲突的互动中对同伴所说的话的理解和认知，往往并不是儿童真正的意思。

教师的话

"一名三年级教师意识到儿童在游戏中的共同体验，指出儿童会在观看电视节目的基础上分享自己的经验——'有时，儿童会扮演《飞天小女警》中的动画角色。当他们开始玩这个游戏时，因为我不熟悉这个动画片，我通常不理解到底发生了什么。所以我计划看一集这个动画片，以帮助我理解他们在角色扮演活动中所说的话。'"

案例

成人和儿童一起观看录像带为倾听儿童和解释他们的冲突提供了一个机会。当他们看到合作的假装游戏时，梅格描述了关于三个女孩决定用什么颜色的华夫饼块来做她们的床的事情。

梅格(5岁)：这是那块红色的华夫饼块。

访谈者：你在做这些事情的时候有什么计划吗？

梅格：嗯。玩华夫饼块(一边听，一边看，而且咯咯笑)。那是我(在录像带中)在说话。

访谈者：你能告诉我发生了什么吗？我看到有华夫饼块，看到你在弄衣服，旁边还有一些枕头。

梅格：我不得不用我的衣服把那边清理干净，以免人们走过去(停顿)。那些是床(停顿)。海蒂是客人，所以他在中间，我们认为肯德拉的床是蓝色的，因为我最喜欢的颜色是红色。(讲述动作)我们睡着了，然后到时间醒来了，然后我们又睡着了。

在同伴文化和儿童的空间中观察

成人如何在儿童的同伴文化中进行观察，并透过这扇窗户看到儿童特殊的世界？作为成人，我们不能成为儿童同伴文化的正式成员。格劳厄和沃尔什（Graue & Walsh, 1998）警告说，成人可能希望进入儿童的世界，并在同伴文化背景下研究儿童，但当我们进入时，背景就会在我们的影响下发生改变。然而，我们可以通过作为不显眼的或受邀的客人来进行观察。

作为一名不显眼的观察者，成人可以离儿童足够近来进行倾听和观察，但不必让自己的存在成为背景的一部分。回归日常成人世界的状态将有助于教师融入背景。同样，录音机也可能被儿童忽略。H 太太把这种不显眼的观察描述为隐形观察。

> **教师谈论到的隐形观察**
>
> "在这个万圣节，我决定当一名隐形教师。我想象着当31号到学校时，我会微笑着告诉管理人员——'哦，我在那儿，只是我隐形了。'我想孩子们会喜欢的。也许有一天这可以实现，但今年不行。当我把我的梦想再推迟一年的时候，我有个伟大的想法。我想我可能不需要隐形。我只需要再回到5岁。我想回到现实中，看到和听到孩子们的声音。在这个万圣节，H 太太只是艺术课上的另一个孩子。"

成人作为被邀请的客人，可以更为仔细地观察处于同伴文化中的儿童。成人可以坐在儿童旁边，在他们玩耍时饶有兴趣地观看。成人也可能会被带入儿童的游戏，儿童会自发地提供一些道具，或者将成人包括在演员表中。这样，成人就会按照儿童的要求和条件进入游戏，被儿童赋予权利或参与者的地位。回应儿童的谈话和游戏邀请，而不是主动发起互动，这种情况被称为"反应性进入"（Corsaro, 1985）。

儿童："这是你的票，公共汽车就要开了。"

成人在儿童同伴互动中的作用至关重要。如果成人保有权威的光环，儿童的同伴文化意识就会被成人界定的学校文化取代。南希·曼德尔（Nancy Mandell, 1986）将成人的角色最小化，以强调儿童至少具有类似于成人的地位。教师和研究人员与儿童坐在一起，遵循儿童游戏的规则，放下对行为的控制，并采取非指导性的立场。这些方法还需要有意识地避免与儿童进行教师式的谈话（使用问题和探究来鼓励学习），而需要进行正常的对话。简言之，成人要成为儿童的追随者，而不是领导者。信任是这种互动的重要组成部分。

一位研究者列举了儿童有类似于成人地位的证据。在操场上，拉蒂沙（5岁）分享了一个秘密。她说她藏了一个带有魔法钥匙的小狗玩具，而教师并不知道。

在一个由成人主导的世界里，儿童也会寻找并创造属于自己的空间。了解这些空间在哪里，可以为那些希望接触儿童同伴文化的成人提供宝贵的视野。在这些由儿童创造的后台空间中，同伴文化在远离成人的导向和控制下蓬勃发展。边界更为宽松的游乐场通常可以让儿童划定属于自己的空间。在上学期间的过渡期中，同伴文化的规则可能会取代成人世界的规则。在下面的案例中，儿童将汽车后座界定为他们的空间。

> **教师谈论到的儿童**
>
> "我倾听和观察儿童的一个时刻是我们一起坐在车里的时候。当我还是保姆时，我了解了很多关于他们身为兄弟姐妹和朋友之间的感受。他们没有注意到我，所以他们可以非常坦率地进行讨论。我现在把这个方式用到我自己的孩子身上。我听他们在车里的对话。我从我4岁的孩子那里听到的大部分内容都是我对她说的话，像是'乔丹，不要回嘴。那样不好'等。我了解了学校生活，并知道他们在学校里做了什么。"

儿童语言的意义

儿童和成人都依靠语言来进行表达，他们的语言基于自己的世界观和经验。因此，成人和儿童语言的含义不一定相同。成人面临的一个挑战就是，要在舍弃成人中心思维的情况下理解他们从儿童那里听到的内容。这是观察、访谈、与儿童进行日常互动的一个关键点。成人需要做三件事：放弃固有的假设，充分地倾听儿童所说的话，以及非判断性地追问儿童所说的话的含义。以下是两个案例。

> **案例**
>
> 一位学前班教师听到了安娜说的话，除了字面上的解释，教师还想知道安娜的本意："杰米告诉我——'安娜不是我的朋友'。我认为她真正说的可能是，'我们为什么不能按照我想玩的方式玩？''安娜为什么让我一个人待着？'。"
>
> 托马斯给出了意料之外的解释。
>
> 托马斯：他做了我不想让他做的事情。
>
> 访谈者：那你做了什么？
>
> 托马斯：我叫他"土老帽"，这意味着"你太傻了"。

> **案例**
>
> 一位教师告诉我：儿童的语言是非常复杂的。儿童使用语言进行交流、自我表达和实验，并获得他人的关注。成人往往过于严肃地对待儿童的语言，因为他们认为语言仅仅是一种交流的方式，而不顾儿童如何运用语言创造性地表达自己的观点，也不重视他们在掌握语言时如何运用声音和单词进行实验和练习。我每天在教室里的观察就是这方面的案例。3岁的儿童在教室里会听到很多单词，尤其是那些可以引发很大反应的禁忌和有趣的单词。在3岁的时候，一些比较粗俗的语言（例如"蠢蛋"之类的词）和有趣的表达都会让儿童想去尝试。也许是因为这些词的发音让儿童的舌头感到愉悦，也许是因为这能引发有趣的反应，也许是因为这些词听起来很有趣。我认为如果不了解这些原因，成人就会产生不当的理解。儿童需要足够的时间和空间来进行语言的实验和游戏，以便充分掌握语言。

儿童冲突的意义

儿童语言的意义也与引发儿童冲突的问题直接相关。一方面，冲突的目的可能是解决问题或争端；另一方面，冲突的目的也可能是进行争论。换句话说，争论的目的可能就是争论本身。在注重结果导向的方法中，冲突或争论的目的可能决定一个问题怎样开始和结束。在注重过程导向的方法中,主要目的可能不是解决问题,而是看谁是最好的论述者(Goodwin, 1990)。

当你开始介入一场冲突时,你是否看到了儿童困惑的眼神,他们好像在说:"她在说什么?我们没有吵架!"在家庭里的一个常见情景是,一名成人听到孩子们的吵闹并对他们喊道:"不要在这里吵架!"孩子们的回答很快传了过来:"我们没有吵架,我们在玩。"孩子们进行语言上的"打闹"游戏,就像他们进行身体上的游戏一样。我们将在下一章进一步探讨对相关的社会语言学的理解。

正在发展冲突解决能力的儿童,会在这个过程中开始了解自己和他人行为的意图和原因。在下面的对照案例中,我们会看到儿童在不同的时间发展并展示这种理解。

一名学前班的教师说:有时候孩子会做一些意外的事情(一个碰撞或推搡在队列中会引发连锁反应),孩子们可能无法区分意外事件和有意事件。

一名教师在混龄班中问一个3岁的孩子:你是真的想玩那辆卡车,还是你想捣乱?

这名教师说,儿童知道这两者的区别,并愿意告诉教师他们真正的意图。在这种情况下,重要的是考虑儿童对故意或意外行为的反应。我们将在后面的章节中对这个问题进行详细的讨论。

> **观察和讨论的机会**
>
> 你们教室里的同伴文化有什么规则?侵犯行为(不管是有意的,还是无意的),对儿童有什么影响吗?

理解儿童意图的另一个层面是,理解他们对可接受的和想要的结果的界定。儿童冲突解决的基础是公平、公正和需要,这可能与成人不同。这些差异表明,儿童的争端不同于成人所预想的。成人应该意识到儿童的冲突状态,理解和认识他们的意图,并懂得他们如何界定可接受的冲突解决方法。对于成人来说,这是需要不断学习和掌握的重要技能。

儿童冲突中的文化和个体差异

儿童专业工作者设计的教学和学习方式应该在所有领域都具有发展适宜性、个体适宜性和文化适宜性。理解和支持儿童进行冲突解决需要同样的方法。

文化规范

我们注意到成人和儿童是不同文化中的成员。除了同伴文化和教室文化外，儿童也是家庭文化以及由语言、种族和民族起源所界定的文化中的一员。根据这些文化的规范，我们对冲突的反应可能会有所不同。

因此，孩子们对日常情况会产生不同的理解，文化差异可能是导致冲突的一个原因。冲突可能是因不同文化对所有权、空间、幽默或问题有不同的解释而造成的。例如：在大多数欧美家庭中，个人所有权是一种被公认的价值；而在其他文化中，社区财产才是价值的标准。这种差异可能会导致在所有物方面的跨文化冲突，这与单一文化的冲突截然不同。这种差异也可能是由家庭规模或经济地位造成的，这就决定了家庭规范取决于个人所有权，还是公共价值。

欧美国家的争端："把它还给我，这是我的！""不，它是我的。"

跨文化中的争端："把它还给我，这是我的！""它不属于任何人。"

文化差异在儿童处理冲突方面表现得非常明显（例如语言风格、身体交流、自信和坚持程度）。一个重要的问题是："你是否观察了儿童冲突中个体文化的多样性？"作为儿童专业工作者，我们需要观察和解释儿童在冲突中的言行，所以我们要了解文化和个人"镜头"以及我们自身的冲突管理方法。例如，当指导儿童管理他们的冲突互动时，我们是否假设"为自己奋斗"是一个普遍的目标？尊重他人并促成和解可能是儿童家庭文化中的首选价值。

教师谈论到跨文化理解

"今年，我们班有一个来自土耳其的小朋友，他不懂英语。我们可以明显地看出他在语言方面的障碍，还有一些我们必须一起解决的文化差异。在他的文化中，儿童不会对成人说'不'。因为说'是'和'不'可以帮助我们在教室里更好地相处，所以我认为这样教育他是件好事。但这引发了一个小问题，那就是当他放学回家后，他会对母亲交代的所有事情都说'不'。在他所处的文化中，他被教导如果要表示尊重，那就不能有眼神交流。但对我而言，没有眼神交流反而是不尊重的表现。"

教师谈论到家庭规范

"谢尔比是我在幼儿园里最喜欢的孩子之一。每当有分歧时，我都能听到他大声地坚持自己的观点，和别人争论，向别人解释。作为一个天生温和的人，我起初认为他一定很生气。后来，我开始注意到他在没有争吵的时候也会大声地说话。最后，我问他的妈妈他是不是在听力上有什么障碍。她笑着说不是，每个教过他的老师都问过这个问题，其实他只是生活在一个大家庭里，每个人在家里都会一直大声地说话，以便其他人听到。对谢尔比来说，大声说话只是家庭常态而已。"

在后面的章节中，我们将探讨如何在一个多元且包容的关怀型课堂中帮助儿童解决冲突。在这一点上，最重要的是要注意，随着更多地了解与文化相关的规范和行为，我们会发现对整个群体特质的过度概括是不恰当的。在跨文化理解方面有许多宝贵的资源，我们应该把它们放到儿童专业图书馆中，并使其成为儿童阅读的重要部分。在本章的末尾你会发现一些相关的建议。

特殊的需求和能力

对于能力发展处于不同水平的儿童而言，无论儿童是否有特殊的需要，教室里都会发生冲突。学习解决与他人的冲突对每一个儿童来说都是有价值的。在多样化、包容性强的儿童环境中，儿童学习不同的视角和共情的机会更大。儿童天生具有共情、关怀他人的能力和动机，这使得他们能够通过沟通和社交能力解决困难。导致儿童冲突的原因是缺乏有效的沟通和对社会信息的不良反馈。对于教师而言，我们需要做的是要了解每一个儿童。这就意味着教师需要观察儿童和平与冲突互动中的动向，分析并指导教育和教学。教师还要了解有特殊需要儿童的能力和残障状况，要意识到每个儿童都是独一无二的。例如，教师可能会发现患有阿斯伯格综合征的儿童与患有唐氏综合征的儿童会有不同的反应，并需要得到相应的社会支持。

然而，有特殊需要、身患残疾和发育迟缓的儿童同样需要体验和其他儿童一样的游戏过程。"与社会能力相关的一些结果同样适用于有特殊需要和无特殊需要的儿童。"（Gurainick，1994，p. 45）对于有特殊需要的儿童和尚未确定是否有特殊需要的儿童，评估其社会能力的发展是很重要的。社会能力方面的表现可能是教师在检验儿童发展是否存在问题时首先需要考虑的内容。对儿童与同伴相关的社会能力的界定涉及同伴团体的参与度、冲突解决的能力和维持游戏的能力（Guralnick，1994，p. 48）。

> **教师的话**
>
> "如果教师在教室里发现一个患有脑瘫的儿童，而他之前从未处理过这种情况，或没有任何照料有特殊需要儿童的经验，那么他也许会因想到自己可能会做出一些不正确的事情而心烦意乱，甚至感到害怕。如果教师有这种感觉，那么很可能这个儿童就不能被很好地倾听，以及像其他儿童一样得到关注。不幸的是，教师很可能会回避与这个儿童的互动。我认为，作为教师，重要的是要认识到自己的偏见，以及对特殊需要、种族、宗教和国籍等内容的误解。如果能够意识到这些，那么我们就距离倾听和看到儿童是谁更近了一步。我们将继续前进，让每个儿童都能得到一个公平的支持。"

小　结

本章的主要内容是从儿童的表现中了解儿童，并尊重其作为儿童世界和同伴文化守护者的地位。儿童专业工作者要通过各种工具和策略对儿童进行观察和倾听，以了解儿童的社会和世界。然而，要想真正地看到和倾听儿童，则需具备开放和谦逊的态度。瑞吉欧·艾米利亚市的教育部主任塞尔吉奥·斯帕贾里描述了儿童的潜能和成人的谦逊,并引用了瑞吉欧市属学校创始人洛里斯·马拉古齐的话:"你必须知道你不知道的。"在这种理念下,教师们将学习关于儿童的知识,并学习如何在教室里处理和解决儿童与同伴的冲突。

在本章中,我们考察了观察和倾听儿童的方式、观察儿童冲突的具体方法、同伴文化背景下的儿童冲突以及文化和个体的差异。在下一章中,我们将探讨儿童冲突的特征,这将为我们的观察提供一个焦点。当我们进行观察和倾听时,我们就可以知道该问什么问题,并能更好地理解我们所看到和听到的内容。

补充材料

研究重点:教师作为研究者

观察通常是你在自己的环境中为教师研究如何收集数据的重要方法。你可以根据儿童在互动时的行为表现提出研究问题。利用你所知道的内容来区分攻击性行为和打闹游戏。我们可以通过观察儿童的游戏行为来回答问题。

如前几章所述,攻击性行为本身被认为是敌对的且与冲突问题无关,但其意图是有害的或具有工具性的,它往往被用作实现冲突目标的手段。攻击性行为和打闹游戏之间的差异可以作为制定评估工具的基础(参见表3-1)。

表3-1 攻击性游戏与打闹游戏

攻击性游戏	打闹游戏
与问题相关,以目标为导向	不以问题为导向,游戏的过程是重点
有严重的影响	有大笑或微笑
通常有两个儿童参与	有任意数量的儿童
攻击性游戏发生后儿童会分开	孩子们是在一起的
故意伤害	模仿攻击——无意伤害
紧绷的身体状态	松弛的身体状态
不愉快	充满乐趣
发生在不是朋友的同伴之间	发生在朋友之间

应用练习

1. 儿童真的总是在打架吗？我们需要探索自己对儿童行为的印象是否准确。首先，我们需要界定亲社会行为的可观察证据，并进行时间取样观察。我们也可以尝试进行逸事记录、运行记录或样本记录，看看哪些证据可以表明亲社会行为的出现。

2. 从儿童的视角来看待冲突：用这些具有指导性的问题来加深你对儿童冲突的理解。

- 你将如何计划在教室里观察儿童的冲突（通过倾听和观察）？
- 你是否具备解锁儿童同伴文化中共同语言的密码和钥匙？
- 你对儿童冲突了解多少？他们的意图和目标，以及策略的意向性分别是什么？
- 如果另一位教师或成人想通过观察和倾听来了解儿童之间的冲突，你会怎么向他们说明？
- 你对教室里的友谊、接受和拒绝关系了解多少？
- 当儿童不处于冲突时，你是否会去了解他们对冲突的理解？
- 我们知道冲突可能在任何时间、任何地点发生。冲突是什么时候开始的？你是怎么知道的？
- 对于同胞、男孩/女孩或不同年龄组的儿童，你的观察方式有什么不同？

对每一个儿童的思考

并非所有的评估方式都对儿童有效。对于发育迟缓或有残疾的儿童，甚至母语与成人评估员不同的儿童而言，他们可能需要其他类型的评估（Losardo & Notari-Syverson, 2001）。记住要运用不止一种观察方法，在使用已发表的评估材料时，要尽量避免其中的偏见和刻板印象。

思考问题：

1．当观察和记录儿童的冲突时，你是否考虑到他们在文化、语言和能力方面的个体差异？

2．你对你所处环境中的家庭、社区、文化和沟通方式有什么看法吗？

第四章

儿童同伴冲突的特点

> "如果你不听我的,我就不和你做朋友了。"
> "因为你们是朋友,所以你们总能搞定的。"

目标: 本章通过对"冲突的剖析"指导我们认识儿童冲突中所发生的事件的结构特征(问题、策略和结果)。儿童冲突的深层次特征与物质和社会背景(包括人物、地点和时间)有关。然而不存在"典型冲突"这种东西,只有一些模式能够指导我们理解和支持儿童在冲突中的积极解决策略。例如,在冲突发生前一起玩耍的儿童和在冲突中使用理性和协商的儿童,更有可能达成积极的解决方案。

戏剧中的一场冲突

在假装游戏中,一群儿童已经安排好椅子来做一辆公共汽车,罗莎(3.5岁)试图去拿贝丝(3.5岁)正在坐的椅子。

罗莎:不,这是我的椅子。我正在用它。

贝丝:不,轮到我了。你不能玩了。

她们把椅子在两个人之间拉来拉去,重复着上面的对话。

罗莎试图把贝丝的手从椅子上拉下来。

贝丝:停!

罗莎拿到了椅子并且坐在了上面。

贝丝把这件事告诉了老师。

教师:让我们看看还有没有空着的椅子。

阿普丽尔(4岁)拿了一把椅子给贝丝。

在儿童冲突中发生了什么?

☐ 冲突的结构与背景

在本章中,我们将以在上一章中讨论的观察和倾听工具为基础,以更好地理解儿童的冲突。我们将密切地关注儿童冲突的结构与背景:在冲突中发生了什么,冲突发生的时间和地点,以及谁正在参与冲突。我们将开始把儿童的冲突看作一个有开始、中间和结尾的结构化互动。在本章中,我们将研究结构的这些部分。

此外,了解冲突发生时儿童日常生活的物质和社会背景也很重要。

- 社会背景包含教室中的其他人,包括儿童和成人,以及教室中人与人之间的角色、行为和互动。
- 物质背景描述了互动发生的地点和对象。

这里的一个重要暗示是，在大多数情况下，当成人遇到正在进行的冲突时，他们只能看到冲突的一部分。要想理解冲突，我们必须看到冲突的整个背景。

我们已经根据彼此的分歧界定了冲突。冲突发生在"当儿童A做儿童B反对的事情，而儿童A坚持做的时候"（Hay，1984，p. 2）。当儿童在一个需要解决方案的问题上发生冲突时，我们能够看到冲突结构中有一个明确的顺序：开始、中间和结尾（Arcaro-McPhee et al.，2002；Eisenberg & Garvey，1981；Hay，1984；Killen & Turiel，1991；Malloy & McMurray，1996；Shantz，1987）。正如我们所看到的，还有其他类型的争论（例如口头打闹），它们遵循不同的模式，因为它们并非基于要解决的问题。在这里，我们将集中讨论儿童试图解决问题的冲突。

得到充分发展的冲突和平息的冲突

仔细观察儿童，我们可能会看到冲突即将发生但没发生的情形（见图4-1）。儿童之间的分歧可能会在两个回合内结束，而不是形成完全发展的三个回合的冲

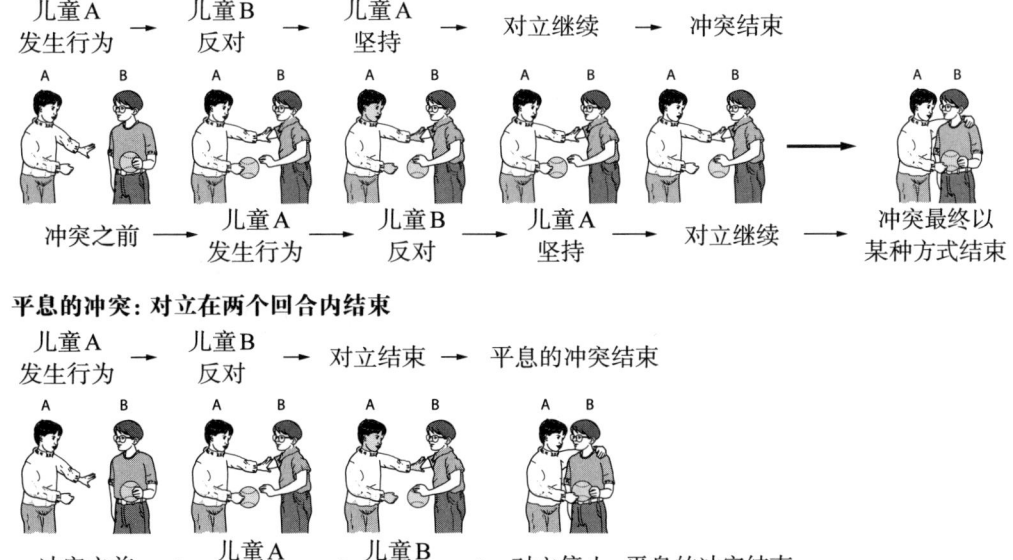

图4-1　得到充分发展的冲突和平息的冲突

突。这些在两个回合中相互对立的互动被描述为"顺从交流"或"亲和式互动"，它们与三个或三个以上回合的冲突形成了对比（Gillespie & Chick，2001；Laursen & Hartup，1989，p. 291；Wlieeler，1997）。这些短暂的对立冲突不同于完全发展的冲突。在这种短暂的对立冲突中，他们的情绪不那么紧张，并且儿童能够使用不同的策略来结束它们。问题是："如何化解这些潜在的冲突？"在进入第三部分时，我们将更多地思考这个问题。

平息的冲突可能是这样的，儿童开始为一件玩具争吵。儿童 A 说："这是我的！"儿童 B 说："这是我的！"后来，儿童 B 决定去别的地方玩，他们之间没有进一步的交流，于是冲突便平息了。

同样的情况也可能会演变成一场完全的冲突。儿童开始为一件玩具争吵。儿童 A 说："这是我的！"儿童 B 说："这是我的！"儿童 A 坚持。

随着交流的继续，他们的声音越来越大。两人不断拉扯这个玩具。直到有人进行干预，冲突才会结束。

☐ 冲突的剖析：问题、策略和结果

在冲突开始发生到被解决的过程中，其结构特征（即冲突的"剖析"）是显而易见的。冲突的阶段如下：

- 事件——用儿童 A 的"行为、要求或陈述"来"设定阶段"；
- 最初的反对——当儿童 B 不同意或抵制儿童 A 的行为时；
- 相互反对——因为儿童 A 坚持；
- 持续的对立策略——当儿童在争论中轮流使用各种策略时；
- 冲突结束——当儿童停止他们的对抗时（Shantz，1987，p. 15）。

可以用下列语句来描述冲突阶段的特征。
- 问题：引起最初的反对的事件
- 策略：相互反对和随后的对立策略
- 结果：结束

第四章 儿童同伴冲突的特点

儿童的冲突是复杂多样的，可能存在很多问题，看似有无限多的策略（从讨价还价和协商到击打和抢夺）以及几种可能的结果。我们也可以考虑个别儿童及其相互作用的社会和物理环境的差异。虽然没有一个"典型"冲突的例子，但我们可以确定问题、策略和结果的类别，并开始了解在儿童冲突中发生了什么。在本节末尾有各种类型的策略和结果的图表。观察你所在机构中的儿童，看看你还能在这些表格中添加什么。

> **教师的话**
> "在我的学前班上，孩子们不会打'彼此'。他们只会为彼此的'物品'打架。"

问题

儿童同伴冲突中的问题通常会被分为控制物理环境和控制社会环境两个类别（Ramsey，1991；Shantz，1987；Wheeler，1997）。

物理环境包括物体和空间。冲突可能会因为儿童当前使用的物品（例如椅子）的所有权而发生，或者是因为物品的永久拥有权而发生（"嘿，那是我的铅笔！"）。冲突也可能涉及对物质空间或"领土"的占有。占有问题是早期儿童冲突中最常见的问题之一。儿童可能会因为在室内什么地方进行游戏或建造，在教室里什么位置摆放一张桌子或椅子，或者在操场上的哪里进行游戏或聚会而发生争论。在本章开头描述的那一场冲突中，罗莎和贝丝在公共汽车游戏中就因为一把椅子发生了占有权纠纷。

在某些情况下，对游戏环境的控制而非对玩具本身的渴望，可能会加剧争论。当一个小孩拿着所有的玩具时，他往往对"控制"更感兴趣，而不是真正想一下子玩所有的东西。占有权问题还涉及对物质空间或领域（例如操场攀登者的平台）的控制（Shantz，1987；Wilson，1988；Singer & Hannikainen，2002）。

一则因控制物理环境而争论的例子

接下来的片段与数学活动时间的一场冲突有关。多米尼克和唐纳德之间的基本争论在于一支记号笔的占有权问题。

三年级学生正在进行数学活动。多米尼克不请自来地拿走了唐纳德的记号笔。

唐纳德：多米尼克，请把记号笔还给我好吗？

多米尼克：不行！等我用完的。

唐纳德：多米尼克，我需要我的记号笔，把它给我！

多米尼克：不！等我用完了，我就给你。

唐纳德：你最好现在就把我的记号笔给我！

多米尼克：我正在用呢。

唐纳德拿走了多米尼克的纸。

多米尼克：把我的纸还给我。

唐纳德：你把记号笔还给我，我就把纸给你！

多米尼克：别跑了，唐纳德！我要我的纸！

唐纳德：好的，你把记号笔还给我，我就把纸给你！

多米尼克：布莱克老师，请叫他把我的纸还给我！

唐纳德：布莱克老师，他拿了我的记号笔！

布莱克老师：你们两个人必须解决这个问题。

多米尼克去找其他的记号笔。他把唐纳德的记号笔还给了他，唐纳德也把纸还给了多米尼克。

对社会环境的控制涉及：在融入群体问题上对同伴行为的控制（纳入游戏或排除在游戏之外），社会空间，扮演活动中角色分配或规则的决定，对信息或事实的分歧，身材、年龄、身体能力和知识的优势，以及故意骚扰或取笑（Arcaro McPhee et al., 2002；Corsaro, 1985；Guralnick, 1994；Hantz, 1987；Wilson, 1988）。社会冲突问题可能涉及特权（如队伍中的优先位置）、规则解释、权力和权威。轮流纠纷是社会环境控制中经常可以观察到的问题。随着幼儿年龄的增长，才能和身体能力的优越性、群体归属感和同伴之间的地位成为冲突或人际摩擦更为频繁的来源。团体归属可以通过性别、文化、语言、能力、经济地位,甚至运动队和俱乐部的参与情况来界定。

在社会环境中,一个值得认真考虑的内容是来自偏见、成见和歧视的冲突。语言差异、对语言和手势的共同理解的缺乏或不同的冲突解决方法都会加剧冲突。即使是很小的儿童也知道具有伤害性的语言和种族称谓(Van Ausdale & Feagin,2001;Katch,2001)。与成人一样,有时显而易见的问题并不是儿童冲突行为的真正原因。潜在的诱因可能是一种记忆中的伤害,或者是一种普遍的心理状态或情绪状态,它会引起对其他儿童的行为的一种对立反应。

关于物品(例如操场上的汽车玩具)占有权问题的冲突时常发生。

一则有关控制社会环境的争论的例子:在午餐室里

在午餐室里,儿童正坐在指定的桌子旁。

伊丽莎白(6岁):别再看着我了。

丹尼尔(7岁):我没在看你。

伊丽莎白:不,你有。

丹尼尔:不,我没有。

伊丽莎白:不,你有。

(静默片刻)

伊丽莎白:丹尼尔!!!

丹尼尔:什么?!!

伊丽莎白:停止!

丹尼尔:停止什么?

> 伊丽莎白：不要再盯着我看了。
>
> 丹尼尔：我没看你。
>
> 伊丽莎白：停止！
>
> 丹尼尔：我可以看你，看任何我想看的东西。我又不是一个罪犯。
>
> 伊丽莎白：我不管，我不想让你看我的任何东西。
>
> 丹尼尔：你真幼稚。

冲突一直持续到伊丽莎白向丹尼尔扔牛奶盒。牛奶盒没打中丹尼尔，而是击中了他身后的墙。这时，教师介入了。

对冲突问题进行分类的另一种方法是基于儿童对道德规则和社会习俗领域的理解来分类（Killen & Turiel, 1991）。道德规则涉及身体伤害、心理伤害、玩具分配和权利。这些规则是由儿童对正确与错误、公平与正义的理解来界定的（"伤害他人是不好的"）。社会习俗问题涉及社会规则或被充分理解的行为方式（比如儿童是怎样把背包放起来的，或者某人应该怎样戴帽子）。

在社会规则和习俗领域，成人/学校确定的规则和同伴文化的规则之间有更大的差异。让我们看看关于戴帽子的问题。你如何戴帽子？学校有禁止戴帽子的规定吗？如果你戴着棒球帽，你可以把钞票一起戴在后面吗？

策略

一旦冲突开始，儿童就会使用各种不同的策略来处理它。策略可以是身体上的，也可以是语言上的，这两种类型都可能涉及攻击性或非攻击性策略。见表4-1。

- 身体策略：在前面的例子中，贝丝和罗莎之间的推拉集中在物体/椅子上，不具有攻击性。击打某人或击倒他们以取得控制权是很有攻击性的。非攻击性的身体策略包括经常可以观察到的策略，例如简单地拿一个玩具或进入一个游戏空间。
- 言语策略：从简单的反对到复杂的推理和协商，言语策略是一个连续的过程。如果言语策略涉及辱骂或威胁，则可能具有攻击性。

表4-1 同伴冲突中的策略：策略的类型和事例

言语策略		身体策略	
非攻击性	攻击性	非攻击性	攻击性
坚持	辱骂	拿有争议的对象	有敌意的：为了伤害去踢、打、推
商讨	讽刺	阻碍接触某物或空间	
推理/协商	威胁		工具性的：把儿童推离有争议的物体
事例： "你不能来我的生日会！" 事例： "你已经使用这个椅子超过3分钟了，接下来我要用3分钟。"	事例： "如果你不这样做，那我就不和你做朋友了。"	事例： 封锁攀爬架："这是我们的地盘。你不能过来。"	事例： "这是我的座位！"儿童把座椅从另一个儿童的屁股下拿开，那个儿童跌到地板上。 事例： "我是第一个到的！你不要推我！"

攻击是最不受欢迎和有潜在危害的冲突策略，也是最引人注目的。然而，儿童很少使用攻击作为解决冲突的策略（Arcaro-McPhee et al., 2002；Killen & Turiel, 1991；Malloy & McMurray, 1996；Ross & Conant, 1992；Shantz, 1987）。攻击性行为本身通常被认为是有敌意的（与冲突问题无关，但意图是有害的），或者被认为是工具性的（用作冲突中实现目标的手段）。

情感性是策略的另一个维度，它表现为在对立交流中的坚持强度（Laursen & Hartup, 1989）。如果儿童在没有效果的情况下继续坚持，那么冲突就可能升级为愤怒和沮丧。失去控制或看到言语策略无效等情况可能会导致身体策略、击打和愤怒的发生。

儿童处理策略的替代方案是他们可以通过寻求成人的干预来结束争端。这样的转变使事件从同伴互动间的冲突转变为成人与儿童间的互动。尽管儿童通常能够在没有成人帮助的情况下解决冲突，但当成人干预时，解决方案通常由成人提供，而不是由儿童产生（Arcaro-McPhee et al., 2002；Killen & Turiel, 1991；Malloy & McMurray, 1996；Singer & Hannikainen, 2002；Vespo et al., 1995；Wheeler,

2000)。

我们可以看到在前面的例子中当罗莎和贝丝为椅子而争论时发生了什么。她们的策略是口头坚持("不,轮到我了")和身体策略(从椅子上扒开贝丝的手)。当这些策略无法结束冲突时,贝丝寻求老师的帮助以解决这个问题。

一个协商的冲突

在音乐教室里,一年级的学生们被安排坐在地板上。

杰德:不,威洛,我不希望你坐在我旁边。

威洛:不,杰德。我想坐在你旁边。

杰德:我想一个人待着。

威洛:可我想和你待在一起。

杰德:你坐到你自己的垫子上去。

威洛:我想坐在你的垫子上。

杰德:我们可以互相挨着坐,但是我想自己坐在自己的垫子上。你也有自己的垫子呀。

威洛:我自己的垫子?

杰德:是的,看见了吗?一个是你的,一个是我的。

H老师询问是否班上的每名学生都准备好了。

威洛:是的,H老师,看,我们都坐在了自己的垫子上!

杰德(告诉H老师):威洛想坐在我旁边。

结果

儿童冲突有四种结局或结果(见表4-2)。这些结果可能由儿童或成人控制。儿童充当同伴调解人可能有助于解决问题。

- 未解决:儿童只是放弃这个问题或离开这个地方,或者转向其他的活动或玩伴。一场冲突结束了,但它可能仍然没有被解决。
- 服从/控制:争端可能以一个儿童通过调解向另一个儿童表示顺从、屈服于支配、不愿意妥协或退出而结束。

第四章 儿童同伴冲突的特点

- 相互同意：儿童可以通过讨价还价、妥协、创造一种可选择的活动，或者把冲突变成一场游戏，以达成一个相互同意的解决方案。伦德和基伦（Rende & Killen，1992）将这类结果描述为"主动解决"。在儿童产生的相互同意的结果中，同伴可以作为自发调解人提供帮助。
- 成人干预：冲突可以通过成人提出建议或解决方案等干预方式来结束。当儿童按照一种程序或一套步骤来充当正式的同伴调解人时，其结果类似于成人生成的结果。

表4-2 成人控制的结果与儿童产生的结果

成人控制的结果	儿童产生的结果		
直接干预	相互同意	服从/控制	未解决：未解决的问题被放弃
教条化的同伴调解	自发的同伴调解		

上述的每一种结果都有可能结束冲突，但只有相互同意的解决方案才能帮助儿童发展解决问题的技能，并学习如何有效地解决冲突（Arcaro-McPhee et al.，2002；Bakeman & Brownlee，1982；Chen & Smith，2002；Durn & Cutting，1999；Eisenberg & Garvey，1981；Genishi & DiPaolo，1982；Laursen & Hartup，1989；Malloy & McMurray，1996；Singer & Hanikainen，2002；Vespo et al.，1995；Wheeler，2000；Wilson，1988）。

自发的同伴调解的案例

在走廊里，朱莉娅（3岁）和乔纳森（3岁）正在争论塑料小熊的所有权。乔纳森用手抓住朱莉娅的喉咙，脸上露出愤怒的表情。比利（3岁）冲进大厅并挤在他们中间。

比利对乔纳森说："等一下！等一下！我们听听朱莉娅怎么说！你不能动手！"

乔纳森放手了。朱莉娅仍然拿着小熊。乔纳森以一种威胁的姿态转向比利。

比利对乔纳森说："不可以动手，这是不对的，你只能用说的。"

乔纳森退让，并且提出了一个新的游戏。三个人便一起玩了起来。

> **为什么不使用"双赢"**
>
> 一则关于术语的说明：在这本书中，我们一直在使用"相互同意的解决方案"而不是"双赢"，"服从/控制"而不是"输/赢"。"双赢"这个词虽然暗示了一个积极的结果，但仍然带有强迫的意味，我们认为使用较长的术语"相互同意"更符合每一个儿童积极达成共识的想法。

> **与儿童一起工作：概述**
>
> 我们所了解的儿童在冲突中的问题和使用的策略能够指导我们支持一个理想的冲突结果。本书的第三部分和第四部分致力于为教学和学习提供可行的方法。也许你已经做了一些有帮助的事情（例如关于理解因果关系、换位思考和形成备选方案的想法）。
>
> 书籍、故事讲述和木偶戏剧为讨论提供了适合的情景。可以询问学前儿童故事中的人物还可以做什么、说什么，或者如果……会发生什么。这些想法也与各个层次的读写学习自然相关。当儿童写一个新的结局或者根据一个故事表演一个情景时，他最初的写作经验如何呢？

冲突的当事人是谁？

每一个儿童（包括男孩和女孩，以及所有年龄足以与同伴互动的儿童）都会发生冲突。儿童之间的差异对他们的冲突有影响吗？

☐ 冲突中儿童的性别、年龄和数量

性别

男孩之间和女孩之间的冲突有区别吗？在性别问题上，儿童冲突的相关研究提供了相互矛盾的结果。据一些研究人员说，男孩比女孩更容易发生冲突，他

们在问题和策略上的表现也有所不同。男孩更经常地参与物体控制的问题，使用更多的威胁和身体策略。女孩更关注社会控制问题（如融入群体和角色扮演的决策），并使用更多的和解策略（Dunn & Cutting, 1999；Hay, 1984；Miller, Danaher, & Forbes, 1986；Shantz, 1987；Vespo et al., 1995）。而其他研究人员发现，男孩和女孩在问题、冲突程度或攻击性行为方面没有差异（Bakeman & Brownlee, 1982；Laursen & Hartup, 1989；Sacken & Thelen, 1984）。

差异产生的一个原因可能是发生冲突的活动类型有所不同。性别可能是影响儿童选择活动，而不是影响其选择冲突处理方法的一个因素。不同类型的冲突问题会在儿童玩规则游戏时发生，也可能在操场上追逐打闹的儿童之间或者社会戏剧游戏中发生。如果儿童参与的活动仅限于一个区域（可能是在讨论他们所使用的物品或游戏规则时），那么成人就更能注意到冲突。如果儿童走来走去进行关于群体排斥、优越性或其他社会问题的争论，则冲突就不那么明显了。

在此讨论中，我们还可以考虑卡罗尔·吉利根（Carol Gilligan, 1982, 2001）所探讨的一些性别差异。一般来说，女人和男人有着不同的价值观，这是他们进行道德推理和决策的基础。吉利根的发现同样适用于女孩和男孩。她发现，男孩和男人做决定是基于正义、公平和规则，而女孩和女人更有可能是基于与他人的关系和联系，并且避免伤害他人。黛博拉·泰南（Deborah Tannen, 1990）还描述了基于会话风格的性别差异。性别问题是复杂和不断变化的，我们对男孩和女孩在成长过程中发生的事情的理解也是如此（Pipher, 1994；Polack, 1998）。我们从当前研究中了解到的关于性别和儿童冲突的信息可能与未来看到的并不相同。

年龄

幼儿、学龄前儿童和学龄儿童在冲突问题和策略上存在差异。幼儿更经常地卷入物品和空间的占有问题，他们使用更多的身体策略；而年龄较大的儿童更多地在社会问题上产生分歧，他们使用更多的口头协商和推理。幼儿在非攻击性冲突中使用更多的和解策略，而年长的儿童则倾向于坚持（Eisenberg & Garvey, 1981；Ramsey, 1986；Ross & Conant, 1992；Singer & Hannikainen, 2002）。对幼儿来说，决定占有权问题的社会规则通常涉及支配；而学龄前儿童更可能使用优先占有权规则（Bakeman & Brownlee，1982；Singer & Hannikainen，2002）。随着儿童的成长，更多的问题与违反规则、想法、断言和社会统治相关。学龄儿童的冲突可能与竞争、优势或身体和学业成绩相关。

幽默地看待儿童的所有权规则

1. 如果我喜欢它，那它就是我的。
2. 如果它在我手里，那它就是我的。
3. 如果我能把它从你那里抢过来，那它就是我的。
4. 如果我之前有，那它就是我的。
5. 如果它是我的，那它决不能给你。
6. 如果我正在做或者建造一个东西，那么所有的地方都是我的。
7. 如果它看起来像我的，那它就是我的。
8. 如果我先看到它，那它就是我的。
9. 如果你在玩某物后把它放下了，那它就自动变成我的。
10. 如果它坏了，那它便是你的。

——未知作者

幼儿最常使用的策略是身体策略：把有争议的物体从另一个儿童身边拿走。随着语言能力的提高，儿童开始转而使用坚持和威胁，然后扩展他们的策略（包括向成人求助）。年长一些的儿童可能会运用说服力和智慧、引用规则或指出共同利益来解决冲突（Ramsey，1991）。相关的发展阶段已经被提出，但还没有通过观察以确定。与其说是年龄，还不如说是语言能力和换位思考能力有助于儿童在冲突中取得双方都满意的结果。如果3岁儿童能够用语言表达自己，并提供同伴可以理解的理由，那么他们解决冲突的可能性与5岁的儿童一样大（Wheeler，1997）。

教师的话

"在我的教室中，学龄前儿童经常与学龄儿童互动。在大多数情况下，学龄儿童会通过恐吓（大小）的形式赢得争论。但是在大多数时候，如果一个学龄前

> 儿童受到学龄儿童的恐吓,那么其他儿童会通过告诉成人或者介入的方式来帮助学龄前儿童。"

数量

冲突事件可能涉及成对的儿童,或三个儿童以上的群体。几个儿童之间的争论顺序类似于两个儿童之间的冲突,但是儿童之间的联盟在防御、结盟和反对方面呈现了复杂的变化(Maynard,1985)。然而,关于儿童冲突中第三方的研究却很少。人们还尚未评估结盟对冲突结果的直接影响(Ross & Conant,1992)。在科尔萨罗(Corsaro,1985)的观察中,他发现了9个涉及融入群体问题的争端,在这些争端中儿童在冲突中进行合作。这些有限的调查结果表明,结盟有助于冲突的结果。罗斯和科南特认为,"多联盟冲突的研究对于理解儿童在社会生活中的冲突地位至关重要"(p. 179)。

> **教师讨论到对儿童的了解**
> 布莱克先生详细地解释了多米尼克和唐纳德在数学活动时间的冲突:"冲突解决了,两名学生继续完成作业。我选择不干预,因为我希望我的学生能自己解决他们之间的分歧。这两名学生不需要我的干预,问题也没有升级,但如果他们是两个具有不同个性的学生,那么在相同的情况下问题可能会升级。我可能也会有不同的反应。"

冲突中儿童的文化、种族和家庭身份认同

在一个日益多样化的世界里,文化和种族认同是我们试图了解儿童冲突的另一个方面。目前可能存在比答案更多的问题,但很明显,文化、种族和语言认同通常在儿童的互动中(尤其是在他们的冲突中)起着很大的作用。也有人认为,通过观察儿童的冲突,我们可以加深对不同文化的理解(Ramsey,1987,1998)。

我们可以从三个方面来探讨儿童冲突中的文化影响。首先,早期儿童冲突在多大程度上普遍以相同的方式发生?如果友谊是冲突解决的一个重要因素,那么

我们可以预期，不管文化如何，儿童都会努力解决与朋友之间的冲突。

接下来，我们可以对照家庭身份认同看看同伴群体的文化认同。同伴群体的直接背景是否是儿童管理冲突的更重要的因素？共同理解和期待行为在家里和在学校里可能是不一样的。在许多情况下，儿童会根据所处背景调整自己的言行。

最后，我们知道，儿童会把自己的观点和家庭的世界观带到同伴互动中。语言和互动风格的差异也是重要的因素。对家庭文化的认识和尊重将贯穿本书始终。为了解决冲突，儿童必须能够理解他人的观点，并且必须能够使用为他人所理解的推理和协商的口头策略。语言和交流方式的差异还涉及非语言交流、身体语言、音量、语速和音调。

家庭文化的另一个维度与回应和处理冲突的方式有关。在一些家庭中，顺从和尊重他人是被重视和教导的；而在其他家庭中，儿童学习怎样坚持主张，为自己挺身而出，以及"反击"。当冲突发生时，来自这些家庭的儿童带到学校的行为的基础都截然不同。在后面的章节中，我们将探讨教师和家庭之间沟通的重要性，以了解不同的家庭和文化对冲突的看法。

> **观察与讨论**
>
> 成人看到了什么？在一个城市的儿童中心里，讲英语的老师认为4岁的马修（母语是韩语）不会说话。事实上，他确实能和其他儿童交谈，并有效地解决冲突。你的反应是什么？

❑ 有特殊需要的儿童

对于有特殊需要的儿童，成功管理冲突所需的技能和能力可能会受到限制。我们注意到，一些发育良好的儿童可能会表现出利他主义、耐心和对发育不良的儿童的关怀。他们还可能理解，在一起工作和玩耍时，其他儿童需要特别的考虑。其他同伴可能不会对缺乏语言和认知技能、身体或情绪控制能力及适当的社会反应能力的有特殊需要的儿童采取如此有利的行动。

并非所有有特殊需要、残疾或发育迟缓的儿童都以同样的方式与他人互动。

第四章　儿童同伴冲突的特点

在全纳教育机构中，教师需要提出的一个重要问题是："这种特殊残疾对儿童的社会性接受或拒绝的行为影响是什么？"个体儿童之间存在差异，就如同注意缺陷障碍（多动症）、孤独症和脑瘫等情况之间的差异。研究已经记载了对唐氏综合征儿童的关怀、考虑和耐心（Wheeler, 1997）。儿童已经表现出帮助视觉障碍儿童的行为，他们的冲突问题和策略与视力正常的同龄人相似（Erwin et al., 1999）。

如第三章所述，有特殊需要的儿童之间的冲突问题可能涉及物体获得、空间进入和游戏过程中的变化，而且它们都与有限的社会能力有关。有特殊需要或发育迟缓的儿童可能会遇到更多的群体融入问题。成功地融入群体取决于正在进行的对游戏规则的学习和收集社交线索的能力。一些儿童的言语延迟会导致更多身体和非言语上的冲突（尽管不一定是具有攻击性的策略）。对社会线索和挫折的不当反应可能会导致他人误认为其是具有攻击性的策略。教师可以帮助有特殊需要的儿童进行解释，并向有特殊需要的儿童着重澄清发育正常的同伴的规则。就像正常发育的同伴一样，有特殊需要的儿童往往能够在没有成人帮助的情况下解决冲突，但教师往往更可能干预他们的冲突。

教师的话

"我的学前班里有个小男孩，我叫他乔治。他的问题超越了冲突，这让我很伤心。他是一个可爱、聪明的孩子，但却显得与大家格格不入。他在情感和社交上都很幼稚，不能适应其他儿童。有时和乔治这样的孩子在一起，其他孩子会把他保护在他们的羽翼下（有点像'妈妈'），但在这种情况下，他成为我们班上大多数冲突的中心，经常被'排除在外'。自从开学以来，我就一直为他担心。我的一个学生（非常可爱、很好的女孩）说：'为什么乔治要坐在我们的桌子旁？'这真的击中了要害。她不是刻薄的，她只是因一直要和乔治打交道而感到沮丧。我们谈过，如果乔治听到她这么说，那么他会有什么感觉。但她不愿就此罢休，她真的想知道'为什么他一定要坐在这儿？'。我让她想五个关于乔治的优点，然后我自己也讲了关于她的五个优点，但她还是不满意。我们做了一个'关于我的一切'项目，讨论了'我们是如何的不同''这就是为什么我们是独特的'，等等。对于如何帮助这个不适应环境的孩子，大家有什么建议吗？"

友谊和共同游戏：同伴冲突的社会背景

儿童冲突的社会背景包括儿童的友谊关系以及他们参与的社会游戏的类型。在冲突发生前一起玩耍的儿童更有可能愉快地解决他们的争端，并在冲突发生后继续一起玩耍（Laursen & Hartup，1989；Rende & Killen，1992；Sacken & Thelen，1984；Wheeler，1997）。根据帕顿的社会游戏水平理论可知，先前参与联合与合作游戏的儿童在冲突中使用的攻击性策略比旁观、单独或平行游戏中的儿童要少。如果儿童在冲突前独自玩耍，那么问题可能涉及玩具的分配。那些一起玩的儿童更可能对"空间使用和活动角色"等产生异议（Rende & Killen，1992，p. 559）。

冲突问题与社会和认知游戏的类型有关。参与平行游戏和功能性/建构性/实践性游戏的儿童更有可能卷入有关物品所有权的冲突。参与联合游戏或合作游戏、角色游戏、社会戏剧游戏和规则游戏的儿童，在游戏决策和融入群体方面会遇到更多的冲突。

通过观察儿童之间的友谊关系，研究人员比较了朋友之间的互动、实验游戏小组中陌生同伴之间的互动，以及幼儿园环境中非朋友的同伴之间的互动。研究发现，朋友之间发生冲突的频率更高，部分原因是他们待在一起的时间更多。然而，与非朋友相比，朋友之间的冲突强度更小，调解更多，而且之后的社会交往更多（Hartup，Laursen，Stewart，& Eastenson，1988）。朋友们可以"安全地"提出不同的意见和争论，并且他们更有信心在冲突之后，朋友仍然会在那里。（年龄相近的同胞可能会有卷入冲突与安全地尝试不同语言的相同经历。）与非朋友相比，朋友会给出更多的解释和批评，提供更多的解决方案（Dunn & Cutting，1999；Nelson & Aboud，1985）。

友谊和有效的冲突管理可以形成合力。有能力发展友谊的儿童可能更善于解决冲突，同时，有能力解决冲突也可能帮助儿童更好地发展友谊。另一方面，那些在社会交往、冲突解决、融入群体和保持游戏等方面存在困难的儿童，往往会在学校里遭到同伴的排斥。友谊与同伴接受和拒绝的相关教室动态对儿童早期冲突的解决有明显的影响。我们将在后面的章节中进一步讨论关于这些主题的内容。

第四章　儿童同伴冲突的特点　　　　　　　　　　　　　　　　　　　　　　89

冲突在哪里发生？

☐ 活动和地点

冲突发生在许多不同的游戏场景（例如学校、家庭、社区）中。关于同伴冲突的研究更多的是在学校室内环境中进行的，或者是在安排好的游戏小组中进行的，而不是在家庭和社区环境或在操场上进行的（Corsaro, 1985）。学校与家庭规则的差异以及教师的监督直接或间接地影响着儿童的冲突。

单独玩耍的儿童之间的冲突与一个小组中的两个儿童之间的冲突是不同的。例如，在幼儿园教室里，儿童可以选择离开并开始一个新的活动，但是在双人游戏中，儿童会为了继续在一起玩而坚持努力解决问题（Arcaro-McPhee et al., 2002；Dunn & Cutting, 1999；Genishi & DiPaolo, 1982；Killen & Turiel, 1991）。小学生的非结构化互动较少，他们可能会发现自己无法离开去选择不同的伙伴。当课堂小组的成员被安排成两个人而不是四个人的时候，儿童之间的冲突就会减少，这在学龄前儿童和小学儿童中很常见。

在教室和操场的许多地方，教师们整天都在观察冲突。通过仔细观察，我们可能会发现，由于行走路线、空间、时间、儿童的数量或材料等因素，某些地区似乎是更容易发生冲突的地点。拉姆齐（Ramsey, 1986）的研究表明，游戏环境也是影响占有纠纷的一个因素。她发现，纠纷更多地发生在只有一个入口的封闭游戏区。结论是，游戏空间以及玩具的可获得性可能会导致冲突（Wheeler, 1997）。在下面的例子中，冲突经常发生在过渡环节和特定的活动中。

排队吃午饭

当排队吃午饭时，康纳撞了一下在他前面的布鲁克斯。

布鲁克斯转过身来，喊道："康纳！"然后，他看着老师。

康纳又推了一下布鲁克斯。

布鲁克斯愤怒地低声说："康纳！走开！我先来的！"

康纳:"所以呢?"

布鲁克斯大叫:"康纳!爱德华兹老师说我们不能站在一起!我先到的,你走开!"

布鲁克斯环顾四周寻找老师,然后重复:"康纳,走开!"

站在他们后面的埃米插进来,并且说:"康纳,跟在我后面!"

康纳:"但是我不想站在这儿!"

布鲁克斯:"不可以,你快走开!"

康纳跟在埃米后面,怒气冲冲。

☐ 在场的成人

正如我们在第三章中讨论儿童同伴文化时提到的,成人的存在改变了儿童冲突的背景。当没有大人在场时,儿童会对他们的互动负责,并更加经常地产生自己的解决方案(Laursen & Hartup, 1989)。当一个成人在场但不参与儿童的互动时,儿童在冲突中的攻击性更强(Killen & Turiel, 1991)。幼儿教师更有可能出现在长期的冲突中,并干预与道德规则而非与社会秩序相关的问题(Killen & Turiel, 1991)。为了公平起见,成人有时会在他们强加的解决方案中犯错误。在一项针对父母和儿童的研究中,成人的干预也存在前后矛盾和偏见。尽管母亲们赞同公正和公平的游戏,但她们还是会介入并代表其他儿童(而不是自己的孩子)来应用这些原则(Ross & Conant, 1992)。

在介入冲突时,成人可能会帮助儿童达成一个双方都同意的、似乎对双方都公平的解决方案。

儿童对于公平的看法

当我们考虑儿童冲突中的"相互同意的解决方案"时,处于儿童早期机构中的成人需要记住,这些广受欢迎的结果是儿童自己决定的相互同意的结果。他们的解决方案未必与成人给他们提供的方案相同。

> **在幼儿园里一个关于公平的案例**
>
> 经过简单的协商,坐在黏土桌旁的儿童认为,阿朗佐比伊桑需要更多的黏土。因为阿朗佐正在做一个有很多配料的比萨,而伊桑只对把黏土团揉成蛇感兴趣。一个走过桌子的成人停下来,观察到黏土分布不均匀,便从阿朗佐面前的一堆黏土中拿出一些放在伊桑面前。她说:"这样好多了。现在是公平的了。"

在第三章中,我们介绍了儿童在冲突中的意图的概念;在接下来的第五章中,我们将探讨儿童道德推理和决策的发展。现在,我们需要记住,对不同年龄的儿童来说,重要的是他们的冲突问题和解决这些冲突的方法。很小的儿童就能把关于道德规则(如伤害他人)和社会习俗的问题区分开,并能根据自身对公平、关怀、关系、责任、权利或需求的界定,做出各种各样的决定。年龄较大的儿童正在发展关于冲突结果对他人的影响的理解。

双方认可的冲突解决:最有可能的成功

最终达成双方同意的、由儿童产生解决方案的早期儿童冲突的特点是什么?我们可以确定当儿童能够以一种使各方都满意的方式解决冲突时,该情况所具备的一般特征或条件。其中最引人注目的两项是:

- 在冲突发生前一起玩耍的儿童更有可能以一种双方都同意的方式解决冲突,这样他们就可以一起玩耍了。朋友和那些从事合作或联合游戏的儿童更能够成功地实现双方都同意的解决方案。

- 与坚持或非言语策略相比，包含推理和协商的言语策略更有可能产生成功的解决方案。

对儿童进行的关于其对成功的解决方案的看法的访谈，反映了同样的两个主题。当观看自己的冲突录像时，这些儿童报告说，他们之所以能解决冲突，是因为他们是朋友，他们会讨论，或者他们能够"使用语言"。

对马修的访谈

访谈者：当你遇到一个引起争论的问题时，会发生什么？

马修（5岁）：因为你们是朋友，所以你们总能搞定的。

对托马斯的访谈

托马斯（5岁）正在看他的朋友马修之前看的那份录像。他对这些事件的解释和马修一样，但是他对儿童如何解决冲突的解释却不同。

访谈者：如果人们是朋友，那么他们就会解决彼此的争论。是这样吗？

托马斯：不是的。

访谈者：那人们如何解决他们的争论呢？

托马斯：如果他们能够好好谈谈，那么就能够解决。

关于儿童冲突，我们还可以得出其他结论：

- 儿童冲突是一种复杂的社会互动。由于存在广泛的问题和策略，因此不存在"典型的"冲突。冲突的结构和背景特征（如结果、问题、策略、参与者的特征和社会游戏的类型）是相互关联的。
- 引发儿童冲突的具体问题与引发成人冲突的具体问题一样多。通过近距离地观察已揭示的多样性，可以看出儿童互动的复杂性，并为其丰富的社会生活结构提供一幅画面。这个细节也帮助教师在观察儿童的同时，分析冲突，并确定最有效的方法，以帮助儿童学会解决争端。
- 儿童往往更有可能解决与控制社会环境问题有关的冲突，而不是与控制物质环境问题有关的冲突。可能是因为这些问题更多的是口头上的，并且经常发生在正在进行的游戏中。
- 成功地解决冲突关系到儿童认识其他儿童的观点、需要和权利的能力，以及他们自己的言语和行动对他人的影响。
- 儿童的对立互动可以通过两种方式发展。我们感兴趣的是儿童积极地解决在教室里经常发生的充分发展的冲突（三个或更多回合）的能力。问题在于，儿童要学会理解他人的观点，找到替代的解决方案，并建构双方都满意的结果。我们还可以从观察两轮化解的冲突或"遵从性交换"中学习。观察这些未发展的冲突可以帮助我们理解为什么儿童可以避免与同伴发生潜在的破坏性冲突，以及如何避免这些冲突。

对教师的启示：利用我们已知的各种信息

我们所知道的关于儿童与同伴间冲突的信息，表明了教师能够帮助儿童制定积极的解决方案。通过第三章所讨论的观察和评估儿童分歧的工具，教师可以决定何时给予适当的指导。在许多情况下，儿童有能力自己解决冲突。教师还可以提供具有支持性的物理环境和社会环境。把解决冲突的能力看作一个发展的过程，可以使教师更加适应儿童早期的努力。

通过观察儿童的冲突问题，教师可以决定是否干预。相比关于占有问题的争论，关于游戏决策和其他控制社会环境的问题的分歧更有可能以愉快的方式结束。冲突策略可能会为教师提供另一条线索。在同伴间使用推理和解释其行为的儿童可能会创造自己的解决方案。身体策略和简单的口头反对就不那么有效了。在这些冲突中，教师可以帮助儿童找到更多适用的话语。

在形成友谊和一起玩耍的背景下，教师们要问的另一个关键问题是："在冲突发生之前，儿童是在一起玩耍吗？"先前的互动和友谊为儿童自己解决争端和之后继续一起玩耍提供了动力。

我们现在可以根据对冲突问题、策略和结果的了解，开始开发我们的清单和其他观察工具。我们可以记录冲突涉及了谁、使用的语言以及冲突持续多久的信息。附录将包括一些你可以使用的工具，你也可以将在第三章和第四章中所学的知识组合在一起来开发自己的工具。

教师可以鼓励儿童在教室里使用语言表达和倾听。鼓励儿童使用共同的单词和短语将帮助他们解决或减少冲突。像"对不起""谢谢"和"我能帮你解决吗？"之类的语言可以避免潜在的冲突。"这样做是可以的"或"这样做是不可以的"可以给儿童一些语句来界定被期待的行为和社会规则的界限。"使用你的语言"提醒儿童使用言语策略，而不是身体策略。在儿童制定彼此同意的解决方案的过程中，"倾听她的话"可以促进换位思考和提供一个理解和推理的基础。

最后一项建议对实践具有直接和深远的影响。教师经常鼓励儿童"使用语言"，但他们很少强调倾听对方的话，以便展开真正的对话。综上所述，这些启示表明，教师可以努力创造一个有助于同伴调解、和解以及彼此认可、由儿童提出解决方案的教室环境。

小 结

仔细观察儿童的冲突，我们可以看到社会互动的复杂性。同伴冲突不是随机或肆意的行为。它们是儿童之间有组织的活动。随着冲突的发展，儿童会根据他们对同伴言行的理解做出反应。他们都在创造和回应自己对社会秩序的概念。虽然不存在所谓的"典型"冲突，但教师和护理人员可以通过密切观察儿童冲突的结构和背景特征（特别是那些导向双方都同意的解决方案的冲突），学到很多东西。我们将能够利用这些信息来指导儿童在理解和处理与同伴的冲突中成长。

补 充 材 料

研究重点

在最近的一项研究中，充分发展的、三轮以上的冲突的数量少于先前研究中预期的数量。研究人员之前通过事件抽样所报告的冲突发生的总体频率是每小时发生5次冲突（范围从2次到23次）。这项研究中的75次冲突是在27.5小时的录像带数据中被观察到的，大约每小时发生2.7次冲突（Wheeler，1997）。大量的服从交互是有趣的，因为它比以前的研究代表了更多的"突发"或"缓和"的冲突。劳森和哈图普（Laursen & Hartup，1989）报告说，他们的互动中只有30%（46次）是两轮交互，70%（108次）是三轮交互。在这项研究中，79次服从交互占51%，超过半数的对立在升级为全面冲突之前结束。一个新的问题出现了："为什么这些互动没有发展成冲突？"你能给出一些原因吗？

应 用 练 习

1．回答下列讨论问题，这些问题反映了理解儿童冲突的一种综合性方法：
- 儿童冲突可以被描述成典型的类型吗？
- 在你所处的环境中，你见过什么类型的冲突问题、策略和结果？

2．使用第三章所提及的观察工具，开发、试用和修改你的观察工具，以了解本章所讨论的儿童冲突的各个方面。

3．探究幼儿对自身冲突的理解。如果你问周围的儿童关于其与朋友之间的分歧或问题，他们会怎么说？

对每一个儿童的思考

1．观察儿童的互动，你能够发现女孩和男孩在游戏中的相同点和不同点吗？
2．你能够看到他们之间的冲突和处理方式的不同吗？
3．你能够看到成人回应儿童冲突的区别吗？

第五章

认知发展、社会道德和社会文化的视角

> "但是有时候你不必刻意去解决问题,你去做些其他的事情就好了。"

目标: 第五章和第六章从儿童发展和学习的一些理论角度阐述了同伴冲突。与许多书不同的是,理论基础并没有在第一章中提出。现在我们已经建立了一个讨论儿童冲突的框架,有关儿童及其发展的各个方面的理论也需要被介绍了。这样,当我们把这些理论与现实生活联系起来时,它们就会变得更有意义。使用理论解释或预测行为的目的现在变得更加相关和有意义,它让我们进行批判性思考并询问:"这个理论在多大程度上解释了我们在儿童冲突中观察到的东西?""我们能期待儿童说什么或做什么?"第五章的认知发展理论和社会文化理论都与建构主义有关。我们的理解也受到生态系统理论的深刻影响。观察活动鼓励教师将儿童的冲突互动与我们所知的儿童在认知、语言、社会、情感和文化等各个领域的学习和成长联系起来。

整理环节中的一次冲突

在活动区里,儿童(全部为3.5岁)一直在地板上使用胶带铺路。现在到了整理环节。玛丽亚正在撕胶带。斯蒂芬走近,也开始撕胶带。

玛丽亚:不,我在撕胶带。

斯蒂芬继续撕胶带。

玛丽亚:不,斯蒂芬,你停下!

玛丽亚把斯蒂芬推到一边。他们一起跌倒了,在地板上滚了几圈。妮科尔站在几十厘米外靠近地板上更多胶带的地方。

妮科尔:斯蒂芬,这里还有一些胶带。那里是她先撕的。

妮科尔站着,手指上粘着胶带。三个人一起傻笑。玛丽亚和斯蒂芬都在不同的地方撕胶带。

玛丽亚:斯蒂芬,来撕这部分。

玛丽亚、斯蒂芬和妮科尔共同完成了同一区域内的胶带清理。

同伴冲突和儿童发展

一些理论视角描述了同伴冲突对儿童发展的贡献。这些理论研究儿童内部(心理内)和人与人之间(心理间)的成长。认知发展心理学家、社会道德学家、社会文化学家、社会学家和社会语言学家都在各自的学科框架内支持儿童同伴冲突的价值。对于认知发展主义者来说,同伴冲突会促进内部认知的增长(Piaget, 1962)。社会道德学家为我们提供了一个关于儿童在同伴冲突中做出道德决定的框架。在社会文化理论中,冲突是一种社会事件或实践活动(Vygotsky, 1978)。社会学家将儿童冲突描述为社会组织的工具(Maynard, 1985b;Strauss, 2002)。社会语言学家将冲突谈话或争论作为一种言语事件或话语现象来讨论(Brenneis & Lein, 1977)。考虑到这些解释儿童冲突的不同方法,跨学科的同伴冲突研究方法将有助于对儿童生活的这一方面提供一个清晰的理解(Shantz & Hartup,

1992)。

认知发展的视角

我们最近对儿童同伴冲突的理解大多基于认知发展理论。这一视角将同伴冲突描述为一个促进幼儿认知成长、逻辑思维发展和换位思考的过程(Piaget, 1962)。

皮 亚 杰

☐ 认知发展

同伴冲突产生认知冲突,进而促进个体认知发展。在皮亚杰的理论中,同伴冲突在三个方面促进了这种发展。首先,同伴互动创造了认知冲突——一种儿童自身的认知结构与环境不协调的不平衡状态。冲突是通过一个顺应的过程来解决的,儿童会重组他们的思维,并因此经历内部认知的发展(Arcaro McPhee et al., 2002;Forman & Kraker, 1985;DeVries & Zan, 1994)。

其次,同伴互动和成人与儿童的互动在本质上是不同的。在冲突的情况下,儿童更有可能在不做任何内部认知调整的情况下顺从成人的行为,但是他们会挑战他们的同伴。在儿童的认知成长中,与同伴的对抗可能比对成人的模仿更有效用(Bell et al., 1985;Vespo et al., 1995)。

最后,随着儿童建立共识,认知发展是社会协调的结果。在这个过程中,儿童在一起工作,并积极地为他们的问题建构解决方案,正如我们在示例中看到的玛丽亚、斯蒂芬和妮科尔所做的那样。

一个典型的幼儿之间关于玩具的争论的冲突,说明了这一点。首先,在婴幼儿的图式或认知结构中,一个人拥有的玩具可能意味着永久的所有权。他人也可能拥有占有权的观点是一个必须顺应的新概念。根据皮亚杰的第二个观点,儿童在把玩具交给另一个儿童时,不太可能像交给大人那样顺从,所以他们会提出反对意见，或许还会产生争论。最后，年长一些的儿童在找到解决争端的方法时，可能会经历认知发展。

☐ 逻辑思维

当向他人提出论点时，幼儿会发展逻辑思维。当儿童意识到其他人与其想法不同时，他们必须努力说服听众以相信他们的观点，倾听反对的立场，综合各种论点，并达成共识。对儿童冲突认知过程的研究表明，学龄前儿童协商和说服同伴的能力存在一种发展模式（DeVries & Zan, 1994；Laursen & Hartup, 1989；Libin & Forbes, 1984）。

下面的例子说明了儿童对同伴互动中的说服的明确理解。一位成人面试官问阿普丽尔她对冲突的理解，以及她通过说服来解决冲突的方法。

访谈者：我想知道人们遇到分歧时如何解决问题。如果别人想玩，但是你不想让他们玩，那该怎么办呢？

阿普丽尔（4岁）：我会告诉他们我想与纳塔莉和玛丽·佩顿玩，他们应该改变他们的想法，他们可能会的。

☐ 换位思考

通过与同伴的冲突，幼儿能够增强自身的换位思考能力（即以他人的眼光看待事物的能力）。当儿童在社会交往中经历对立的观点时，他们会意识到其他观点的存在。即使不同意，他们也会开始理解别人的观点和想法。儿童对同伴的理解及其对社会规则的概念与冲突解决策略有关（Malloy & McMurray, 1996；Shantz & Shantz, 1985）。在本章整理环节的冲突中，玛丽亚拓宽了自己的视野，把斯蒂芬对"撕胶带"的说法也包括在内。阿普丽尔关于说服的表达，虽然不够善解人意，但是这表明她知道别人有自己的且不同于她的观点。

☐ 后皮亚杰认知理论

关于儿童发展的进一步讨论能够继续支持这个观点——认知冲突对认知发展是十分必要的。然而，儿童可能无法"充分受益于认知冲突，除非他们达到足够理解冲突本身的发展水平"(Chapman & McBride，1992，p. 58)。如果我们考虑社会经济地位、社会支配地位、家庭语言和文化以及儿童之间的具体个体差异等因素的影响，就可能找到这个问题的答案。研究人员认为有必要扩展我们对儿童冲突的研究范围，将儿童的社会理解和认知发展结合起来(Corsaro，1986；DeVries & Zahn，1994；Dunn & Cutting，1999；Musatti，1986；Shantz，1987；Tobin et al.，1989)。这一迈向社会认知框架的运动借鉴了我们将在本书中探讨的社会文化、社会语言学和社会学理论的观点。

新的理论正在出现，以解释幼儿的思维和发展。我们将继续探讨这些新理论是否能深入剖析儿童的冲突。信息加工理论认为认知发展是一个连续的过程。这个过程使用一个类似于计算机加工的模型，大脑编码、转换并将感觉输入组织成行为输出。该理论主要被应用于学术学习情境，迄今为止几乎还未被应用于理解儿童的社会、情感和道德发展方面(Klahr & MacWhinney，1998；Siegler，1998)。然而，信息加工理论是一个不断发展的理论，它可能在某种程度上有助于我们理解儿童在冲突中推理和协商的方式。

社会道德的视角

道德发展理论也为我们理解儿童冲突提供了一个清晰的框架（见表5-1）。随着儿童道德理解的发展，他们能够分辨是非，认识到对他人的行为标准，并基于正义、公平或关怀的想法解决道德困境。

儿童通过与同伴之间的建设性冲突来发展换位思考和解决问题的能力。

表5-1 道德理论的比较

皮亚杰	科尔伯格	达蒙	吉利根
皮亚杰认为，儿童的道德发展阶段与其认知发展阶段密切相关。	科尔伯格以皮亚杰的理论为基础，并将研究范围扩展至成人。	达蒙关于发展的早期阶段理论扩展了科尔伯格的理论，以描述幼儿的道德理性，并丰富了儿童早期关于分配的道德思考。	吉利根没有呈现阶段，而是描述了指导道德理性的不同视角，这些视角更符合性别，而不是年龄。
前道德阶段：幼儿创造自己的规则，并在玩耍和做决定时改变它们。	前习俗/前道德推理 阶段1：惩罚与服从定向阶段。决定服从成人的权威以避免惩罚。 阶段2：相对功利取向阶段。决策基于奖励和自我利益。	阶段0A：基于自我陈述的无差别推理。自己的愿望和需要得到满足。	抽象公正与公平/个人取向。
道德现实主义/他律道德：儿童根据别人制定的规则做决定，而不会质疑权威。	习俗水平 阶段3：一致性和认可阶段。好男孩/好女孩的决定是为了取悦他人。 阶段4：符合社会秩序阶段。决定遵循社会的法律和规则。	阶段0B：基于严格平等的无差别推理。所有人都一样。 阶段1A：基于优点的差异化推理。努力工作的人应该得到更多。	对抗。 人际关系和关怀/他人或人际取向。
道德相对主义/自律道德：儿童在做决定时会考虑情境的各个方面（如意愿）。	后习俗水平 阶段5：法律作为社会契约阶段。法律是由同意改变法律的人所制定的。 阶段6：普遍伦理原则阶段。尊重人的尊严这个前提指导所有决策。	阶段1B：基于需要的差异化推理，考虑到优点和互惠。	

阶段理论：科尔伯格、皮亚杰和达蒙

皮亚杰和科尔伯格在认知发展阶段的背景下解释了儿童的道德发展。幼儿经历着皮亚杰所说的道德现实主义，这被描述为一种以尊重成人和避免负面后果为导向的约束道德。同样，科尔伯格将儿童置于道德的前习俗阶段，其决策基于对权威的服从、对奖惩的关注以及对个人需求和利益的务实关注。

威廉·达蒙（1977）将科尔伯格的六个著名阶段加以扩展，描述了儿童道德理性的其他阶段。他的阶段观点基于儿童逐渐认识到成人的愿望独立于他们自己，以及儿童越来越有能力接受他人的观点。成人要记住的重要一点是，在一定的指导下，儿童可能会在比自己更高的阶段进行理解或遵循理性模式。为儿童提供在更高阶段模仿和练习思维的机会，将有助于他们进一步发展自己的道德理性（Upright，2002）。

教师对道德决策学习的谈论

在这个学前班的教室里，教师鼓励儿童在发生冲突时要宽宏大量，善于和解。她用"做一个更强大的人"这个短语来表示愿意从一个问题中走出来的人，而不是坚持和继续斗争的人。这种道德决策的情境为儿童提供了一个实践高层次思维的机会。

在"放下所有的事情去阅读"时间开始时，罗伯特和德肖恩同时拿着一把黄色的椅子。（黄色的椅子更大，因此更受欢迎。）

德肖恩：这是我的椅子，罗伯特。

罗伯特：不，这是我的椅子。

他们把椅子拉来拉去。

德肖恩：走开，罗伯特，这是我的椅子。

罗伯特：我刚刚就坐在这把椅子上。它在我的书桌旁。

德肖恩：斯通老师，斯通老师，请叫罗伯特把椅子还给我。

斯通老师：孩子们，发生什么问题了？这个班上有十把像这样的椅子，你们需要想一个办法来解决这个问题,而不是给自己制造问题。谁能"做一个更强大的人"?

两个男孩面面相觑,好像要看谁会去当那个更强大的人。

德肖恩(耸了耸肩):好吧。我再去拿一个。

阶段理论的局限性

早期儿童专家可能会凭直觉认为,儿童的道德能力比阶段理论家所理解的更高。早期儿童教育的批判性观点认为,阶段发展的概念有局限性,儿童比阶段理论所暗示的更有能力,并且在更灵活的模式下学习(Donaldson, 1978; Graue & Walsh, 1998; Soto, 2000)。幼儿已经表现出关于道德规则和社会习俗之间的区别意识(Arcaro-McPhee et al., 2002; Nucci, 1985; Turiel, 1983)。儿童的道德决策可能是特定领域的。换句话说,儿童在某些情况下可能比在其他情况下表现出更高级的道德推理。在他们的冲突中,他们看到了道德问题(比如互相伤害或拿走玩具)和社会规则(比如插队或不打扫卫生)之间的区别。

☐ 关系和关怀:吉利根和诺丁斯

幼儿也展现出关于共情、关怀和亲社会行为的证据,其程度超过了皮亚杰和科尔伯格长期接受的阶段所显示的程度。卡罗尔·吉利根(Carol Gilligan)在1982年出版的具有里程碑意义的著作《不同的声音》(*In a Different Voice*)中,对道德思维产生了新的理解,从理论上认为女性和男性、青少年和成人可能会以不同但同样有效的方式做出道德决定。吉利根的理论不关注阶段,而是根据道德决定中重要内容的不同标准来描述个体的理性偏见的对比。不同的标准可以是一种抽象的正义和公平感,或者是一种对人际关系和关怀的连通性的关注。这些基本的道德理解层面的差异可以在冲突的原因中找到,也可以在儿童和成人用来解决冲突的策略中找到。

对道德或关怀、利他主义和共情的额外关注,为我们在儿童与同伴的互动中看到的东西提供了新的框架(Thurston & Berkeley, 2003)。儿童的亲社会行为与吸引成人注意的反社会行为一样自然和频繁(Gilligan, 1982; Goldstein, 1998;

Koho，1991；Noddings，1995）。内尔·诺丁斯为我们提供了一个关于关怀的新视角。她将关怀描述为施予者和受予者之间积极而有意的互动。积极关怀的环境为学生提供了解决冲突的工具和动力。正如一个儿童在冲突中解释的那样："因为你们是朋友，所以你们总能搞定的。"

在课堂环境中，关怀伦理可以通过以关怀为主题的课程得到支持。教师可以为幼儿设计以关怀为主题的课程（如帮助他人、善良或食物和饥饿）。关心环境是一个很容易被理解的主题，它能引导儿童思考如何关怀自己之外的东西，以及他们与整个世界分享的东西（Ramsey，1998）。我们将在关于创建关怀和解决冲突的教室的内容（第七章）中更详细地探讨关怀主题的应用。

四个早期儿童关怀行为的事例

根据对早期儿童项目的观察，在这四个例子中，儿童通过帮助行为和亲社会语言表现出了对他人的关怀。

①孩子们正在外面的柏油路上玩耍。J.C.（4岁）有一个塑料曲棍球棒和球。凯西（3岁）也想要一个。J.C.去小屋里给他拿了一个。

②托马斯（5岁）想给一个硬纸管涂色，并向桌子旁的女孩们（5岁）要颜料。

贾妮：好的，托马斯。你可以用我的。

海迪也把她的颜料给了他。

③卡拉（4岁）滑了一跤并摔倒在华夫饼块上，离海迪和梅格（两个都是5岁）只有一点点距离。海迪去扶她起来。

海迪对卡拉说：你还好吗，卡拉？

④梅格（5岁）独自站在走廊上，闷闷不乐。乔纳（5岁）问她怎么了，并提出和她一起玩。

教师谈论到全纳教室里的关怀

"与非特殊教育学生之间可能存在的冲突相比，我的学生在相同的冲突中对待那些有明显特殊需要的人时，表现得更乐于助人、关怀他人和理解他人。去年我接收了一个患有自闭症的儿童，今年又接收了一个患有唐氏综合征的儿

> 童，学生们对这个儿童真是太好了。他们很高兴见到他。当他不在时，他们会问他在哪里，并且当他离开时，他们会大喊再见。他在我们班上也引起过一些冲突，但是与其他学生相比，大家更容易体谅他。"

社会文化的视角

社会文化理论将同伴冲突描述为一种解决问题的活动。在这种活动中，儿童不仅能发展认知能力，而且能通过与同伴的社会互动创造和保护文化系统。这种观点起源于苏联心理学家列夫·维果茨基（1978）的著作。在人类发展和社会化研究中，维果茨基提出，社会互动"为儿童提供了符号和文化意义系统"，"历史决定的文化通过教育过程成为发展的驱动力"（Musatti，1986，p. 32）。维果茨基的著作在教学的许多领域有着重要且直接的应用。在接下来的章节中，我们将看到他的理论是如何帮助解释儿童冲突的。

维果茨基

□ 过程与变化

维果茨基的理论中有四个主题与儿童的同伴冲突有关。首先是他对过程与变化的强调。维果茨基认为"推动发展和变化的关键因素是冲突和解决问题"（Corsaro，1985，p. 58）。思想的高级功能发生在争论而不是反思中（Cazden，1988）。同伴游戏对儿童发展社会知识和互动技能来说是必要的。儿童共享的同伴文化包括一些规则和仪式，这些规则和仪式控制着一些问题（比如小组融入的争议和角色扮演的决定）（Corsaro，1985）。

□ 实践活动

第二个主题是实践活动与人类发展之间的关系。应对变化的需求是一种会引

第五章　认知发展、社会道德和社会文化的视角

发社会和心理发展的实践活动。实践活动"从儿童处理日常问题或困难的尝试中发展而来"（Corsaro，1985，p. 59）。冲突是引发实践活动的社会事件，并最终使这些活动内化。科萨罗从他对学龄前儿童同伴文化的研究中为这一观点提供了额外的支持，例如儿童努力控制自己的生活，并与同伴建立共享的社会活动。

内化

维果茨基理论的第三个主题与人类社会和文化内化的概念有关。"儿童发展的每一项功能都出现两次：第一次出现在社会层面，后来出现在个人层面；首先是人与人之间（心理之间）的，然后是儿童内部（心理内在）的"（Vygotsky，1978，p. 102）。维果茨基对内化的阐释能够描述幼儿对指向手势的学习。一个儿童伸出手臂试图抓住一个物体，但没有成功，母亲的反应是指着这个物体。因此，儿童学习指向的手势，不是来自对物体的直接体验，而是来自另一个人。

这种最初的社会学习概念或"外部操作的内部再生产"，与皮亚杰的发展轨迹理论形成了对比（Vygotsky，1978）。对于皮亚杰来说，发展是内在驱动的，并先于学习。对于维果茨基来说，这是在文化和历史的背景下由社会驱动的，并先于发展。这个内化的过程是逐渐发生的，随着时间的推移而发生转变。同伴互动和社会冲突为儿童发展的这一心理互动阶段提供了背景。出于对学习的社会水平的强调，维果茨基的方法要求在理解儿童发展的过程中纳入性别、种族与民族、家庭结构、社会经济地位、政治环境和同伴文化等方面（Bronfenbrenner，1979；Tobin et al.，1989）。

最近发展区

维果茨基理论的最后一个主题是最近发展区。这个术语将儿童的心理能力描述为一种新兴的能力，而不是过去成就的衡量标准；儿童能在帮助下做什么（而非靠自己）。"它是一种由独立解决问题能力所确定的实际发展水平与在成人指导下或同更有能力的同龄人合作进行问题解决所确定的潜在发展水平之间的距离"（Vygotsky，1978，p. 86）。维果茨基把最近发展区描述为发育的"芽"或"花"，而不是"果实"（p. 86）。维果茨基说，两个8岁的儿童可能都能用8岁儿童的能力单

独解决问题。然而，如果在成人的指导下，其中一人只能在 9 岁的水平上解决问题，而另一人能够在 12 岁的水平上解决问题，那么他们的能力就不一样了。

与独立工作相比，在成人或更成熟的同伴的帮助下，儿童能够在更高的发展水平上工作。有关这一概念的一个例子发生在儿童和同伴玩耍时。与更有能力的同伴发生争执或冲突的情况为儿童提供了一个机会，让他们掌握更先进的协商策略。

美术活动室的一次冲突

托马斯尝试了很多方法来解决日常生活中的难题，首先在社会层面学习如何解决自己与丹尼尔的冲突。教师没有以指令性的方式介入，而是为两个男孩提供了一些关于语言对彼此产生影响的框架。

丹尼尔（5 岁）为托马斯（5 岁）做了一个巨大的纸面具，托马斯现在正在给它上色，丹尼尔站在桌子旁。

丹尼尔（有些沮丧）：我在试着帮助你。

托马斯继续上色，忽略了他。

丹尼尔（哭了起来）：你气死我了。

教师也坐在桌子旁，边听边戴上眼镜。

丹尼尔：请对我耐心点儿。

托马斯：你上色上得不太好。

丹尼尔：我已经尽最大努力了。

托马斯：但是你像这样（演示涂鸦），它就不全是蓝色了。

丹尼尔：让我帮帮忙嘛！

托马斯：我是不会让你参与的。

丹尼尔哭了。

教师：他应该不会一直这样。试着解决它。托马斯，看着他的脸。

丹尼尔主动提出帮助托马斯戴上面具。整理环节的铃声响了。

丹尼尔：你应该让我帮你。我会把所有的东西都涂成蓝色。

（他给面具上色，托马斯去拿彩带。）

丹尼尔（把面具拿给托马斯看）：这样可以吗？

> **教师关于儿童作为更有能力的同伴的谈论**
>
> "我们班上的一些孩子试图通过谈话来解决冲突。我可以从他们的谈话中得知，当他们的尝试失败后，他们会来找我。我相信当他们和比他们小的人，而不是同伴或年长的儿童互动时，这些策略会更有效。他们才6岁。"

❏ 以维果茨基的理论为基础

新维果茨基主义者将同伴互动的概念扩展至合作的观念，当儿童解决一个问题时，这种合作可能是隐含的，也可能是非语言的。儿童可能一开始并不清楚问题是什么，也不知道如何解决。认知被描述为一种共同的活动，而不是某种"只在人们头脑中运作的东西"（Forman & Kraker，1985，p. 29）。同伴合作研究包括观察儿童解决问题的活动（Bell et al.，1985；Forman & Kraker，1985）。在合作中，儿童比在独立思考中表现出更高的推理水平。同样，在一项关于一年级学生友谊发展的研究中，里佐（1989）指出，儿童在与朋友发生冲突时被观察到的行为会表现出忠诚、接受和分享等概念，尽管这些概念在与儿童的访谈中并不明显。按照维果茨基的理论，这种实践活动的"原料"后期可能会发展成反思性思维（p. 70）。

前文的整理环节冲突的案例提供了关于维果茨基理论的例子：玛丽亚的内化和妮科尔作为更有能力的同伴的角色。妮科尔表达了优先享有/空间/参与规则的重要性——"是她先撕的"，但是她提出了另一个解决方案，允许斯蒂芬加入这个活动。

❏ 解释主义者的视角

作家和思想家们一直致力于调和皮亚杰和维果茨基的理论中不一致的地方。科萨罗和埃德（1990）提出，维果茨基的心理间视角扩展并补充了认知发展理论的心理内视角。科萨罗将维果茨基主义和皮亚杰的建构主义理论结合起来，提出了一种具有解释性的方法。他认为："儿童通过参与日常文化活动发现了一个被赋予意义的世界，并塑造和分享自己的发展经验。"（Corsaro & Eder，1990，p. 199）科萨罗和里佐（1988）在对意大利学龄前儿童会话争议的分析中表明，儿童创造了自己的社会世界，并集体地或适当地复制了成人世界。研究儿童的争论是整合皮亚杰和维果茨基观点的另一种方法（Chapman & McBride，1992）。

生态系统理论

布朗芬布伦纳（1979）对在嵌套的文化生态系统中的儿童的"情境中的发展"提出了类似的观点（参见图2-2）。正如我们在前面所看到的，所有的生态系统都在儿童的发展中发挥着强大的作用。他们的同伴冲突发生在儿童同伴文化和早期儿童项目背景的微观系统中。在与同伴交流和协商的过程中，儿童在他们的第一个同伴文化中学习自身作为儿童的角色。后来，他们开始发展在成人同伴文化中的角色所需的技能和知识。在跨文化工作中，研究者发现了关于儿童冲突的例子，并对比了日本和美国学龄前儿童之间的争端。日本儿童被期望自己解决他们的差异，而美国的幼儿园教师则参与调解儿童的冲突（Tobin et al.，1989）。儿童的日常生活及其经历和解决冲突的方式，直接和间接地受到每个系统中正在发生的事情的影响。通过这本书，我们将看到学校和教育中心、家庭、社区、媒体、经济的影响以及世界事件都在儿童的发展中发挥着作用，并为冲突和冲突解决提供了一个框架。

> **教师的话**
>
> "冲突是成长过程中不可或缺的一部分。为了在现实世界中生存，儿童需要学会解决问题。童年是一个培养与他人相处所需的技能，并适当地解决冲突的时期。我认为儿童在操场上学到的东西比我们在课堂上教给他们的要多。"

对教师的启示：理论联系实际

☐ 冲突与儿童的发展：儿童的一百种语言

意大利瑞吉欧·艾米利亚市属幼儿园的教育家们利用杜威、皮亚杰和维果茨基的理论为幼儿创建了强大的学习社区。以下关于儿童冲突的讨论支持了"将冲突视为儿童发展中自然和有价值的一部分"的观点。

在我们看来，冲突和对差异的认识是必不可少的。冲突能够改变儿童与同伴之间的关系——反对、协商、倾听对方的观点并决定是否采纳以及重新制定最初的前提也是群体融入过程的一部分。我们可以看到，直到不久以前，这些动态还仅仅被认为是社会化进程的一部分，实质上它们也是一种认知过程，它们是民主的基本要素（Rinaldi，1998，pp. 115-118）。

☐ 成人的干预和指导

从对儿童学习的认知发展方面的新认识中，我们现在知道，教师可以通过为儿童提供参与非破坏性活动的空间来支持其学习。倾听自己的推理并与他人合作，可以成为评估其认知和语言发展以及社会和情感发展的一种方式。教师和更有能力的同伴，可以为儿童提供脚手架，通过更先进的冲突解决技能引导其在最近发展区内发展更好的换位思考能力，产生替代性解决方案，并感知因果关系。这种框架基于有意义的学习，而不是无效的"告诉他你很抱歉"的指示。向更有能力的同伴学习的观点也能够发挥作用，因为在冲突情境中，儿童会自发地扮演同伴调解者的角色。这再次意味着，成人要允许儿童有时间和空间来积极地解决冲突，这里的儿童包括那些卷入冲突的儿童和那些可能作为调解者的儿童。你可以在第十章中寻找更多的关于成人干预的信息。

> **与儿童一起工作：概述**
>
> **方案工作**
>
> 在本书的第三部分中，我们将集中讨论教师在课堂上可以做些什么，这里只是一个概述。在这一点上，我们可以引入的一个策略是方案工作。正如方案方法（Katz & Chard, 1989）所描述的那样，它被瑞吉欧教育称为方案教学。通过瑞吉欧教育的视角，卡拉·里纳尔迪（Carla Rinaldi）描述了儿童通过冲突和协商学习的过程，这些冲突和协商自然而然地出现在儿童一起工作的过程中。方案工作或方案教学为这种学习提供了一个载体。
>
> "现在，你可以看到问题的丰富性，也可以看到它的复杂性。成人的困难在于发起可培养、可激发这种学习过程的情境，在这种情境中冲突和协商似乎是成长的驱动力，而方案教学则允许这种社会建构主义过程的发展。"（Rinaldi, 1998, p. 118）
>
> 在第八章中，我们将进一步地详细研究方案工作。

把碎片拼在一起

我们可以开始将前几章的主题结合起来——观察和倾听儿童（第三章）、认识和剖析冲突的特征（第四章）、从理论知识的角度理解冲突在儿童发展中的作用（第五章和第六章）。将这些知识联系起来能够指导教师决定何时进行干预，以及如何支持学习和社会环境以促进儿童冲突解决技能的发展。你可以在第三部分中找到更具体的教学策略。

第五章　认知发展、社会道德和社会文化的视角　　113

小　　结

当朝着帮助儿童理解、管理和解决冲突的目标努力时，我们将把这些特殊的互动放在关于其发展的知识背景下。在后面的章节中，我们将考虑观察和分析冲突。我们将密切地关注通过积极的、儿童建构的解决方案使其在争端中努力成功地解决问题，达成相互同意的冲突结果。这一类型的结果反映了，认知发展强调在冲突中的学习和换位思考，以及社会道德和社会文化理论的元素。

不同的理论视角（认知发展、社会道德和社会文化）解释了儿童的建构性同伴冲突对其发展的贡献。关于这一理论的讨论（在下一章中）引出了一个问题——社会学理论如何继续将我们对儿童冲突的理解扩展至个人发展之外的社会组织和社会知识，以及社会学如何让我们对儿童丰富多样的争论语言产生新的见解？

观察儿童和理解同伴冲突的本质将指导教师决定介入的时机。

补充材料

研究重点 / 教师作为研究者

一篇关于幼儿园儿童识别多样性的文章报道说,一份多元文化课程方案可以有效地帮助儿童根据多个身体属性(性别、皮肤、颜色、大小等)识别他人。在你所在的环境中,儿童是如何对他人进行分类的? (Bernstein, J., Zimmerman, T. S., Werner-Wilson, R. J., & Vosburg, J., 2000. Preschool children's classification skills in a multicultural education intervention to promote acceptance of ethnic diversity. *Journal of Research in Childhood Education*, 14, 181-192)。

应用练习

1. 讨论问题:回顾皮亚杰和维果茨基理论的各种要素。在你的机构中,这些理论如何帮助解释儿童的所言和所行?

2. 你在一个小组中工作,从你的实际经验或者创造的事情中,用儿童冲突的例子来说明一个或多个理论点(角色扮演在这里很有效)。

3. 根据迄今为止所学的关于儿童冲突的知识,你能考虑它们对你目前或未来实践的影响吗?

4. 写作应用:使用此讨论作为开始——"儿童的冲突,像行为和发展的其他方面,是……"

对每一个儿童的思考

在本章中,我们在理论的背景下提到了文化和家庭语言。本章中的理论在多大程度上解释了不同能力和发展水平的儿童之间的和平互动和冲突?

第六章
社会学、社会语言学和社会学习的视角

"你这个水果脑袋!"
"你这个小猫脑袋!"
"你是个百吉饼脑袋!"
"我们希望你是一个……一个……熏肉脑袋!!!"
"我不是在和你玩。我在和瑞安玩!"
"嗯!你得和大家一起玩。L女士这样说的。"

目标:第六章展现了将儿童冲突中的互动作为一个了解社会和政治世界以及学习关于群体、结盟、角色和协商的过程。社会语言学理论解释了儿童争论和文字游戏中的丰富语言。将理论与实践联系起来,我们就能回到第三章中的问题——"儿童表达的真正含义是什么?"这样我们就会像儿童一样以探索的方式来理解和掌握我们的世界。

走廊里的一次协商

梅格和海迪（5岁）在活动时间讨论玩耍伙伴的安排。

梅格：不，我不能和你一起玩，因为佩内洛普只想和我玩。

海迪：你可以和我在操场上玩。

休息时间的结盟

在操场上，三个一年级的男孩产生了更复杂的协商。

丹泰对杰弗里说：除非你服从我，否则我不会和你一起玩。

J.C. 对丹泰说：我会和你一起玩的，丹泰。

杰弗里：如果 J.C. 和你一起玩，那我也和你玩。

社会学的视角

社会学家能够在梅格和海迪及丹泰和 J.C. 之间的互动中看到什么？在儿童冲突中有许多有趣的事情发生。友谊和联盟形成又瓦解。儿童协商和威胁。他们戏弄、大笑和争吵。我们能够在其他学科和理论中找到更多的解释吗？

在某种程度上，我们可以将社会学看作一门研究由共同的信仰和实践所界定的组织或文化中的人群的学科。社会学视角将冲突描述为社会组织的一种工具。冲突是我们组织社会世界的方式之一。虽然在社会学领域中直接针对儿童同伴冲突的研究是有限的，但该领域中存在大量的关于一般冲突和儿童社会化的著作。通过观察儿童再协商和争论中界定游戏群体的过程，早期儿童专家可以理解社会学可能如何帮助我们解释儿童冲突中发生的事情。从社会学的视角来看，儿童冲突的某些方面（包括群体融入的问题和由同伴调解的解决方案）似乎是有意义的。我们可以看到，儿童在游戏中以外交官的严肃态度结成联盟和"缔结条约"。

在当代社会学领域中，在美国占主导地位的视角主要有四种，并且它们在这一领域中就各自的优点展开了积极的对话。除了第五章和第六章的其他理论外，我们将通过结构功能主义和冲突理论的视角来研究儿童冲突（Strauss, 2002）。

第六章 社会学、社会语言学和社会学习的视角

☐ 冲突的积极作用

20世纪社会学领域的作家们解释了冲突的积极作用,并将冲突描述为建设性的而非破坏性的。冲突建立并维持社会和群体的边界和身份。从社会学的角度来看,冲突有两种类型:现实冲突,涉及可以替代的目标和手段;非现实冲突,它提供了因挫折而产生的攻击性紧张情绪的释放。上述观点源自刘易斯·科泽(Lewis Coser, 1956)的说法,他是冲突理论领域的早期作家。

科泽(1956)以儿童冲突为例来说明他的冲突统一理论,通过这种经验我们可以了解另一个人。以前不熟悉的儿童为了玩具而争吵,后来又在一起合作玩耍,这表明冲突可以是"一种获得关于陌生人的信息的方法,并为其他形式的互动奠定了基础"(p. 122)。

儿童之间的社会冲突具有多种功能(Maynard, 1985b)。儿童"通过冲突获得社会结构感"(p. 207)。冲突主要的或明显的功能是促进了儿童小团体社会的产生,它以三种方式发生。首先,儿童创建了一个由有序的争议过程界定的社会组织。其次,通过群体内的争端,儿童形成了政治或党派联盟。最后,冲突的社会组织是暂时的和实际的,联盟随着问题的解决或改变而改变。

儿童同伴冲突的次要或潜在功能是帮助儿童通过冲突事件中的社会组织经验获得社会结构感,并帮助他们发展超越特定冲突遭遇的权威和友谊关系(Dunn & Cutting, 1999;Strauss, 2002;Vespo et al., 1995)。

在下面的示例中,我们可以看到儿童如何界定小组、形成联盟和应用共享的组织规则。

"盒子城市"中的性别群体认同

在教室里,混龄的学前班到一年级儿童正在用大纸箱打造一个"盒子城市"。

丹尼尔(5岁)和托德(5岁)正在"攻击"阿普丽尔和玛丽·佩顿(都是5岁)占有的纸箱帐篷。

玛丽·佩顿:滚出去!(她们掌管女孩们的帐篷。)帐篷里不可以有男孩!把门关上,这样他们就看不见我们了!快出去,你们这些笨蛋!

男孩们不得不撤退并制订新的计划。

> **你的童年记忆**
>
> 　　还记得你六七岁的时候吗？想想你的游戏小组的规则，谁在里面，谁在外面？基于这段记忆，你能准确地描述当三个儿童在一起玩，而不是两个、四个或更多人的时候会发生什么吗？

在操场上结成联盟

在操场上，三个男孩在商量和谁一起玩。

丹尼尔（5岁）对本杰明（4岁）说：如果你不服从我，我就不和你玩。

J.C.（4岁）对丹尼尔说：丹尼尔，我和你一起玩。

本杰明：如果J.C.和你一起玩，我就和你玩。

□ 儿童同伴文化的共同理解：解释主义

　　社会学关注的是儿童的"预期社会化"——儿童成年后学会在社会中占据一席之地的过程。与之相反，解释学家探索儿童在自己的童年世界中的社会化，这一现象发生在儿童与其他儿童的互动中（Cicourel，1970；Corsaro，1985；Corsaro & Eder，1990；Corsaro & Schwartz，1991；Gruae & Walsh，1998）。"儿童社会化应该被理解为一个集体的和社会的过程"，而不是个体的社会发展。（Corsaro & Schwartz，1991，p. 234）"儿童不仅必须使他的知识成为自己的，而且必须让与他有相同文化归属感的社群中的人们知道。"（Bruner，1986，p. 127）"通过与他人互动和协商，儿童进入社会系统，建立共同的理解，并以之构成它们不断建立的基本社会知识。"（Corsaro & Schwartz，1991，p. 235）

　　在第三章中，我们已经探讨了将儿童界定的同伴文化作为观察儿童的一种视角。解释主义的观点为研究儿童的同伴冲突提供了一个背景。在对幼儿园儿童的同伴文化的人种志研究中，科萨罗（Corsaro，1985）提供了儿童对社会组织规则的共同理解的证据。科萨罗观察了儿童处理日常生活的过程（包括进入正在进行的集体游戏的冲突），并得出了结论："儿童试图通过集体生产和与同伴分享社会

活动来获得对自己生活的控制。"(p. 272)

儿童从与同伴的互动中学习社会规则。进一步联系所知道的信息,我们可以再次审视指导儿童冲突的社会组织规则。在占有权冲突中,幼儿通常会为一个更强大的同伴以下属的支配规则所引导。然而,幼儿园中的儿童会遵循优先占有原则(Bakeman & Brownlee, 1982; Singer & Hannikainen, 2002)。当观察了儿童的联盟、伙伴关系以及第三个儿童对争端的干预时,社会学理论也有助于我们理解儿童的冲突。在幼儿园同伴文化中,儿童学习群体规则和社会结构(Corsaro, 1985; Dunn & Cutting, 1999; Maynard, 1985a, 1985b)。

以下是儿童的社会协商的一个例子。

在"盒子城市"中界定小组

在教室里,混龄的学前班到一年级儿童正在用大的硬纸盒子建构一个盒子城市。纳塔莉和艾琳正在盒子城市中盖房子。莫妮克和卡拉过来加入她们。随后发生了一个小组融入的问题。

纳塔莉:我们会再给你建一个房子。

莫妮克:这个房子没有你的大。

艾琳:好吧,你不能和我们一起建造。

纳塔莉对艾琳说:来吧,艾琳。我们在别的地方建吧。

□ 实践的启示:儿童群体的结构

- 教师需要了解教室里存在的同伴群体结构、联盟和伙伴关系,并努力观察和理解这些群体的形成。
- 在教室常规和决策结构的基础上,教师可以提供模型,让儿童能够在他们的同伴互动过程中加以内化和应用。
- 班级会议可以包括明确讨论民主的含义以及在教室里建立共识。
- 教师可以密切地观察并问自己:"我在这些儿童社会组织中看到了哪些角色和组织能力?这些角色和组织能力是否表明了我以前可能没有见过的能力?儿童在小组中是如何界定成员的?它是基于有害的偏见

吗？这是一个积极的同伴组织，还是排外性组织？"

社会学以其关于冲突和社会化的丰富文献为研究儿童同伴冲突提供了宝贵的基础，这有助于我们理解儿童社会组织和文化知识的发展。将冲突看作儿童同伴关系的一个共有维度，将引发对争论或儿童在冲突中如何使用语言的讨论。在下一节中，社会语言学理论讨论了这个问题。

社会语言学的视角

倾听儿童的对话，我们可以听到丰富的和各种各样的社会语言。

在儿童的自言自语中，我们可以听到一些不同寻常的事情。我们能够听到富有想象力的描述性语言，这是进入他们的理解的一个窗口。当儿童在一起交谈时，他们的社交语言同样丰富。在他们的冲突中，我们能够听到精彩的协商和熟练的讨价还价，也能够听到争吵、辱骂和许多不同的方式，这使得儿童能够以共同的语言交流。

与儿童一起工作：概述

小学教室里的合作学习小组

合作学习小组的计划，使不同能力和特点的儿童能够共同合作。我们讨论过的一些理论有助于解释为什么合作学习是有效的。你能解释一下这些理论如何在合作学习中起作用吗？你能想到其他同样适用的理论吗？

◆ 认知发展理论：通过合作，儿童通过认知冲突获得认知，听取他人的观点，并共同建构知识。

◆ 社会文化理论：儿童与更有能力的同伴一起工作，并且能够在最近发展区内得到发展。同伴提供了学习的脚手架，也为儿童提供了在

> 自我学习之前基于社会层面学习的机会。
> ◆ 社会学理论：合作学习强调有效的小组学习过程，并促进小组分工和凝聚力的发展。
>
> 在第九章中，我们将重点关注6—8岁小学生在教室里的和平创设和冲突解决的教学和学习（也包括更多的合作学习）。

这就引出了两个问题："什么是社会语言学理论？对于儿童的同伴冲突，它能告诉我们什么？"这种多学科的话语分析方法结合了社会学和语言学的各个方面，也借鉴了人类学、民族志和心理学（Cazden, 198；Grimshaw, 1990；Sheldon, 1993）。社会语言学家将语言视为社会互动的重要元素。"谈话用于在面对面的互动中建立组织"是古德温（Goodwin）于1990年研究非裔美国城市儿童创造社会世界的方式的基础。科罗萨和里佐（Corsaro & Rizzo, 1988）对意大利幼儿园中的儿童的谈话进行了研究，发现儿童的文化既依赖儿童与他人沟通的能力，也有助于儿童与他人沟通的能力。

儿童间的争论

关于争论呢？社会语言学中关于争论的研究为儿童冲突的文献提供了重要的贡献。格里姆肖（Grimshaw, 1990）指出，话语和冲突在人类环境中都是"无处不在的"和"普遍的"，对"冲突话语"的研究为理解社会冲突的本质提供了视角。从社会语言学的角度来看，冲突在话语现象中被界定为"相互的言语对立"（Garvey & Shantz, 1992, p. 113）。冲突或争论是具有结构和内容特征模式的"言语事件"（Brenneis & Lein, 1977）。艾森伯格和加维在对幼儿园儿童的研究中界定了同伴互动的"转折词集"，它具有明确的结构——"从第一次反对开始到结束时：①达到明显的解决方案；②一个儿童离开了互动的场景，并且没有被纠缠；③话语的主题被改变了，一分钟内没有恢复到原有的主题。"（Corsaro & Rizzo, 1990, p. 23）

一支铅笔引发的冲突

在这个关于共同占有的冲突案例中,"共同谈话"遵循了前面所描述的话语模式——最初的行为、相互对立的陈述、阐述和推理,以及协商一致的解决方案。

塔基沙:这是我的铅笔。

乔治:我从篮子里拿的。

塔基沙:给我,这是我的铅笔。

乔治:不,我从篮子里拿的。

塔基沙:现在把它给我!

乔治:不,我从篮子里拿的。篮子里还有其他铅笔。你去拿一支。

塔基沙:这是篮子里的一支铅笔。它有一个笔尖和一块橡皮。你能用这支铅笔,把我的还给我吗?

乔治:好的(把铅笔还了回去)。

"社会语言学描述了语言冲突或争论对儿童的价值。当儿童行使'丰富的声音'时,这些争论为他们提供了假扮特定社会身份的机会。"(Goodwin, 1990, p. 239)在他们的争论中,儿童被要求理解并战略性地运用话语规则(Brenneis & Lein, 1977)。古德温(1987)的观点表明:"争论为儿童提供了一个丰富的平台,使他们在语言、句法和社会组织方面的能力得到了发展。"(p. 200)这项关于争论活动的研究提出了用于建构争论的结构和程序的分析。"争论,而不是混乱,让儿童有机会通过生产来探索他们语言的自然结构。"(p. 226)

这种认为"争论是一种既自然又有秩序的现象"的观点得到了科萨罗和里佐(1990)的赞同。作为积极的经验,口头纠纷有助于儿童沟通能力的提高和社会知识的增加。科萨罗和里佐(1988)描述了意大利儿童热烈辩论或讨论的结构。这场辩论包括主张和反诉、对分歧的风格化加剧以及支持其主张的证据的戏剧化。

通过争论,儿童学会了行为准则,提升了自身的语言技巧,并确定了其社会世界的界限和期望。作为一个群体,儿童在他们的同伴文化中形成自己的规则和界限(Corsaro, 1985; Corsaro & Rizzo, 1990)。"冲突是交际能力的一个特殊方面,因此也是社交能力的一个特殊方面。"(Garvey & Shantz, 1992, p. 117)

> **教师讨论到的争论**
>
> "当我坐在儿童身边,倾听他们所说的话,观看他们彼此交谈并成功地解决一个冲突时,我会发现日常生活中的成功。我也喜欢看两个朋友在一个问题上争论不休而不上升到武力,让他们独立而成功地争论下去,然后看着他们像朋友一样离开。"

与维果茨基的观点一致,社会语言学家认为儿童冲突是一个建构和维持文化的过程。社会语言学理论的一个优势是它强调文化和语言之间的关系(Goodwin,1990;D'Amato,1989;Corsaro & Rizzo,1988,1990)。科萨罗和里佐(1990)比较了意大利和美国幼儿园的儿童之间的分歧。在这两组中,冲突都是儿童同伴文化的一部分,涉及与玩耍相关的类似问题。一个主要的区别是意大利的儿童在纠纷中更加强调口头惯例的重要性。尽管这些讨论是通过同伴小组产生的,但它们复制了意大利成人的对话风格(Corsaro & Rizzo,1988,1990)。在达马托(1989)关于竞争的研究中,夏威夷的男孩在操场上的争论中明确地指出了夏威夷人的文化价值观和期望。

你能想象出这些儿童在讨论什么吗?

口头上的争论游戏

家长(在厨房里):"你们俩,停止争吵!"

儿童(一起在另一个房间里):"我们没有争吵,我们只是在玩。"

正如我们在第三章中表明的,儿童争论的基本目的是不同的。目的可能是为了解决问题,也可能是为了支持论点。虽然人们对解决问题给予了很大的重视,但儿童之间的冲突往往得不到解决。争论本身就是目的。这些争论以被理解的公式进行,例如那些夏威夷儿童的"矛盾的日常表现"(Watson Gegeo & Boggs,

1977)、非裔美国城市女孩的"他说她说"(Goodwin, 1990)或争论(Corsaro & Rizzo, 1988)。无论是寻求解决争端,还是参与玩乐式的日常对话,相互理解都是冲突对话的必要框架。"即使是幼儿的冲突谈话也可能具有惊人的多样性和多种功能性。"(Garvey & Shantz, 1992, p. 117)社会语言学理论为理解儿童言语策略的力量及其在解决冲突中反复使用的短语提供了一个框架(Brenneis & Lein, 1977; Eisenberg & Garvey, 1981)。习惯性冲突是遵循一个公式的争论。经常被观察到的习惯性冲突包括"男孩和女孩"之间的优越感和对抗。

根据社会语言学的观点,冲突有多种维度:

- 严重冲突和非严重冲突的区别在于参与者的意图——要么是认真的,要么是好玩的(对某件物品的争执,或者对女性朋友的言语上的打闹)。
- 习惯性冲突,无论是严肃的,还是有趣的,都遵循一种特定的形式。通常有赢家和输家,表现可以由观众来评价。
- 假装冲突发生在假装游戏(好人对抗坏人)的背景或框架中。
- 随着争端的减少或升级,探索缓和与恶化的冲突涉及的语气(善意或敌意)和方向上的差异(Garvey & Shantz, 1992)。

图书中心的一场争论

在阅读区域内,5岁儿童间的一个小插曲暗示了这种关于优越感的争论。珍妮弗、海迪、梅格、贾妮、佩内洛普和丹尼尔都拿着书。

珍妮弗对丹尼尔说:你连书都看不懂。

丹尼尔:我能读懂这个(捧着书)。

珍妮弗:不,你不会。你跳过这页。

海迪:丹尼尔在骗你,姑娘!

珍妮弗(过了一会儿):我已经知道怎样不用手表计时了。

口 骂人

骂人通常是"玩文字游戏"的场合,例如本章开头的3岁儿童喜欢"fruity-head"(水果脑袋)和"tooty-head"(小猫脑袋)的押韵,5岁儿童在骂人交流中说的"bagel-head"（百吉饼脑袋）和"bacon-head"（熏肉脑袋）。这种看待冲突的方式提醒观察者注意儿童在习惯性冲突和假装冲突中的意图。骂人既可以是冲突的导火索，也可以是一种言语策略。回观第四章，言语策略（包括骂人），可以是非攻击性的，也可以是具有攻击性和敌意的。伤人的骂人可能是基于身体特征（大小或其他方面的外观）、家庭、文化或语言群体、能力或儿童的名字听起来像什么。另一个提示是：另一个儿童的反应是什么？他（她）会带着更多的谩骂吗？是否有伤害、沉默、眼泪或身体上的报复？这些都不是积极的反应。就像有害的身体攻击一样，教师在这种情况下的反应是为了防止儿童受到身体或心理上的伤害（参见 NAEYC 的《道德行为准则和承诺声明》）。

对实践的启示：理解争论和骂人

- 倾听儿童的争论提供了一个在不同的背景下评估儿童语言的机会。（当他们试图说服其他儿童接受自己的观点时，你可能会对儿童的口才感到惊讶！）
- 听懂语言的文化用法为了解儿童的世界观提供了另一个窗口。
- 倾听儿童在冲突中的策略有助于教师决定是否进行干预，以及如何规划课程和学习环境，并为儿童提供解决或化解冲突的语言工具。
- 儿童的争论将帮助教师判断语言是伤人的戏弄，还是文字游戏。它还能帮助教师评估争论升级的强度和程度，以便决定是否干预。
- 骂人的释义包括：被理解的骂人意图是出于喜爱的、好玩的，还是有害的、具有破坏性的？

社会学习理论的视角

行为主义和社会学习理论在帮助儿童理解、管理和解决冲突方面应用有限。然而，这一视角值得我们注意，因为我们将在第七章中研究关怀型教室的特点，在第十二章中研究项目模型的标准。传统行为主义把"学习"界定为通过刺激和反应的双重过程获得的行为积累，而不是发展。学习是通过奖励、强化和惩罚等外部激励因素的调节来实现的。行为主义的支持者包括洛克、巴甫洛夫、赫尔、斯金纳和沃森。

□ 社会学习和社会认知

这一理论超越了传统的行为主义,强调了成人榜样在儿童学习中的重要性。儿童通过观察成人来学习和模仿行为。班杜拉首先提出了将行为主义应用于儿童的社会学习观念。在后来的工作中,他从社会学习转向了社会认知的角度来解释儿童对自身行为的认识。在班杜拉的社会认知理论中,儿童通过三个交互的因素(个人、环境和行为)进行学习。在教室里,教师的言语和非言语信息为儿童提供了强大的社会学习榜样(Stanulis & Manning, 2002)。

□ 行为主义

行为主义实践的要素广泛地存在于学校、教室和家庭中。它们通常具有预期的即时效果,但随着时间的推移,效果可能会降低。例如,一个旨在激发儿童阅读兴趣的计划就是在儿童读了一定数量的书后,用比萨饼来奖励他们。回应可能是:"为了得到比萨饼,我读了所有这些书,我发现我真的喜欢读书!""我读了足够多的书来获得比萨饼,所以我不必再读了,对吧?"在我们的语境下,行为主义者使用外在激励来实现安静和无干扰教室的方法与其他强调建设性冲突对儿童认知发展、内在动机、共情和关怀的贡献的理论不一致。

□ 对实践的启示

社会学习理论和行为主义的启示包括以下考虑:
- 在儿童表现出异常行为的情况下(例如持续的攻击性行为和对社会线索的长期反应缺乏),教师可以在基于应用行为分析的项目中与相关服务提供者合作。
- 社会学习理论使人们意识到成人的行为和反应的力量。它给教师们提供了一个重要的提醒,让他们考虑到对不良行为的不恰当但又过于人性化的反应。

第六章　社会学、社会语言学和社会学习的视角

- 奖励在短期内是有效的，大多数成人有时会使用它们，但重要的是要了解其局限性，就像阿尔菲·科恩（2001）所写的那样："奖励具有风险。"我们将在第三部分中讨论内在和外在动机。

小　结

前一章中提出的理论视角与框架可以帮助我们更好地理解儿童的冲突。跨学科框架的重要性是确定的。儿童的冲突为研究其个人发展，以及他们对自己、彼此和社会环境日益增强的认识提供了一条途径。冲突能够帮助儿童界定他们的同伴群体，理解他们的社会世界。此外，争论扩展了儿童的换位思考，丰富了他们的语言表达。正如我们将在下一章中看到的，解决冲突有助于保持友谊和保持同伴群体的完整。

它能解释多少？第五章中的理论讨论了发展性变化。在本章的社会学、社会语言学和社会学习理论中，重点是社会互动、角色关系和文化特征（Garvey & Shantz, 1992）。与许多心理学和认知发展研究不同，社会语言学著作包括对不同文化及其争议解决方法的大量研究。人们关注的是理解文化驱动的行为和活动。这些理论的差异表明，只有从多个角度进行研究，才能充分理解儿童的同伴冲突。

补充材料

研究重点/教师研究

是否有标准的言语公式或言语协议以供儿童用作冲突解决策略？在你的教室里寻找这些类型或其他类型：

- 坚持的交换
- 乞求"求——你了！"
- 承诺"我永远是你最好的朋友！"

应用练习

在你所在的机构中使用逸事记录或检查表观察儿童之间的冲突类型。发展自己的观察方法。分析你所观察到的内容。

1．严重冲突和非严重冲突的区别在于参与者的意图——要么是认真的，要么是好玩的（对某件物品的争执，或者对女性朋友的言语上的打闹）。

2．习惯性冲突，无论是严肃的，还是有趣的，都遵循一种特定的形式。通常有赢家和输家，表现可以由观众来评价。

3．假装冲突发生在假装游戏（好人对抗坏人）的背景或框架中。

4．随着争端的减少或升级，探索缓和与恶化的冲突涉及的语气（善意或敌意）和方向上的差异（Garvey & Shantz，1992）。

对每一个儿童的思考

雪莉·布赖斯·希思（Shirley Brice Heath，1983）关于儿童家庭沟通方式的研究为家庭和学校语言的使用提供了一个重要的视角。在《三种文化中的幼儿园》（*Preschool in Three Cultures*）中，研究小组发现，日本儿童学习从正式日语到非正式口语的来回转换（Tobin et al.，1989）。当儿童在一起说话时，你能够注意到不同的同伴界定的语言风格吗？

第三部分

帮助儿童理解、管理和解决冲突："三层蛋糕"模型

引言： 这些章节将揭示当前和未来的从业者在早期护理和教育领域内的实际意义。"三层蛋糕"模型将描述教师和护理者如何为儿童的亲社会互动和冲突解决创造学习环境。蛋糕的基座是充满关怀的教室环境。蛋糕的中间层则是支持儿童冲突解决与和平创设的课程和学习经验。当冲突不可避免地发生时，蛋糕的顶层就会发挥作用，它主张利用成人的干预缓解冲突。就像蛋糕外层需要包裹一层糖霜一样，"三层蛋糕"模型的呈现则需要通过与家庭和社区的联系来完成。

第七章

创建一个充满关怀的教室"环境"

> **应用"三层蛋糕"模型的教师[1]:**
>
> 应用"三层蛋糕"模型的教室里的规则很少,而且这些规则都是每个学期由教师和孩子们一起制定的。这些规则多是"温柔地对待你的身体和玩具""你的言语应保持温和""善待他人"和"在触摸朋友之前征得允许"。儿童能够理解并接纳这些规则,因此,他们很少会因为这些规则而引发冲突。

目标: 第七章将呈现出"蛋糕"的整体形象,并重点揭示蛋糕的"基座"(充满关怀的教室环境),这是成功地建立一个关怀共同体的基础。此外,在一个充满关怀和包容的共同体中,儿童和教师将会意识到自己是一个善良和充满关怀的个体。教师会用语言明确地表达他们(充满关怀)的承诺,同时把承诺隐含在教室里的物理和社会环境中。

---

[1] 应用"三层蛋糕"(three-layer cake)模型的教师:它在英文原文中对应"a teacher of threes",综合考虑全文语境和上下文承接,在此将其译为"应用'三层蛋糕'模型的教师",后文均将其缩写为"三层蛋糕"教师。——译者注

"三层蛋糕"模型

☐ 建立一个可以为儿童创设和平并解决冲突的环境

我们心知肚明的是,当幼儿在教室里互动时,冲突、争执、吵架甚至打架的现象时常发生且频率不低。作为早期儿童教育工作者,我们希望为儿童提供一个安全、愉快、平静与和谐的环境,在这个环境中他们可以进行有效的学习。我们还需要适当预估儿童在面临冲突时所采取的行为,并通过物理和社会环境的创设促进其建立独立的、积极的冲突解决策略。为了这一策略的成功建立,我们需要创设一个充满关怀的集体环境、重视这一环境作用的力量并在适当的时候为幼儿提供指导。我们的目标是帮助每一名儿童在这个冲突不断的世界中成为和平缔造者。

"和平不是没有冲突。冲突是日常生活中不可避免的事实——内部冲突、人际冲突、群体间冲突和国际冲突。和平在于创造性地处理冲突。和平是努力以双方都能取得胜利的方式解决冲突的过程。作为冲突及其解决方案的结果,双方赢得了更多的和谐。如果参与者想要更充分地合作并发现自己能够这样做,那么其解决策略就是和平的。"(McGinnis & McGinnis,Wichert,1989,p. xi)

前面的引文揭示了和平的两个基本条件:和平解决冲突的愿望与解决冲突的工具。在我们研究儿童以"和平"方式解决冲突的案例中同样可以总结出这些条件。首先,我们发现,在冲突发生前一起玩耍的孩子通常都是朋友,他们之所以能够和平地结束冲突,是因为他们有愿望或动机。我们还发现,那些使用理性和协商言语的人往往能够和平地解决冲突,因为他们运用了解决冲突的工具。除了受友谊启发的动机外,出于对和平和关怀他人的更普遍的渴望,儿童也有动力解决甚至化解冲突。建立这种充满关怀的环境是本章的重点,它也是"三层蛋糕"模型的基座。

我们将使用图片——带有糖霜的三层蛋糕(见图7-1)——来解释如何实现这一目标。蛋糕的基座是充满关怀的环境,是儿童和成人之间所有互动的背景。蛋糕的中间层是课程理念和活动,以帮助幼儿提高社会发展和冲突管理能力。蛋

图7-1 三层蛋糕：致力于建立一个和平的教室

糕的顶层是成人的决策，当冲突不可避免地出现时，成人要决定何时以及如何干预。最后，围绕蛋糕顶部和侧面的糖霜则是与家庭和社区的联系。

蛋糕的基座：充满关怀的教室环境

就如蛋糕的基座所展示的那样，我们将探讨如何创建一个积极的教室环境。首先，对于建立一个关怀型教室，需要带有目的性的和明确的承诺。在充满关怀的教室里，物理和社会环境会鼓励儿童换位思考和发展共情能力，并为他们提供和平地、建设性地解决冲突的工具。正如麦金尼斯（McGinnis）所说，关怀型教室里的儿童真诚地渴望解决与他人的冲突。我们现在将仔细研究这个重要的第一层。

充满关怀的教室环境

☐ 关怀是什么？

在早期儿童教育领域中，"关怀""关怀型教室"等词语频繁出现。我们究竟想用"关怀"一词表达什么？这是否意味着我们对儿童充满热情，并且提供了我们所设想的养育环境——一个儿童向往的地方，因为那里有人爱着他们？我们当然可以把这一理想当作我们的共同目标（Goldstein，1998）。但还有另一种思考"关怀"的方式。首先，我们可以把"关怀"看作一个动词，而不是形容词。其次，我们可以创建一个教室环境，在那里不仅是成人在关怀他人，儿童也在关怀他人。

"关怀"（caring）可以作为描述个人品质或心境的形容词，也可以作为动词来界定一个行为动作（比如你为别人或自己做的事情）。诺丁斯（Noddings，1984，1992）将"关怀"和"被关怀"界定为人类的基本需求。关怀行为是两个人在一段关系中的相遇经历，一个人是关怀者，另一个人则是被关怀者。关怀型教室是一个相互关怀的场所。教师为关怀性相遇创造机会，并为每一名儿童提供给予和接受关怀的机会。

通过这种方式让儿童和教师认识到自己是"关怀者"至关重要。在教育机构和学校里的日常生活中，要让儿童处于互相关怀的情境（例如儿童主动提出和伙伴分享玩具和材料、为玩耍或排队的其他儿童预留空间和为受伤或悲伤的同伴提供安慰）。因为儿童同伴文化的特殊性，有时儿童的互相关怀行为对成人来说并不明显。成人鼓励和认可儿童关怀行为的方式，可能与儿童在与同龄人或同胞相处时界定和理解关怀的方式不同，例如充满感情的"戏弄"（一种言语上的打闹）恰恰是儿童融入群体的信号。即使是身体上的打闹游戏也可能是男孩之间的一种关怀表现，他们可能会觉得像拥抱这样的沟通方式太过矫情（Pollack，1998）。里德和布朗（Reed & Brown，2000）认为，成人应该"重新考虑打闹游戏的重要性，因为这是男孩表达对彼此的关怀、喜爱和友谊的一种方式"（p. 104）。

第七章 创建一个充满关怀的教室"环境"

教师谈论到教室中的新生

"约翰在今年三月份进入我们的教室时有些行为问题,并且教师们正在探索怎样改进。我认为,对我们有所帮助的是教室里已经建立的共同体意识。我向同学们寻求帮助,让他们帮助约翰记住规则。他正在取得阶段性成长,在这段时间里,他经历了挫折,也取得了进步。今天,他打了一个孩子的脸。那个孩子伤得并不严重,更像是轻伤。所以我最初的建议是用水而不是用冰去治疗,他带着受伤的孩子到盥洗室取水,在长凳上安慰他,然后在操场上与他手牵手一起走路,并说着'现在没事了'。另一个孩子似乎很满意。"

教师谈论到关怀行为

"当看到有人哭泣时,西莉亚(4岁)会走到他们面前。虽然不知道问题是什么,但她会搂着他们,并告诉他们'别哭,路易斯老师可以解决,或者你可以让你的妈妈帮助你'。然后,她会牵着他们的手,让他们和她一起活动。"

讨论与应用

你见过像诺丁斯(Noddings)描述的那种儿童或成人之间的积极关怀吗?请举一个例子说明。

☐ 传达你对一个关怀共同体的承诺

创建关怀共同体的第一步是展示你对建立一个和平、亲社会环境的承诺。明确你的承诺和信仰是重要的事情(首先是对你自己,然后是其他人)。要从你的班级或教育机构中的儿童开始,让儿童知道你关心什么。对孩子清楚和明确

在一个关怀型教室中的友谊。

地表达你对他们的尊重,并为他们提供一种榜样,让他们像你一样把自己的承诺用语言表达出来。

你可能非常在意并希望与儿童沟通两件事:一是认识到儿童的亲社会行为会像反社会行为一样自然而然地出现(Kohn,1991);二是认为正义、公平、安全、共情、关怀等价值观至关重要。

你能做些什么或说些什么来表达你的承诺?在与儿童和成人交谈时使用尊重和积极的话语可以更好地表明承诺——"请……""谢谢你!""我可以帮忙吗?"成人的榜样作用是强大的,如果成人和其他人说话的方式(要么比面对儿童时更加友善和尊重,要么更加随意和不尊重)与他们和儿童说话的方式不同,那么儿童会注意到这一变化。

你应该使用一些属于你的真实而有意义的词语。在此基础上,你可以向外界传达你重视的事情,同时对他人认为重要的事物保持开放的态度,并学会倾听"不同的声音"(Gilligan,1982)。真实而真诚地表明你的承诺会让儿童致力于追寻一种理想或哲学,"而不是像我说的那样做,也不是像我做的那样做"。

明确儿童的理解方式就像一个鹰架,帮助他们在学习过程中建构和内化自己的理解,这是我们在第五章中探讨的与社会文化理论相关的一个例子。鹰架是引导还没准备好独立做事的儿童进行思考的方法。通过鹰架,成人或更有能力的同伴会帮助孩子爬上一两个台阶,进入最近发展区,在那里他们能够在一些帮助下进行思考(Vygotsky,1978)。

☐ 在关怀型教室环境中培养换位思考和共情能力

儿童参与关怀性相遇的一个关键因素是他们能够以他人的眼光看待世界。在接下来的几章中,我们将探索帮助儿童发展换位思考能力的具体课程活动。共情似乎是某些儿童与生俱来的,事实上儿童也可以通过其他人来塑造和学习共情。本章将提供一些成人在关怀型教室中帮助儿童建立这些品质的方法。

如果儿童的情感自由和安全感得到了充分的满足,那么他们就能将注意力转向帮助满足他人的需求。因此,在关怀型教室中的成人需要保证儿童可以获得关注、充足材料、适当空间和参与特殊或常规活动的机会。

在关怀型教室中，成人能够帮助儿童了解彼此的感受以及他们的行为结果（无论这些行为是积极的，还是消极的）。例如："如果你不这样做，你觉得她会有什么感觉？""当你……时，他多么开心！"成人通常只会在儿童产生不满时采取这些措施，但同样重要的是让儿童观察到他们的亲社会行为对他人产生的积极影响。不管何种情况，以下都有一些步骤可以帮助儿童积极地考虑到他人的感受。

首先，通过注意和倾听来帮助儿童认识和理解正在发生的事情。可尝试用以下提示引导他们：

"看看她的脸和身体。"

"听听她说了什么或做了什么。"

"问问她的感受。"

其次，帮助儿童描述和标记另一个孩子的反应。通过这种方式，两个孩子可以创建出共享语言，以便在将来发生冲突时调用。这个过程中所涉及的理念既包括维果茨基的鹰架结构，也包括"语言是实践活动工具"的概念。

发展儿童换位思考和共情能力的策略

就像"三层蛋糕"模型一样，教师可以在三种情境下鼓励儿童发展换位思考和共情能力：

◆ 在教室里的日常生活中模拟成人对儿童或儿童对成人在换位思考和共情方面的互动。

◆ 将儿童在换位思考和共情方面的学习与实践作为课程计划的一部分。

◆ 鹰架可以在儿童需要换位思考的情况下指导儿童。

在第八章和第九章中，我们将探讨儿童为实现冲突解决与和平创设所需要的各种学习活动。

> **讨论和进一步阅读**
>
> 如果你观察到幼儿表现出换位思考和共情能力，那么你的观察结果与我们在第五章和第六章中探讨的儿童认知和社会发展的各种理论（Piget，Kohlberg，Damon，Gilligan）有什么关系？鉴于此，你可能还需要阅读一些其他书籍（Lilian Katz，David Elking，Alfie Kohn，Margaret Donaldson）。

在教室中界定民主

教师可以采用民主的方式与儿童一起商定教室中的决策，此举可以帮助儿童发展换位思考和建立共识的能力。在班级会议中，儿童有机会听取和思考不同的想法和观点，在此基础上可以做出让大家都满意的决策。例如，生成教室规则、选择教室宠物的名字、确定学习小组的名称或解决已出现的问题。

"民主"在教室中究竟意味着什么？是尊重所有成员的权利或所有人都可以参与决策，还是强调投票和"少数服从多数"？"民主"是否意味着"我们都投票，如果你所在的一方得票更少，那么你就失败了"？这是否意味着为了达成共识，各方都有发言权，并且所有成员的意见都应被听取？（在此可对希腊早期的民主进行一些研究，这里的民主不是指共和政体中的代议制民主。）儿童可能认为投票是赢家和输家的竞争，而并没有意识到这其实是在没有共识的情况下做出决定的一种方式。在儿童的关怀型教室中，教师可能更倾向于一种目的在于建立共识的民主形式，在这种形式下，大家一起商讨出的普遍认同的替代方案可取代投票这一方式。

> **实 践 应 用**
>
> 想想儿童如何通过自己在幼儿时期以及在家庭和社区中的经历来建构民主理念：
> - ◆ 在你的教室中是怎样进行决策的？
> - ◆ 儿童在课堂外看到和体验的建立决策的方法是什么？

> **教师谈论到应用"三层蛋糕"模型的关怀型教室**
>
> "在今年年初,我们讨论了尊重和允许所有学生拥有学习权利的重要性。我们根据类别生成了一个规则列表,他们通过创建和签署列表获得所有权。我让学生们通过共同努力、相互信任、相互帮助和分享来学习合作。我觉得在个人层面了解学生是至关重要的。在每个星期一的早上,我们会花20分钟到房间里转一圈,并谈谈我们的周末。这让我了解到他们在生活中发生的事情,我可以在未来参考这些经验。我也经常告诉他们我在周末发生了什么事,所以他们觉得和我很亲密,这可以让他们在另一个层面与我产生共鸣。"

和平创设和冲突解决的教室环境

教师对教室环境的决策将会影响一个关怀型教室的建立。儿童的日常生活会受到教室中的社会环境的影响——分组、日程安排、活动安排、教室规则、角色分配、教室中儿童和成人的数量,以及儿童对参与同伴游戏和同伴团体的渴望程度。物理环境也起着一定的作用(包括房间布置、区域划分、材料的数量和类型、噪音水平、集体和个人空间、颜色和光线以及墙壁空间)。我们将在第八章和第九章中更多地关注特定年龄儿童的环境。

☐ 评估物理和社会环境

以下是评估教室环境中关于关怀性与和平创设方面的一些细则。在第八章和第九章中,这些条目可以作为一个评估你所在的教室环境的检查表,我们将着眼于不同年龄组的具体环境。

- 检查反复出现的冲突,查看是否存在特定的区域、时间或活动类型,以导致冲突的频繁发生。仔细观察,看看有什么情况或环境在推动冲突的发生。
- 为防止持续的、非结构性的冲突,请确定冲突的趋势和模式,并做出改变。
- 考虑到儿童的年龄适宜性及响应文化方面的期望，让儿童在分享材料和空间时进行协商。
- 观察活动的时间和过渡环节是否会导致压力。

两个教室：分组的儿童

教室一：据观察者反映——"这个教室里的学生总是和同一个或两个人在一起。这使得他们处在最小的互动环境中。当被教师要求一起合作时，这些儿童会发生很多冲突。"

教室二："我经常以不同的方式改变教室中的学生分组情况。每个月我都会调整座位安排，这样学生就有机会坐在不同的桌子上，一整年都和不同的孩子在一起。我还会在每周为我的学生分配搭档。他们的搭档是进行实地考察时，和他们一起走路、一起排队、一起坐公交、一起玩合作游戏的人。因为这些搭档经常变化，所以每个人最终都和其他所有人成立了搭档关系，教室就变成了一个非常统一的集体。他们会发展彼此之间可能没有机会发展的关系，他们学会与各种不同性格的人一起工作。在星期一的早上，当我的学生走进教室时，他们首先要做的就是跑到黑板前，查看自己本周的搭档是谁。女孩和男孩、高个子和矮个子学生、害羞和外向的人每周都混合在一起，因此会产生独特的互动。虽然这个换位体系对我而言需要额外的时间，但是它的好处是值得付出努力的。"

☐ 观察并做出改变：教师近距离地仔细观察

除了发展积极的社会环境，教师还可以创造物理环境以促进儿童之间的和平互动。近期，一些教师和早期儿童专业人员针对物理环境开展了一些研究，他们花时间观察幼儿，并仔细检查其教室里的物理环境。最终，他们发现了一些引发冲突的区域，以及一些推进和平相遇的区域。以下建议是基于他们的观察和针对物理环境做出一些改变后提出的。

以和平创设为目的建构教室

区域划分 在房间布置上给儿童提供自由活动的空间,使他们不会碰到肘部和书桌,也不会拥挤或推搡。

面对面的座位 儿童有机会充分关注彼此并更自然地进行合作,而且能够在书桌小组中发展迷你共同体。

易导致注意力分散的活动的场地安排 一些运动和声音可能会分散他人的注意力,这些活动的场地通常会远离学习小组所在的中央桌子,而被放置在房间墙壁周围。除此之外,也可改变活动方式,使其以适当的非分散注意力的方式被组织。这可引导儿童有意识地在自己的工作中尊重他人。

合作活动区 有专门为儿童共同学习和工作而设计的中心,儿童可练习协作、问题解决和换位思考。作为课程学习目标的一个组成部分,这个合作活动区不是"当(或如果)你完成工作时才去做事情的地方"。

创设和平的区域 和平桌或和平角是儿童创设和平和发展冲突解决技能的宝贵场所,可在课堂内外使用。

改变教室环境的一些建议

- 评估教室中的活动(包括日常生活和材料的使用)。这些活动是鼓励竞争,还是鼓励合作?
- 让儿童参与教室决策(如房间安排、座位分配和过渡时间的活动安排)。
- 给儿童更多的时间来完成工作,或者寻找其他具有创造性的方法来减少儿童的压力和摩擦。
- 让儿童自身的需求得到满足,这样他们就可以自然地注意到并帮助满足他人的需求。

教师谈论到问题时间段及其解决方案

"幼儿园中的许多麻烦似乎都发生在过渡时间,特别是在清理积木区域时,每个部分离得很近,幼儿的脾气也很暴躁。在早餐和午餐后的非结构化时段,我们也遇到了一些问题。虽然有些问题(就像有些孩子比其他孩子吃得快得多)

是不可避免的，但还是有一些可行的解决方案。我在早餐后增加了更多的音乐和运动时间，这种新方法产生了神奇的效果。"

不顾一切

事实证明，在拥挤的环境中儿童也具有持久的亲社会特征。尽管环境不利于关怀他人和解决冲突，但关怀往往在儿童中蓬勃发展。一名观察者在长期观察一间教室后指出："教室里有游戏场地，通常设置了专门的游戏区。但是，每间教室的游戏区都没有足够的空间给每个孩子提供玩耍的机会，所以有推挤、推搡和频繁的冲突发生。因此，就由教师选择部分儿童去游戏区玩耍以减缓人数过多的情况。今天，在餐桌游戏区域，只有四名儿童被选中。当其他人都在玩时，一个小男孩躺在地板上。其他孩子只是在他身边走动。一个女孩在餐桌游戏结束后，走到他面前告诉他'你可以去我的位置玩'，然后他站了起来。这个女孩走到积木旁，坐在另一个独自玩耍的女孩旁边。后来，又有一个女孩加入她们并和她们一起玩。"

关怀型教室中的视觉环境资源

除了儿童创作的作品外，墙上的艺术海报也可以提醒儿童和成人注重关怀、尊重和包容。"教会宽容"方案可以为教师提供一个世界海报集（撰写本文时免费）。（Teaching Tolerance, 40 Washington Avenue, Montgomery, AL 36104）

第七章　创建一个充满关怀的教室"环境"

为每一个儿童提供具有包容性的共同体

☐ 响应文化的教室

正如我们在本书中所提到的，教室和其他早期儿童教育机构越来越多样化。这种多样化表现为能力、肤色、种族、语言、文化、宗教、家庭收入、家庭结构等方面的差异。在响应文化的教室中，物理、社会和学习环境欢迎并包容每一个儿童。在响应文化和具有包容性的教室中，所有的儿童都有归属感。

积极关怀教室是一个安全和具有包容性的共同体，它适合每一个儿童。教师们发现，在具有多样化的教室中建立关怀主要有两个方面的积极影响：一是通过与在某些方面与自己不同的孩子分享经验，儿童可以学习换位思考，以不同的方式看待世界。这种意识将有助于发展共同体的主动关怀意识。二是在关怀型教室的温馨环境中，不同儿童之间的相互理解和友谊更容易蓬勃发展。

下文会列举一些可以使关怀型教室变得更具包容性的方法。在下一节中，有一些资料也可用作参考，如斯泰西·约克（Stacey York）的《根与翼》（*Roots and Wing*），"教会宽容"项目（Teaching Tolerance Project）的《从小事做起》（*Starting Small*），以及路易斯·德曼－斯帕克斯（Louise Derman-Sparks）和A.B.C任务小组（A.B.C.Task Force）的《反偏见课程》（*The Anti-Bias Curriculum*）。在关怀型教室中，教师和成人会在许多有价值的书籍中找到关于响应文化教学的详尽介绍，其中一些书会在本章末尾列出。以下是对这些方法的简要概述。

一切从你开始

- 教师首先需要界定自身的文化身份和发展一种多元的文化视角。在试图了解他人的世界观之前，我们必须确定自己的世界观。
- 教师需要不断地对自身的偏见、假设、目标和行为进行反思。

培养对差异的尊重

- 教师可以鼓励儿童注意和欣赏自己的身体特征和他人的身体特征，以帮助其加强自我认知。使用镜子、自画像、"我是谁"猜测游戏（提供儿童的手或后脑勺的照片），或者人体彩绘，可帮助儿童达到这一目的（Teaching Tolerance Project，1997）。儿童可能会比成人更早地意识到肤色和能力的差异（Ramsey，1998；Van Ausdale & Feagin，2001；York，1992）。

- 教师应为儿童和成人创造机会，使他们可以处理与多样性有关的事情，并揭示与此相关的特殊事实（例如说两种语言的能力、美丽的肤色和独特的文化传统）。教师可以在此基础上引导儿童讨论并公开传达重视多样性的观念（Teaching Tolerance Project，1997）。

- 教师必须在家庭和学校之间建立文化连续性，支持儿童在家里说母语，为家长提供有意义的主题使其开展研讨会，并鼓励他们邀请家人一起参与讨论。

- 教师需要考虑座位安排、分组或团队中的性别偏见。确保教室中的材料是非性别歧视的，不允许基于性别的排斥或嘲笑，并鼓励使用非性别歧视语言（Pollack，1998；Ramsey，1998；Teaching Tolerance Project，1997）。

- 教师应评估课程、活动、书籍和其他材料，确保其具有多样性。要批判性地评价关于偏见和刻板印象的书籍和材料（Derman-Sparks，1989；Ramsey，1998；York，1992）。

选择合适的儿童文学作品可以帮助儿童学会尊重差异。

面对偏见和歧视

- 教师应积极应对教室内发生的伤害事件。当儿童由于种族、性别、文化、阶级、残疾或语言而被排斥在外时，教师应该进行干预。除此之外，教师还应纠正儿童对某些事物的曲解：当一名儿童使用种族称谓时，要确定该儿童是否了解该词的真正含义，并向其解释该词是伤人的（Ramsey，1998；Teaching Tolerance Project，1997；Van Ausdale & Feagin，2001）。
- 教师需要回应儿童关于差异的问题，而不是回避讨论（York，1992）。
- 教师可以与幼儿一起采取积极的行动（Derman-Sparks，1989；Roberts，2002）。"教会宽容"项目将此描述为"培育正义"（1997），并建议实行对学校或社区有意义的方案（如修建当地的养老院和无家可归者的收容所）。

对共同体的建设和不同肤色人群的肯定

视频：成人和儿童最喜欢的学习体验是使用多种肤色颜料来找出自己的皮肤是什么颜色的。《从小事做起》的视频中（Teaching Tolerance Project，1997）有一段内容与儿童对肤色的认识相关，他们认为班里没有所谓的"白人"或"黑人"儿童。他们喜欢通过混合和匹配人体彩色涂料来找到自己的肤色。有些是"桃红色"，而有些则可能是"浅黄褐色"和"焦黄色"或"琥珀色"和"红褐色"的混合色。

教师学习：在观看视频后，一群教师很兴奋地想要做些尝试。与儿童一样，教师也作为一个群体来分享他们的经历，打破旧观念和相互联系的标签，肯定自己和他人的独特之处，并歌颂他们的差异和共性。

儿童学习：H太太在教师组里体验人体彩绘项目后，将这一活动带入了幼儿的教室。她开始给儿童读一本关于罗莎·帕克斯（Rosa Parks）的图画书。孩子们纠正了H太太，希望她不要读"黑人"和"白人"这样的词，而是使用"奶油色的人"和"棕色皮肤的人"这两个词来代替。

> **教师向儿童学习**：H 太太在接下来的一周带着她的故事回到了教学组。按照儿童的示例，教师们讨论后采用了这种新语言。他们发现"奶油色"和"棕色皮肤"不仅听起来更准确，还抛下了伴随旧标签的刻板印象和偏见的包袱。

☐ 关怀和护理有特殊需要的儿童

在关怀型教室中，所有的儿童都会以"关怀者"和"被关怀者"的身份参与各种相遇情境。我们发现，成长中的儿童通常有机会成为有特殊需要儿童的"关怀者"。全纳教室是可以培养儿童对他人的需求产生注意的地方。

> **一名教师的观察记录**
>
> "当患有唐氏综合征的儿童参加所有的学前游戏和日常活动时，其他儿童似乎对他们特别耐心并乐于帮助他们。
>
> "例如，孩子们通常非常严格地遵守'只允许四个孩子在阁楼里'的规则。但是当 4 岁的患有唐氏综合征的凯瑟琳爬上楼梯并加入其他四个孩子时，他们允许她留下来。有一天在阁楼里，凯瑟琳正在给纳塔莉戴遮阳帽。纳塔莉什么也没说就把它摘下来了。凯瑟琳给她戴了两次遮阳帽。每次，纳塔莉都会一言不发地将它摘下来。在其他时候，孩子们也经常会帮助和照顾患有唐氏综合征的同学。克里斯托弗经常在讲故事时坐在凯瑟琳旁边并陪她去洗手间。在另一间教室里，乔纳给凯莉（患有唐氏综合征的孩子）带来一个娃娃，海迪在故事时间让凯莉躺在自己的腿上。
>
> "出于同样的原因，有特殊需要、发育迟缓和残疾的儿童也可能有机会承担'关怀者'的角色。教师强调能力重于残疾，可以努力寻找适合每个孩子的、参与关怀性相遇的方式。也许对教师来说，更重要的是促使那些把大部分经验花在被动接受他人关爱的儿童去主动地'关怀'他人。"

第七章　创建一个充满关怀的教室"环境"　　147

> **在全纳教室中建立关怀性相遇的策略**
>
> 每个人都有机会帮助他人并获得他人的帮助。为了让儿童意识到每个孩子都可以成为关怀性相遇的一部分，教师可以使用以下策略。
>
> 教师可以给每个孩子列出（或指示）以下四种方案，给尚未发展语言的儿童使用图片或符号表示。在教室里张贴这张列表以供所有人查看。
>
> ◆ 我擅长某些事
> ◆ 我可能需要他人帮助某些事
> ◆ 我能帮助他人的方法
> ◆ 向他人寻求帮助的方法
>
> 儿童和成人总会使用一种带有包容性的共同语言，例如："在教室里，我们……"

▢ "成为朋友"，在关怀型教室中意味着什么？

在许多早期儿童教育机构中，成人会说"我们在这里都是朋友"。从这个意义上说，所有的儿童都会像朋友那样在关怀型教室中互相尊重和关爱，这种说法是正确的。然而，与成人一样，儿童确实更喜欢他们认为是好朋友的玩伴。当然，在关怀型教室中，有些孩子是朋友，有些则不是（主要表现为非朋友同伴关系）。在第九章中，我们将进一步探讨有关接受和拒绝同伴的问题。

在本章的开头，我们发现了和平解决冲突的两个条件。第一个条件是和平解决冲突的愿望。这是容易且自然的，因为这种愿望极可能会在朋友和同伴文化下的天然盟友中产生。但是，那些非朋友同伴和其他不是天然盟友的儿童怎么办呢？他们可能在某些方面与大家不同。我们希望在一个响应文化和具有包容性的教室里，儿童将充当所有孩子的关怀者，与此同时，儿童的行动产生于自己作为关怀者的个体和关怀集体中一员的意识（Kohn，1991）。

帮助儿童将自己视为和平缔造者

我们已经讨论了这样一个目标：儿童将自己视为善良和有爱心的个体，视为一个具有包容性的教室共同体的一部分。当儿童将自己视为善良和有爱心的人时，分享是一种自然且正常的行为，他们不是为了获得赞扬或回报（实际上是交换）。要避免宣扬这样一种想法："分享或帮助的理由——如果你给他铅笔，那么你就可以得到马克笔。"相反，一个孩子的共情能力的发展是自然而然的事情："我知道你需要铅笔，给你吧。"教师应该传达对每一名儿童都可以也应成为和平缔造者的期望。这是一种具有包容性的、非精英主义的做法，意味着该教室中的人作为一个共同体有共同的责任去解决冲突和创设和平。

像这些孩子一样，朋友们可以在关怀型教室中一起玩耍和建构新事物。

小 结

正如我们所看到的，教师可以为儿童提供共同语言以作为化解和解决冲突的工具，这一举措又为形成一种关怀他人与和平创设的文化奠定了基础。在早期儿童教室的背景下，我们提出这样一个问题："我们能否创造一个具有关怀性的环境，正如麦金尼斯（McGinnis）在本章中所说的那样，让儿童拥有解决冲突的愿望和工具，并承担起和平缔造者的角色？"

第七章 创建一个充满关怀的教室"环境"

补充材料

研究重点 / 教师作为研究者

你可能有兴趣阅读莉萨·戈尔茨坦（Lisa Goldstein）于1998年发表的文章《不只是温柔的微笑和温暖的拥抱》（*More than Gentle Smiles and Warm Hugs*），并开始观察和记录儿童互相照顾和被他人照顾的行为。你甚至可以设计行动研究方案并进行调查：如果你召开过关于关怀主题的班会，或者阅读和讨论过关于关怀的故事，那么儿童是否会更加频繁和有意地做出关怀性行为？

Goldstein, L. S. (1998). More than gentle smiles and warm hugs: Applying the ethic of care to early childhood education. *Journal of Research in Childhood Education*, 12, 244–261.

应用练习

1. 两人一组，思考帮助儿童将自己视为一个具有关怀性的个体的策略。你能在当下的环境中做些什么？

2. 你在课堂上使用了哪些具有尊重性的文字和短语？（例如在第五章中教师说："做一个更强大的人，这需要一个大人物才能做到。"）

3. 现在我们已经了解了"三层蛋糕"模型的每一层，你认为蛋糕应该是三层一样大（大小相同），还是基底大于中间，中间大于顶层？

4. 你能想到另一种图示来代替"三层蛋糕"吗？一些建议包括：同心圆，如嵌套生态系统；三角形，如马斯洛需要层次理论；倒三角形……这些图示是否与特定的理论观点相契合？

5. 列出在你的教室环境中有利于建立亲社会行为和关怀型共同体的方面（积极方面），以及那些可能增加冲突的方面（消极方面）。你发现模式或趋势了吗？

对每一个儿童的思考

1. 《从小事做起》的视频向我们显示了儿童和教师使用"人体颜料"进行教室共同体建设，他们还为学校建立了一个轮椅通行无障碍的斜坡。在你的教育机构中，这些活动的"可行性"如何？你可以做些什么来使这些活动成为可能？

2. 包容性和能力：重新审视你所建立的环境。它在接纳每一个儿童上是否有障碍（身体或其他方面）？

3. 儿童会从环境和其他人那里获得社会性暗示。在你所处的环境中，尽量帮助儿童理解他们所给予和接受的社会性暗示。让儿童互相解释他们在彼此的交流中看到了什么。

有关教学多样性的资源

Byrnes, D. A., & Kiger, G. (Eds.) (1992). *Common bonds: Anti-bias teaching in a diverse society*. Olney, MD: Association for Childhood Education International.

DeGaetano, Y., Williams, L. R., & Volk, D. (1998). *Kaleidoscope: A multicultural approach for the primary school classroom*. Upper Saddle River, NJ: Merrill/Prentice Hall.

Delpit, L. (1995). *Other people's children: Cultural conflict in the classroom*. New York: The New Press.

Derman-Sparks, L. (1989). *Anti-bias curriculum: Tools for empowering young children*. Washington, DC: National Association for the Education of Young Children.

Kozol, J. (1995). *Amazing grace: The lives of children and the conscience of a nation*. New York: Crown.

Ladson-Billings, G. (1994). *The dreamkeepers: Successful teachers of African-American children*. San Francisco: Jossey-Bass.

Lynch, E. W., & Hanson, M. J. (1992). *Developing cross-cultural competence:*

A guide to working with young children and their families. Baltimore, MD: Paul H. Brookes.

Neugebauer, B. (Ed.). (1992). *Alike and different: Exploring our humanity with young children*. Washington, DC: National Association for the Education of Young Children.

Swiniarski, L. A., Breitborde, M., Murphy, J. (1999). *Educating the global village: Including the young child in the world*. Upper Saddle River, NJ: Merrill/Prentice Hall.

Teaching Tolerance Project. (1997). *Starting small: Teaching tolerance in preschool and the early grades*. Montgomery, AL: Southern Poverty Law Center.

York, S. (1992). *Roots and wings: Affirming culture in early childhood programs*. St.Paul, MN: Redleaf Press.

> **注：**南部贫困法律中心（Southern Poverty Law Center, 400 Washington Ave., Montgomery, AL 36104）每年向教育工作者免费发送两次有关宽容教育的邮件。详情请咨询相关网站上为教师列出的关于《从小事做起》的教学方案（Starting Small Teaching Kit）和其他免费资源的清单。

第八章

建立关怀和解决冲突的课程：幼儿园和学前班

"帮助他人是我们的教室中不变的主题。"

目标： 随着继续建构"三层蛋糕"模型，我们将看到教师和护理者如何为亲社会互动和冲突解决创造学习环境。第八章和第九章将描述蛋糕的中间层，即课程活动、课程材料和日常活动。通过这些活动，儿童会学习有关解决冲突的意识、策略和行为，以避免破坏性冲突并解决他们的建设性冲突。第八章将讨论学龄前两个年龄段的幼儿（2—3岁、4—5岁）的发展需要和特征，以及一些适合他们的课程。第九章将重点关注小学阶段的6—8岁儿童。每章所要关注的重点是：课程应具有响应文化的能力，并满足有特殊需要、发育迟缓和残疾儿童的需求。第十一章将扩展家庭与课程的联系。

理解儿童并帮助他们学习

☐ 与冲突解决有关的儿童发展

对2—3岁和4—5岁的儿童了解到什么程度，我们才可以理解和指导他们发展冲突解决的能力？

冲突解决与儿童所有的发展领域相关。在这一点上，我们将具体探讨发展的某些方面如何与儿童日益增长的冲突解决与和平创设的能力相关。本书并不试图对幼儿的发展进行全面回顾，这在许多书籍中都有描述。作为早期儿童教育的专业人士，我们面临的挑战是如何运用我们从研究和经验中得到的与儿童有关的知识，以及在仔细考虑儿童的个体发展和气质差异的情况下，指导他们不断提高冲突解决的能力。

第八章　建立关怀和解决冲突的课程：幼儿园和学前班

☐ 儿童在解决冲突时需要什么？

在为儿童准备环境和课程时，我们希望儿童发展冲突解决与和平创设的能力达到什么程度？我们在前面的章节中已经提及，为了解决冲突，儿童需要具备以下特质：

- 共情和换位思考
- 能够生成可替代性解决方案
- 真正的沟通能力
- 自控
- 善良和同情
- 协同与合作

☐ 教室中的决策如何有所作为？

我们在教室中的决策如何有所作为？其实，教室中的环境和与冲突解决有关的课程可以促进上述特质的发展。在计划课程和"隐性"课程中，教师都有机会将有关冲突解决的学习纳入课堂。早期儿童教育专业人士已经或即将实施大量的策略。许多教师和护理者正在做的正是本书所要阐述的事情。有些人正在做这些事，但可能想要微调或进行调整。其他人可能想要添加全新的策略。对于教师来说，重要的是向儿童明确说明学校日常生活中的哪一部分和亲社会能力相关。

例如，在肉色的纸上描摹儿童的身体来制作真人大小的人体肖像，这是教师们在学年初经常组织的一项活动。不要让教师一次画一个儿童，而是让孩子们互相描摹，一起上色，仔细地观察对方的外表。在教室周围展示这些真人大小的肖像，如果有空间，甚至可以使用一张长纸进行展示，因为大家都是共同体建设者。在这次合作活动之后，儿童和教师可以一起庆祝共同体教室的这种视觉表现方式。

这两章将提供一些想法，但它们只是我们能够做的一些事的皮毛。你将发现有很多策略是你已经想到的，尽管你可能还没有意识到其中包含了冲突解决方面的内容。许多游戏和活动都是你在学校、社区、童子军、营地的亲身经历中所熟悉的，在某些情况下，你也可以从工作场所的信任建设和团队建设课程中学到。当然，这些活动有许多变体。在某些情况下，如果游戏或活动来自特定的资源，那么该资源将被包含在本章内。

为了扩大策略储备，首先要看你在做什么，并考虑如何将你目前的活动重新集中于冲突解决与和平创设。然后从包含许多活动的书籍中寻求灵感，添加新的策略（附录中列出了一些策略）。

游戏如何帮助解决冲突？

儿童可以从适当且精心策划的游戏中学到很多东西。游戏目标包括以下内容：

- 合作
- 沟通技巧
- 身体意识
- 自尊/肯定
- 利他行为
- 建立共识
- 产生替代品
- 换位思考
- 趣味

如何适应竞争性游戏？

许多成人应该都记得小时候玩过的竞争性游戏。那些游戏，如躲避球（Dodge Ball）和《红色漫游者》（Red Rover），显然不符合上述游戏目标。竞争和展示身体优势在很大程度上是"老"游戏的一部分。在某些情况下，教师可能会认为像《红色漫游者》和躲避球等游戏根本不应该出现在他们的课堂上。在其他情况下，现有的游戏可能会被改编成亲社会游戏。一个著名的例子是合作音乐椅游戏，游戏的目的是让每个人都坐在越来越少的椅子上，而不是一个接一个地淘汰孩子。

通过使用上述目标列表，教师可以了解如何更改游戏，以便儿童可以一起努力实现一个共同目标。在与时间相关的游戏中，目标可以被设定成与时间进行比赛，而不是参赛儿童之间的竞赛。或者可以添加一个具有创造性的玩法：学生们能想到多少种不同的方法来越过终点线？在记分的情况下，全班能多快地达到100分？这样就确保了游戏并不总是因儿童的体型或身体素质而决定成败，游戏的结果也不一定是外在的奖励。

2—3岁儿童

2—3岁儿童的发展特征

寻找他们在世界上的定位

关于2—3岁的儿童，需要了解什么以帮助我们理解和指导他们发展冲突解决的能力？本节内容从2岁儿童开始，因为这时他们与同龄人的互动开始在生活中发挥作用。在本节中，我们将探讨2—3岁这一早期儿童时期，在这一时期，幼儿发育的范围很广且发展迅速。在这一年龄段，幼儿在各个领域都经历了巨大的成长（从婴儿成长为学龄前儿童），他们的精力和协调能力使其能够适应这个世界。

与2—3岁幼儿冲突解决策略相关的主要发展特征是，幼儿对自我和他人认知的快速增长，以及与他人交往和沟通能力的快速增长。我们的施教、学习和关怀策略支持发展所关心的问题。因此，观察儿童每天的成长状况至关重要。（这是你练习在第三章中学到的观察工具的另一个机会。）了解每一个孩子是比熟知不同年龄阶段儿童的发展或其他指导更加重要的因素。

认知／语言发展

儿童在2—4岁期间会表现出极强的语言能力。其词汇量在20个月时大约为40~50个，而在6岁时可能达到14000个（Puckett & Black, 2001）。儿童需要同时发展表达性语言和接受性语言，以便他人了解自己的需求和偏好，与此同时，他们也需要理解成人和同伴的语言。在日益复杂的互动环境中，2岁和3岁的儿童在与同龄人的互动中仍然依赖非语言交流。儿童通过社交中的互动学习理解因果关系。在2岁时，他们就开始玩早期象征性游戏，使用逼真的玩具和道具简单地表现

两个小朋友很亲密地在一起游戏，这可以显示出身体/运动的发展及其对他人的认知。

物体和使用象征性动作。对儿童来说，更复杂的想象游戏则在3岁左右出现。

身体/运动发展

儿童大肌肉动作和精细动作的发展在快速增长，他们有更多的机会接触周围环境。2—4岁的幼儿协调性增强，对身体运动的控制增强，意外碰撞的情况减少。在运动游戏中，两人可以跳起来以非定向的方式投球，并停止滚动的球。3岁幼儿能够以有针对性的方式投球，避开障碍物，并随时停止行走或奔跑（Puckett & Black，2001）。

社会/情感/道德发展

在学龄前阶段，儿童的社交能力也在不断涌现。儿童正在发展更高级的社会认知，包括自我认知、对他人的认知，以及对自我与他人关系的认知（Weiser，1991）。自我认知包括男性或女性的性别认同，这在3岁或4岁左右形成（Edwards，1986；Puckett & Black，2001；Ramsey，1998）。早在2岁或3岁时，儿童就开始发展性别角色认知，并逐渐形成对媒体、成人和同龄人标记为"男性"或"女性"的活动的偏好。早期对自我和他人、相似性和差异性的认知，主要表现在认识肤色、性别和能力的差异上。即使在早期学龄前阶段，也有证据表明，对残疾儿童的负面偏见正在形成（Edwards，1986；Van Ausdale & Feagin，2001）。

儿童在3岁时就形成了友谊，并开始根据他们对正确和错误的理解来做道德决策，正如我们在第四章中所看到的（比利对乔纳森说："不可以动手，这是不对的，你只能用说的。"）。随着对儿童的社会发展有更深的了解，我们发现2岁和3岁儿童之间有共情和关怀的迹象。儿童在2岁时会出现自我控制，在3岁时会发展延迟满足（Puckett & Black，2001）。在2岁时，儿童的社交游戏是孤独的，只能旁观；在3岁左右，儿童拥有了平行和联合游戏。

> **有多少理论支撑？**
>
> 在儿童冲突问题及其解决策略的背景下回顾这些理论。
>
> 埃里克森的社会心理发展理论：
>
>   自主—害羞和怀疑（1—3岁）
>
>   主动—内疚（3—6岁）
>
>   勤奋—自卑（6—11岁）
>
> 皮亚杰的认知发展理论：
>
>   感知运动阶段（0—2岁）
>
>   前运算阶段（3—7岁）
>
>   具体运算阶段（8—11岁）
>
> 皮亚杰的道德阶段理论：
>
>   前道德阶段（6岁以下）
>
>   他律道德阶段（6岁左右）
>
>   自律道德阶段（10岁左右）
>
> 我们之前已经提到过阶段理论的局限性。试着思考维果茨基、布朗芬布伦纳、吉利根和马斯洛的理论，可以帮助我们解释儿童在冲突解决方面的发展，这将进一步指导我们创建包含关怀性和冲突解决内容的课程。

2—3岁儿童因何争执？怎样争执？

2—3岁儿童的冲突问题

正如我们在第四章中所提及的内容，占有问题主导着这个年龄段儿童的冲突。物体占有问题比空间或规则引发的争端更常见。此外，还有一些冲突源于无意中的打扰（特别是2岁左右的儿童，因为他们正在忙着探索和接触周围的人和物体）。撞到或撞倒东西可能会引发抗议，然后引起对最初行动的回应。如果没有具体的问题，2岁或接近3岁儿童的意外打扰并不会经常发生。较大的3岁儿童可能处于更大的群体环境中，发生社会冲突的机会有所增加。在游戏区和日常生活中，儿童可能存在关于学校规章制度和社交游戏方面的冲突。随着儿童各个领域的快速发展,同龄人之间的发展阶段不匹配可能会阻碍儿童换位思考能力的提高。

2—3岁儿童的冲突解决策略

在2岁和3岁以下的儿童中最常见的解决策略是简单的语言坚持或非攻击性身体动作。随着儿童语言能力的提高,他们解决冲突的方式也在增加。在2岁和3岁儿童的群体中经常可以看到成人的密切监督,这意味着成人通常会介入以结束冲突,而不是引导儿童解决问题。他们通常会采用以下几种方法来解决冲突:分散注意力、把孩子们分开、提供完全一样或可替代的玩具。我们将在第十章中探讨成人干预,以及为儿童提供适当的鹰架结构和模型的方法。

> **教师的话:学会分享和保护**
>
> C女士是应用"三层蛋糕"模型的教师:"我的教室里有充足的材料,虽然它们有些陈旧,但可供孩子们随时使用。在工作时间内,孩子们有9个材料充足的区域可使用。这些区域分别是艺术区、感官区、面团区、积木区、操控区、写作区、科学区、戏剧区、书籍/安静区。我没有提供过多的材料,因为我觉得需要让孩子们了解材料的供应是有限的,保护它们是重要的。这也使得每个孩子都有充足的机会可以创造材料、回收物资,并与同伴进行分享和协商。"

合作型教室环境

在规划可促进儿童解决冲突和创设和平的环境时,教师应把建立关怀型课堂所需的要素(第七章)、对儿童需要的关注(可参考马斯洛的需要层次理论)及与发展和学习有关的因素纳入其中。通过这种方式,他们能够为教室的物理和社会环境做出规划。

2—3岁儿童的物理环境

房间的安排可以有所不同。幼儿需要干净的通道和空间,以确保在活动时不相互碰撞。他们需要在一个有吸引力但没有过度刺激或不杂乱的物理环境中一起玩耍或在彼此旁边玩耍。他们到教室里是为了与其他孩子一起玩，而不是玩玩具。教室里可以有一些视觉展示（如多语言标签、海报，以及孩子和小组成员的照片），但不要过度，主要应用于展示游戏中的不同儿童。

为2—3岁儿童准备的教室材料应该包括真实的玩具和道具，以促使他们在富有想象力的游戏中萌发新的表现形式、探索真实和有形的物体、照顾玩偶和毛绒动物玩具。除此之外，还应包括用于大肌肉运动和精细动作发展的玩具和材料。支持儿童培养对他人的认知和发展互动机会的材料主要为镜子、乐器、球和玩偶，相关活动主要为家庭游戏。3岁儿童还喜欢与同伴一起玩沙子和水以及建构类玩具，并参与其他能够让他们进行更多社交游戏的活动。早期儿童的环境创设需要为具有感官整合需求的儿童提供材料和空间。

无论是辅助/适应手段，还是主流手段，都可以为2—3岁儿童提供有价值的互动材料。材料需要是坚固且安全的，其目的是最大限度地减少成人对每项活动的持续监测。此外，密切地观察儿童游戏将有助于教师决定放置同一玩具和材料的数量。太少的玩具会触及儿童分享玩具和轮流玩耍的极限，但玩具数量的适度减少会给儿童提供分享和考虑他人的机会。在教室里添加宠物和植物也可以发展2—3岁儿童以及年龄更大的儿童"照顾他人"的能力。

2—3岁儿童的社会环境

在常规时间和过渡时间安排的活动要与儿童的发展水平相匹配，它们为儿童提供了强有力的学习机会，儿童可以观察成人的行为模式、练习如何使用平和与关怀的语言以及规范自身的行为。常规时间包括圆圈时间、零食和用餐时间、到园和离园时间。教师应灵活多变地回应来自儿童的信号，并带着合理的期望看待儿童，以减少其挫折感和不确定性，这会使儿童自然而然地关注同伴并与其互动（Collins McGaha，2000）。

规划对于2—3岁儿童来说至关重要。一日生活的节奏应该是平衡的，包括"需要休息的时间"。时间表应该与儿童的日常节奏相匹配，而不是成人的节奏。

2—3岁儿童的小组与更大一点的儿童的小组不同。教室里的标准配置通常是四个人组成一个小组。2岁的幼儿每次与一个孩子互动会更为成功。两个人而不是四个人的小组更适合这些年幼的学龄前儿童。

成人应在附近观察和引导儿童,尤其是在面对年龄很小的幼儿时。根据推荐的师幼比来看,需要很多成人在场。尽管这对儿童的安全和照顾很有帮助,但同样重要的是,成人与儿童的互动并不妨碍儿童与儿童进行有意义的互动。

语言是儿童环境的一部分。促进对人和物体的认识的词汇应被纳入规划好的学习活动及一日生活中。单词不仅代表物体,还可用于理解动作和感受,并且儿童可以听到并学习一种善良和充满关怀的语言。这种语言包括歌曲、故事、日常生活中的手势和多语言词汇。

教与学:课程模式与活动

课程模式

2—3岁儿童的课程可以通过全美幼教协会发布的儿童发展适宜性实践活动来指导,并由教育机构的工作人员进行具体的一日生活计划和长期规划。其他课程可以遵循已发布的课程(如高瞻课程、创意课程等)。不论具体的选择如何,致力于冲突解决与和平创设的课程都应包括早期儿童最佳实践活动的各个方面和基于儿童经验的教学,并通过触摸、观察和主动关怀,提供多种具体的学习机会。

学习冲突解决的小组活动

思维游戏的引入　当儿童在真实的情境中参与有意义的话题时,他们就在学习,并可以在安全、可接受的环境中探索各种可能性。在促进幼儿的社会性和道德发展方面,爱德华兹(Edwards, 1986)提出了思维游戏的概念,它可以帮助教师提供一种机会。下面将描述什么是思维游戏以及如何使用它。爱德华兹用皮亚杰式的提问建构了思维游戏的概念,但我们可以将理论框架扩展到维果茨基的鹰架结构和内化思想(可回顾第五章)。下面是对思维游戏的介绍。

为2岁儿童的思维游戏做准备　爱德华兹(1986)建议为3—6岁儿童创设思维游戏。对于2岁的儿童,我们应为思维游戏做好准备。教师可以使用书籍、图片或玩偶来提供一个儿童体验过的清晰而具体的情境。教师可能会问一个角色接下来会说什么或做什么。儿童可以通过指向图片、做出面部表情或动作以形成口头或非口头的回应。

3岁儿童的思维游戏

当孩子们互相问候和社交后，还能集中注意力和精力时，教师会在圆圈时间或小组聚集时进行思维游戏。在

玩偶可以被用于3岁儿童的思维游戏。

这些例子中，教师会使用木偶或玩偶来表达占有玩具的冲突。为了帮助孩子练习产生一种替代方法，思维游戏的问题可能是"他们可能会做什么？"，或者探寻一种后果——"为什么游戏？"（Crary，1984）

另一种适合3岁儿童的思维游戏则鼓励他们换位思考。在"生日商店"中，儿童被要求从各种物品中挑选一件作为送给爷爷、妹妹、阿姨或其他人的生日礼物（Edwards，1986）。

思维游戏

思维游戏是一种"为儿童提供讨论的故事情境"（Edwards，1986，p. 23）。这个故事向儿童展示了一个社会认知问题或认知冲突，他们被邀请进入一个安全、可接受的环境并表明自己的立场或说出自己的想法，儿童可能会面对内部困境或人际关系问题。这需要他们识别冲突问题，提出解决方案，并解释提出解决方案的原因。教师可以促使儿童在情境中探索更多的方面、影响和可能性。儿童对冲突故事情境的反应将随着年龄、发展和经历而变化。

组织思维游戏

教师可以从一个框架性问题开始提问。当儿童解释了他们对问题的最初反应时，教师可以继续提出一个具有引导性的"为什么"问题。跟踪调查以澄清、探索更多的问题或将问题扩展到另一种情况。

> 故事可以以不同的方式呈现：
> ◆ 小品、木偶、简单的道具
> ◆ 对孩子进行访谈
>
> 故事创意可能来自任何地方：
> ◆ 研究：皮亚杰关于打碎杯子的故事
> ◆ 真实或想象的故事（什么是友谊？谁是朋友？）
> ◆ 书籍：《凌乱的兔子》（*The Messy Rabbit*）中的主人公面临着一系列的冲突

合作游戏和活动

在教室里，许多针对2岁和3岁儿童的活动是他们发展合作和建立共同体的机会。使用儿童名字的歌曲和手指游戏会给予儿童一种认同感，也会激发他们对他人的认知，以及给儿童一种共同参与活动的感觉。语言游戏和简单的配对游戏适合2岁儿童。学龄前儿童在课堂上的戏剧表演同时包含个人的单独表演，因为孩子们会以自己独特的方式对一些活动做出反应。例如让儿童展示"快乐"或"悲伤"的样子，他们会用面部表情表达情感，或使用镜子来传递情绪。本章最后会附有一系列可帮助你开展合作活动的游戏清单。

关怀和社会性行为

当认识到儿童的共情在逐渐增强时，我们可以为儿童树立榜样，并建议其做一些可以代表他人的行为方式。社会行为的第一个也是最基本的形式是坚持善意和关怀，而另一方面要敢于坚持对抗不友善和偏见。如果儿童能够通过说"骂人是不好的"，或者像薇薇安·佩利（Vivian Paley, 1992）那样说出"你不能说你不会玩"来维护别人的权益，那么他们就会参与到社会活动中来。

4—5岁儿童

◻ 4—5岁儿童的发展特征

同伴导向和社会互动的增长

关于4—5岁的儿童，我们需要了解什么以帮助我们理解和指导他们发展解决冲突的能力？在本节中，我们将转向4岁和5岁的幼儿园儿童和学前班儿童。在这个年龄段，幼儿继续以惊人的速度成长（特别是在其对同龄人的定位、对自我与他人关系更明确的理解、对想象和游戏的积极参与方面）。在幼儿园和学前班时期，友谊和社交能力很重要。教师和护理人员应该考虑到这些新的发展问题，以规划教育、学习和照顾儿童。

认知/语言发展

随着认知能力的发展，4岁和5岁的儿童能够更好地理解他人、预测因果关系，并考虑不同的观点。凭借更强的交际能力和不断扩大的词汇量，他们也能够自己学习并理解事物。近年来，与社会性有关的戏剧表演对儿童发展领域做出了重大的贡献，并在蓬勃地发展。

准备好行动了吗？

对儿童而言，关怀和社会性行为必须是有意义、适合和可行的。

作为一名青少年志愿者，艾丽斯正在夏令营中与一群3岁的幼儿坐在一起，组织者已经决定所有年龄组的儿童都将开展关于"雨林"的主题活动。艾丽斯和孩子们一起坐在地板上，并告诉他们对热带雨林的生态产生威胁的事情。突然，孩子们站起来，朝门口走去。艾丽斯问："你们要去哪儿？"他们非常急迫地回答说："我们必须拯救雨林！"这些3岁孩子都渴望行动，但他们需要一些比拯救雨林更有意义和可行的事情。你会建议怎么做？

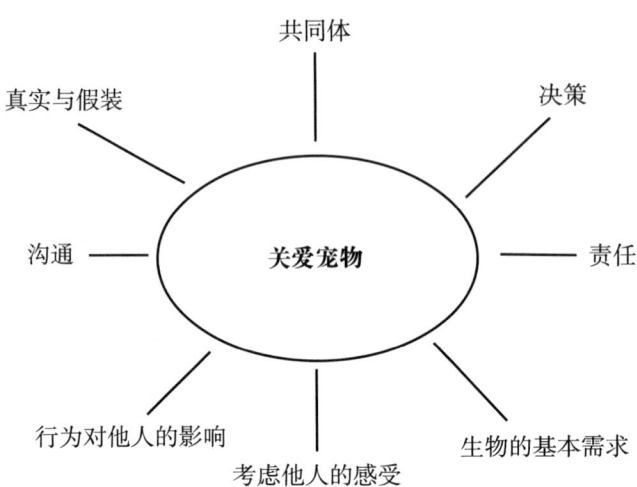

共同体：我们都要爱它、关怀它。

决策：我们需要就宠物的名字达成一致，并规划喂食、清洁笼子和周末家访的时间表。

责任：我们每天都需要记住它的需求。

生物的基本需求：住所、食物、水、安全和爱。

考虑他人的感受：什么可能会让它感到害怕？我们需要细心地照顾它，否则它会感到疼痛。培养养育能力：它很小，需要我们的照顾。

行为对他人的影响：如果我们不喂养或不细心照料它，它会怎样？

沟通：它如何告诉我们它需要什么？我们怎样才能表明我们爱它？

真实与假装：这不是毛绒动物。

此外，科学、数学和读写能力的学习也可以与养宠物相结合。

身体/运动发展

在身体/运动发展方面，儿童拥有更强的协调性和灵活性，并表现出极大的活力。增强的空间意识和身体意识可以让儿童穿过游戏区，而不会意外地撞到东西。在操场上，他们擅长骑行玩具，并且能够爬、扔和抓。他们喜欢非竞技性游戏和对音乐做出创造性反应。精细动作技能包括使用蜡笔、记号笔、剪刀、小型建构玩具和操纵材料。他们已经发展出许多自助技能，有时会过于希望摆脱同伴或成人的帮助而自己做事情，这就导致了冲突（Puckett & Black, 2001）。

社会/情感/道德发展

4岁和5岁儿童的社交能力越来越强。他们更了解自己的言行对他人的影响。在5—7岁时，儿童的性别一致性得到了发展。儿童逐渐熟悉性别角色和性别刻板印象，并且从成人那里学到了偏见和刻板印象，这可能会导致他们辱骂和排斥一些特殊儿童。基于共同的喜好、相互舒适的水平和理解，儿童会发展出社会偏好和友谊。他们会从同伴那里学习积极和消极的行为。在这个年龄段，儿童会在幼儿园和学前班发展同伴文化。与此同时，儿童间的合作游戏也在蓬勃地发展。

正如我们在前几章中所看到的，儿童的道德决策可能基于正确与错误、正义与公平的观念。他们接近处于道德现实主义阶段（他律道德阶段），即遵守标准和规则，并从行为的物理后果来判断一种行为的好坏，而不是根据主观意向来判断。在皮亚杰看来，道德相对主义（自律道德阶段）会在后期得到发展。根据卡罗尔·吉利根（Carol Gilligan, 1982）的著作及幼儿共情的事例，我们或许可以从另一个角度来看待儿童的道德理性。

与同伴相关的社会性能力

界定为三种综合能力

参与同伴小组

　　成功进入小组的策略

　　　　懂得如何与占主导地位的儿童沟通

　　　　保持接近

　　　　清楚规则

　　　　加入正在进行的游戏，而不重新改变玩法

解决冲突

　　使用理性和协商的冲突解决策略

> 维持游戏
>
> 　　冲突解决的策略
>
> 　　　维护角色
>
> 　　　　引导持续的互动（Gurainick，1994，p. 48）

▣ 4—5岁儿童因何争执？怎样争执？

4—5岁儿童的冲突问题

4—5岁的儿童之间存在着各种各样的冲突：不仅涉及对物品和空间的占有，还涉及与社会环境有关的问题。在更复杂的同伴游戏中，存在着关于群体进入、规则、友谊、优越性和社会习俗的问题。冲突也是游戏的一部分，因为在通过游戏理解世界的过程中，儿童会参与假装和真实的争论（Malloy，2002）。教师会观察到关于暴力和战斗的游戏主题。有关莱文（Levin）所说的"战争游戏困境"的更多信息，请参阅下文。

4—5岁儿童的冲突解决策略

年龄较大的幼儿园儿童和学前班儿童，具有更强的沟通技巧和他者意识，他们会使用更多的语言策略（包括推理、协商和说服）。在这个年龄段，他们拥有一个强有力的工具——"友谊威胁"。现在，儿童解决冲突的策略通常是制定替代解决方案、等待轮到自己的机会、寻求成人进行干预。策略还可能包括发起攻击性行为，因为儿童知道它可以是一种强有力的回应。如前所述，攻击性行为可能是工具性的，也可能是敌对性的。其他类型的攻击（意外型、回应型和欺凌型）前文已说明，但都包含一定程度的故意伤害。

> **儿童的暴力游戏**
>
> 　　当以暴力为主题的电视节目大量播放并不断重播时，孩子们很少有伤害他人的意图。尽管确实会发生意外，但成人关注的重点是儿童会通过暴力游戏学习世界是如何运作的，并开始定位他们在现实世界中的角色。成

人是想让孩子通过暴力游戏练习成为暴力的人,还是想让孩子开始把暴力看作一种正常的、可以接受的与他人互动的方式?

在第一章中,我们考虑了儿童生活中的暴力来源。媒体,特别是电视,一直是主要来源。莱文(Levin, 1998)指出,电视正逐渐以越来越现实的方式呈现暴力(从卡通动物的暴力转变为现实角色的真人演员的暴力)。教师可以选择消除所有的暴力游戏,限制暴力游戏,或允许儿童随心所欲地表演。在这三个选择中,教师明智地为儿童的游戏主题提供了替代方案。珍妮特·卡奇(Janet Katch)在《在死者的皮肤下》(*Under Deadman's Skin*, 2001)一书中,描述了她在幼儿园的课堂中与儿童一起制定的关于暴力游戏、暴力故事和暴力表演的规则:"不流血、不切断身体部位,也没有内脏外溢"。在你的教育机构中,你会怎样做?

❑ 合作型教室环境

幼儿园/学前班的环境为发展合作和建立共同体提供了许多自然的机会。充分利用这些机会将有助于儿童冲突解决与和平创设。(在第七章中,我们探讨了关怀型教室环境的要素;在第三章中,我们思考了观察周围环境的方法。)

4—5岁儿童的物理环境

4岁和5岁的儿童需要空间来适应其不断成长的身体和日益增强的能量,以及集体游戏的需要。房间的布置需要考虑不受阻碍的行进路线、儿童独处和小组活动的空间、材料的取放、游戏和工作区域的进出。除此之外,他们还需要能够找到安静的地方来"休息"。这个房间应考虑有特殊需要的儿童,致力于发展他们的独立性,减少其与同伴发生冲突所带来的挫败感。在幼儿园教室里,就像在学前班教室里一样,地面空间和桌子空间一样宝贵。

4—5岁儿童所使用的材料应包含用于想象游戏的非现实道具。教师可以通过共享材料和共同财产来创造协同与合作的环境。共享的游戏空间包括两个轮胎秋千、并排的画架以及计算机前的三把椅子。创造合作的教室环境的关键词是"共同努力"。包括计算机在内的适应环境的设备将促进每一名儿童在具有包容性的环境中开展游戏和互动。教师必须仔细地评估和选择无偏见的玩具、书籍、艺术材料、计算机软件和视觉展示，以加强关怀和合作的主题。

教师的话：发生冲突的地方

"我很荣幸拥有一间大教室，里面有创造性幼儿园环境所需的所有区域：家政区、装扮区、积木区、绘画区、木工区、计算机区等。本周所有的冲突都发生在房间的一侧。家政区和戏剧区没有发生任何冲突，而计算机区、乐高区和积木区则有几个。然而，当思考冲突的本质时，它们几乎都涉及分享一些东西。在使用计算机时，大家争论最多的是时间；在玩乐高时，大家争抢的是一个最主要的乐高零件，因为它可以创造最酷的作品；而关于积木的冲突则涉及一名没有参与建造却拿着杰作的'残骸'的学生。在教室另一侧的学生冲突较少，但也有许多问题值得讨论。房间的另一侧正在进行的活动有搭建房子、表演木偶戏和装扮游戏。我认为，这些活动的性质自然地导向了合作，而且他们拥有的材料数量充足。我们有足够三间教室里的孩子穿的戏服，足够整支军队所需的食品和厨房用品（游戏材料）。我认为这些多余的物品可以帮助缓解许多冲突，而儿童对装扮游戏的自然热爱也能够起到一定作用。"

问题讨论：将这位教师的方法与我们之前提到的 C 女士的方法进行比较，孩子们拥有多少材料是合适的？

4—5岁儿童的社会环境

4—5岁儿童在教室里的一日生活时间为创建一种冲突解决与和平创设的环境做出了巨大的贡献。每日常规的内容通常是，教师和同伴们对每个孩子说"早上好"并亲切地喊出他（她）的名字。每个孩子都和别人打招呼，每一天都从认识他人并得到他人的认可开始。这些真诚的晨间问候是一种相互关怀的交流形式（如诺丁斯所说），并强化了教室里的共同体意识。这种现象在一天中会重复出现，因为在日常生活中普遍存在着分享和合作的"其他"表现形式：吃饭、打扫卫生、脱衣服和穿外套等。

第八章 建立关怀和解决冲突的课程：幼儿园和学前班

> **瑞吉欧市属学校的邮箱**
>
> 瑞吉欧市属学校的孩子们使用邮箱进行日常交流，并以此来表达友谊和关怀。儿童经常通过给对方发邮件来互赠照片和留言。这一举措的目标是建设共同体和让儿童学会关怀，并且其结果显示这很容易使儿童刚萌芽的识字能力得到发展。

用儿童和成人的共同语言表达的对儿童的条约、常规和期望必须是明确的、一致的和有意义的。每天的一日生活安排和过渡时间是根据儿童的身体、社会和情感需求来规划的。充分开发的游戏时间能够促进儿童的社会性发展，并允许其更高效和充分地参与游戏。

教室会议是支持解决冲突和创设和平，以及加强教室共同体建设的另一种方式。儿童和教师会在班级会议上分享自己的奇遇和计划当天的活动，但也许更重要的是，他们会使用教室会议来做出教室决策，同意教室规则的建立并解决日常问题（Charles，2000；Charney，1992，2002）。卡奇所在幼儿园的儿童会利用班级会议来讨论关于暴力游戏的问题（2001）。他们制定的规则代表了儿童与教师之间的协商，得到了所有人的尊重。

> **教师的话：建立条约和常规**
>
> "条约和常规是由全班成员在晨间会议中制定的。我们有一套基于'尊重他人的理念'的规则。我们最近讨论了'我们需要什么来保证安全？'的问题。当有需要时，我们全班成员会重新审视这些规则。然后我们将讨论这个问题：'我们是否需要更改或添加某些内容？'"

由于师幼比较低，所以幼儿园和学前班的教师不再像陪伴2—3岁儿童那样直接和持续地出现在其身旁。此时儿童发展的更多的是同伴互动。然而，教师和儿童一对一互动以及与小组互动的机会很重要，教师可以通过绘画、积木和其他游戏来了解儿童的想法。这些对话给教师提供了一种方式以了解对孩子们重要的事情,并更多地了解他们的社交知识和情感需求。

> **教师应时刻准备着**
>
> 成人需要作为一个个体或站在群体的立场上帮助儿童,特别是当儿童处于危机和不确定的时期。这个情况可能是一场普遍的悲剧或个别儿童生活中发生的某些事情的结果。教师应该帮助儿童找到使其感到安全、让事情变得有意义的方法,并保证有人会倾听儿童的想法。

社会环境包括共同体所使用的语言,其特点是涵盖具有包容性的"我们"以及关怀他人的语言。就像2—3岁的儿童,他们练习并分享有助于解决冲突和创设和平的语言。教师可以帮助儿童在冲突发生前学习如何通过对话来解决问题。关键词和短语(积极动作短语和倾听的邀请)被纳入课堂文化,以帮助儿童直接与彼此进行沟通。第十章将对冲突解决的语言提出进一步的建议。(请注意,第四章中"对教师的启示"提到了鼓励言语和倾听,以及通过共享词汇传达共同的价值观和实践,以帮助儿童解决或最小化冲突。)

活动区和游戏区

在许多情况下,中心(学习、游戏或活动中心)是一天中最主要的事情发生的地方。即使在自主选择时间较少的幼儿园一日规划中,有些活动也可以在儿童所有的发展领域中发挥宝贵的作用,这其中就包括儿童的冲突解决。合作和冲突管理技能的培养场所如下。

- 戏剧表演区:儿童参与幻想和现实的游戏,使用开放式材料,采用多种角色和文化,并在社会性戏剧表演中体验共同决策和协商。正如我们所看到的,戏剧表演是儿童练习社交技巧的一种安全且有力的方式。
- 积木区:该区域不该成为性别隔离区。儿童需要协商该区域的"交通"和领地,并给出建设性决策。积木的附属价值往往会扩大游戏的规模。儿童可用标志来证明合作搭建积木的价值。
- 桌面玩具和操作性玩具区:放置多个孩子而不是单个孩子玩的玩具和

材料，可以促进儿童进行联合和合作游戏并分享解决问题的办法。

- 艺术区：儿童在艺术桌旁或在使用彩泥时体验对话。他们喜欢协同与合作的艺术（如团体壁画或雕塑）。他们共享材料（包括使用它们、分担清洁和护理的责任）。瑞吉欧市属学校的工作室和教室里都有与之类似的令人鼓舞的例子。

像这样的积木区提供了合作解决问题的绝佳机会。

- 图书区：儿童可以与书中的人物或情境进行内部对话。这种对话可以成为儿童与成人或其他孩子展开讨论的起点。在图书中心或图书角，儿童可以独自享受书籍，对他们正在阅读的内容发表评论，或者一起分享标准尺寸的书和超大开本的书。

- 计算机区：儿童使用计算机的机会逐渐增加，但并不是每名儿童都能拥有一台计算机。带有高质量软件的计算机可以为儿童提供谈判协商、轮流享有计算机和解决问题的机会。计算机可以为有特殊需要的儿童提供游戏体验，也可以为女孩和其他人解决公平问题。

- 户外游戏区：儿童拥有更多的同伴文化自主权。随着与成人的距离变远，儿童之间有了更多的协商与合作的机会。不容忽视的是户外假装游戏，其本身的玩耍方式往往与室内戏剧表演一样复杂。教师还应考虑暴力和非暴力游戏、包容和排斥游戏、对领土和物体的占有，以及对身高的戏弄和体能优越性等问题。

教与学：课程模式与活动

课程模式

以发展适宜性实践活动为基础的课程支持儿童解决冲突和创设和平。在这种情况下，特别值得注意的是：真诚的合作是从一起工作发展而来的。

方案教学 由丽莲·凯茨和西尔维娅·查德（Lilian Katz & Sylvia Chard, 1995）开发的方案教学是一种教学方式，让儿童积极地参与对其有意义的主题的深入调查。在成人的指导下，儿童会围绕该主题提出问题并摸索找到答案的方法。儿童不仅要学习这个主题，还要培养学习的能力和合作学习的意愿。方案教学强调以多种方式调查一个主题，欢迎不同的观点，并允许具有不同优势和能力的孩子都参与其中并尽自己的一份力量。

瑞吉欧·艾米利亚 受瑞吉欧市属学校启发的早期儿童教育方案分享了这种基于方案教学的学习。此外，该方案的指导原则为冲突解决与和平创设提供了强有力的背景支持。这些方案的价值观体现在：学校内部的共同体意识、学校与社区之间的共同体意识；儿童之间的合作、儿童和教师的合作、教师和家庭之间的合作；承认儿童的能力。在一段关于画狮子肖像的教学视频中，我们得知"孩子们知道共同工作是一件美好的事情"（出自：Reggio Children video, *To Make a Portrait of a Lion*, 1987）。

学习冲突解决的小组活动

思维游戏 4—5岁儿童的思维游戏可能比3岁儿童的更复杂。此年龄段的儿童在与其他孩子一起玩思维游戏时需要换位思考、倾听和提出合乎逻辑的论点。他们了解到自己所做或所说的事情与他人的行为有关。此时儿童会用自己喜欢的故事来面对《凌乱的兔子》中的困境——因为没有打扫房间，所以他可能会错过在马戏团里看小丑的机会［Nivola, C. A. (1978). *The messy rabbit*. New York: Knopf Publishing Group.］。另一个思维游戏是基于人们熟悉的皮亚杰的打碎杯子的例子（Edwards, 1986；Crary, 1984）。一个孩子在试图提供帮助时意外地打碎了几个杯子，而另一个孩子故意打碎了一个杯子。问题是：哪种情况更糟？每个孩子应承担的后果是什么？

激发想象力 4岁和5岁的儿童在富有想象力的游戏中更有经验，他们会使用木偶和角色扮演在安全的环境中探索社会性问题。书籍、图片和照片也可以用作讨论。艺术，尤其是戏剧，可以帮助儿童表达自己的感受，并"尝试"他人的感受。在故事剧中，儿童创造了故事的重演、建立和重述，有时还会重新改变故事情节或创建新角色。在一部简单的故事剧中，孩子们复述着"卖帽子"，用寥寥数语描绘了猴子们的骄傲的恶作剧以及小贩们的疲倦、惊讶、愤怒、沮丧和无奈。在一部更复杂的关于侏儒怪的故事剧中，儿童成为国王的顾问并面临着一个困境。

通过可以自由地成为其他人，以及注重个人创造性的诠释和即兴创作，故事戏剧能够有效地吸引在这方面有特殊需要的儿童。它还借鉴了许多文化中的情境和故事，并接纳了许多不同的声音（Brown & Pleydell, 1999；Carroll，个人谈话，2002；Saldana，1995）。

> **教师的话：使儿童懂得语言是如何伤害别人的**
>
> 一位幼儿园教师谈到了萨姆："这是一种可以清晰地展示我们的语言是如何伤人的方式。把萨姆介绍给你的学生，他是一个用公告板纸制作的真人大小的人。告诉孩子们萨姆来这里是为了教我们语言是如何伤人的。接下来，教师和孩子们一起在课堂上集思广益，回忆一些别人说的让自己感到愤怒、伤心、悲伤或受到贬低的话。（不允许使用带有侮辱性的'外号'。）我们称这些词为'皱纹词'，当这些词被写下来时，孩子们会上来把萨姆的一部分揉皱。当每个人都轮一遍后，可怜的萨姆已经皱成了一个紧绷的小球。然后我们讨论萨姆现在的感受。之后，我们询问有什么方法可以让萨姆感觉好一些。然后每个孩子都会想出一个'安抚词'，以帮助萨姆感觉好一点，就像抚平萨姆的皱纹一样。当所有人都把萨姆抚平后，我们再讨论他是否看起来像当初那样。当然不是，因为我们永远无法收回那些话语造成的伤害，我们只能抚平他们。虽然我们试图修复皱纹，但每一条皱纹都会留下痕迹。我们的结论是：撕掉和丢掉皱纹词，并保留安抚词。"

合作游戏和活动

音乐：唱歌、运动、演奏 你的班上有多少游戏和活动可以促进合作、关怀他人和创设和平？你是否考虑过舞蹈、运动和音乐，甚至烹饪和游戏？与节奏乐器一起唱歌和制作音乐的行为就是这样的活动。儿童可以选择唱歌、演奏、移动或拍手以作为音乐合奏的一部分。我们一起欣赏自己的声音和乐器的声音，一起倾听和庆祝我们共同创造的音乐。有时，这首歌甚至可能与他人、某些情感和创设和平有关。（你可以在有关歌曲的书籍、录音、和平创设／冲突解决的课程资源中找到想法。）以下是一些例子：

《和平缔造者》（*Peacemakers*）（也有其他与创设和平有关的歌曲、教育活动）

《我爱你，这是毫无疑问的》（*I Love You, There's No Doubt About It*）

《如果感到幸福，你就拍拍手》（*If You're Happy and You Know It*）（对于这首老歌，可使用面部表情来表达各种感受）

《自由人生》（*Free to Be You and Me*）

《音乐作品奇迹》／《马拉维拉斯音乐剧》（*Music Works Wonders/Maravillas Musicales*）（芝麻工作室：双语视频）

《多元文化儿童歌曲》（*Multicultural Children's Songs*），作者为埃拉·詹金斯（Ella Jenkins）

4—5岁儿童的游戏　幼儿园儿童和学前班儿童享受合作而非竞争的积极游戏。4—5岁儿童游戏的目的在于让儿童激励同伴并与同伴共同努力。降落伞游戏（如下文所述）是一项很好的活动，如果没有团结一致的团队努力，它将无法运作。在这类体育游戏中，孩子们能够培养信任并参与解决问题的体育活动。

以下可能是一些大家熟知的游戏：合作蜘蛛网、龙卷风、热与冷、合作音乐椅、三足赛跑的变形，以及背对背升降机。还有一些新游戏的例子：包裹朋友、这不是钢琴，以及回旋爬行动物。这些游戏的详细信息及其来源会在本章的末尾提供（Wichert，1989；Luvmour & Luvmour，1990；Prutzman et al.，1988）。

关怀和社会性行为

4岁和5岁儿童参与社会性行为可能意味着要为另一个人挺身而出。这一行为是重要的第一步，因为儿童开始认为自己是善良和有爱心的。教师应将社会性活动纳入集体体验，让儿童开始将自己视为一个善良和有爱心的共同体中的一员。

幼儿园和学前班的教学通常围绕主题进行。关怀和社会性行为可以指导这些主题和活动，并且可以在其中纳入友谊、合作、善良和共情的概念（Noddings，1995）。"共同体帮助者"这一主题实际上是关怀活动的变体，教师可以围绕"我们如何帮助他人"开展相关活动。这些活动可能涉及思维游戏、书籍、故事和日常生活中帮助他人的例子，戏剧中的关怀性角色（如兽医），以及以"儿童和成人如何帮助他人"为主题的班会。

正如第五章中所提到的，环境是另一个可以体现关怀的主题，这对教师来说是容易理解的，并且他们认同其具有深刻的含义。此外，它还隐藏在儿童的直接经验中。在没有直接和儿童谈论全球变暖和臭氧层的情况下，儿童会发现维持清洁的环境、给动物提供安全的家园、保护植物，并通过回收利用和仅使用他们需要的东西来节约资源具有重要的意义。儿童可以在学校或家里通过可行、易操作的环境方案进行下一步的社会性行动。

更多与关怀有关的例子和建议：作为"一切关于我"主题的替代方案，儿童和教师可以从今年开始以"一切关于我们"为主题，将重点放在教室共同体的建设上。该主题要肯定每个孩子，鼓励孩子之间的联系，并界定共同体的含义。代际活动为幼儿和老年人之间的相互关怀提供了丰富的机会。例如，在瑞吉欧市属学校里，年龄较大的学龄前儿童创作了一本书以欢迎新的孩子来到学校。

对儿童有意义的关怀行动：罐头食品引起的？

"这是我妈妈给我带的豌豆罐头。"为那些需要帮助的人提供帮助是一项重要的社会性行动。在一个充满关爱的教室里，儿童与他们所做事情的意义和重要性联系在一起，他们是积极的参与者。

三位教师对"帮助他人"的话

"我们每年在感恩节都会做的一件事就是制作写有每个孩子名字的'小手'，并在上面写下令他们感恩的事情。然后，当为有需要的孩子带来一副手套时，他们就将自己的'小手'从树上取下，然后将它们捐赠给各种组织。等到圣诞节时，我们的'手'树就变成了'手套'树。这在某种程度上是帮助他人的方式，而这往往是一件被忽视的事情。

"我们开发了一个'每月与他人分享'的方案，并从第一个月的分享一盒铅笔开始。我们给盒子贴上'分享铅笔'的标签，并向孩子们解释该盒子是为那些

> 需要帮助的人准备的。每个月我们都会做一个不同的方案。等到年底，我们会为学校和社区创办一个拓展方案——让儿童想出一个他们认为可以帮助他人的方案。
>
> "我认为，不管我们意识到与否，我们的学生都会记得——通过捐赠食物、玩具等，他们会改变别人的生活。我认为我们都有正确的想法，但关键是我们要持续地对想让儿童做的事情进行强化，然后让他们一遍又一遍地练习。也许它们会变得根深蒂固！也许他们会将自己所知道的东西传递给朋友或家人！"

每一个儿童

☐ 文化和语言

拥有文化多样性的教室有助于创造一个解决冲突的环境，同样，有利于解决冲突的关怀型教室环境有助于创造一个响应多样性的教室氛围。在本章中，我们会提到冲突解决课程中的文化意识和能力。对文化响应课程的进一步思考如下。

通过积极地结合每一个儿童熟悉和有经验的东西，可将多样性扩展到游戏和课程的所有内容——戏剧表演、积木、桌面玩具、艺术、音乐、书籍和户外游戏。教师应反问自己：设置的课程是"一面镜子，还是一堵墙"？（King，et al）因此，教师需要评估课程和活动的多样性，并评估带有偏见和刻板印象的书籍。有关评估工具和检查表的资源请参考拉姆齐（Ramsey，1998）、约克（York，1992）和德曼－斯帕克斯（Derman-Sparks，1989）的著作。

教师应在一个使孩子感到心理安全的环境中为每一个儿童提供交谈和分享的时间，鼓励其养成尊重和倾听他人的习惯，并意识到存在一种无须争吵但同样有效的说话方式。通过与儿童谈论差异，并为儿童提供讨论差异的适当方法，教师可以培养儿童的沟通技巧。教师应建立对语言多样性的理解模型，并将儿童的家庭语言元素融入课堂环境。

能力

我们已经提到了将每一个儿童纳入课堂环境的重要性，以及在相互关怀的相遇情境下将有特殊需要的儿童纳入课堂的重要性。对有特殊需要的儿童来说，尽管可能会出现一些困难（比如与同伴交流困难、缺乏对因果关系的理解，或者自控能力的发展不如同龄人），但是和同伴一起玩耍是很有价值的。（请记住，并非所有有特殊需要的孩子都会遇到同样的问题。每个孩子都有自己的才能。）

考虑到支持有特殊需要儿童的物理和社会环境以及环境和课程领域的各个方面，我们发现这些方面可以被调整以促进儿童与同龄人进行无冲突的游戏和学习。有特殊需要、发育迟缓、非典型发育和医学诊断发育不足的儿童可能需要额外的支持来发展社交能力（包括需要成人的干预来支持其游戏过程）。教师应与家庭和跨学科团队合作，并为每个孩子确定具体的支持策略。成人干预并推动游戏进程的目的是最终使游戏本身促进儿童的社会和认知发展（Campbell，McGregor，& Nasik，1994；Guralnick，1994；Linder，1994；Puckett & Black，2001）。

建立关怀型教室所需的资源

对材料的寻找、评估和使用

有大量的资源可专门用于教师和儿童的冲突解决与和平创设。本书中列出了许多书名，其他资源也可以很容易地被找到。与所有教学材料一样，教师应评估资源是否适合全纳环境下的每一个儿童的年龄和发展，还应评估资源的文化响应程度和实用性。本书的第十二章将概述冲突解决方案，并提出评估和调整这些方案的具体标准。上述资源中关于偏见和刻板印象的评估标准也是有助于我们评估冲突解决的材料。

教师也可以找到现有材料以支持冲突解决与和平创设，或者可以对其加以修改。在调整书籍或活动时，教师应该问："这些材料有哪些地方（共情、积极地解决冲突等）与关怀型教室不符？如何改变这些材料以适应关怀型教室的框架？"教师甚至可以让儿童参与改编："我真的很喜欢这个故事，除了狼对祖母不友善的那部分。你怎么看？你觉得我们怎样做才能让故事变得不一样呢？"

儿童书籍

书籍可用于说明和强化本章开头所列出的发展冲突解决与和平创设的那些特质。在高质量的儿童文学作品中，主角会表现出这些特质（*Swimmy*，Lionni）或直面冲突（*Peter's Chair*，Keats），它们为儿童提供了强有力的学习机会。你可能会发现某些作者［例如李欧·李奥尼（Leo Lionni）］，已经写了许多与社会主题相关的书籍，这些书被一遍又一遍地阅读，并且深受许多儿童和成人的喜爱。附录中列出了一些书籍（包括新书和备受读者喜爱的旧书），它们被分类为以下几个方面——换位思考、关怀、合作、解决问题、情感、友谊和善良。特别是，有些书以儿童冲突为主题。《本周中最好的一天》（*The Best Day of The Week*）是一本关于儿童冲突的书，它可以与教师的课程指南一起使用。教师的课程指南用书是《当情况紧急时：与孩子建立解决冲突的技巧》（*When Push Comes Before Shove: Building Conflict Resolution Skills with Children*），作者是南希·卡尔森－佩奇和黛安娜·莱文（Nancy Carlsson-Paige & Diane Levin，1998）。

更多关于关怀型教室中的游戏和活动

来源

这一节和表8-1中描述的游戏和活动都是经过很长一段时间的收集、发明和改编而成的。其中一些内容出现在多个来源中，而且很多都是与幼儿打交道的成人所熟悉的"传承"本领的一部分。以下资源是本书（第八章和第九章）中许多活动的灵感来源。《人人皆赢》（*Everybody Wins*）为添加游戏的活动性等级提供了模型。

Crary, E. (1984). *Kids can cooperate*. Seattle: Parenting Press.

Edwards, C. P. (1986). *Promoting social and moral development in young children: Creative approaches for the classroom*. New York: Teachers College Press.

Luvmour, S., & Luvmour, J. (1990). *Everybody wins*. Philadelphia: New Society Publishers.

Prutzman, P., Stern, L., Burger, M. L., Bodenhamer, G. (1988). *The friendly classroom for a small planet*. Philadelphia: New Society Publishers.

Wichert, S. (1989). *Keeping the peace: Practicing cooperation and conflict resolution*. Philadelphia: New Society Publishers.

合作活动

合作促进和平：合作方案有很多不同的变体，儿童可以在这些方案中加入自己对和平含义的表达——和平棉被、和平壁画、和平杆、和平网站或山上的和平卵石。

小组记录：将制作音乐或表演的想法扩展到录制教室活动的音频或视频。有很多方法可实现这一点——使用技术来捕捉声音、幻灯片和电影中正在发生的事情。孩子们可以录制歌声、音效和小组故事，以及舞蹈和戏剧。然后他们可以一遍又一遍地重播，享受共同体的努力。

合作水果沙拉/友谊汤：每个人都会在碗或锅里加点东西，大家都很享受。

游戏

真人拼图：孩子们平躺在地板上，胳膊和腿交叉在一起。然后他们站起来，四处走动，再回来，并试图再次做出和之前一样的拼图形状（Prutzman, 1988）。

暴雨：这是一个很传统但仍然深受大家喜爱的游戏。雨声从双手摩擦、拍腿、跺脚开始。噪音越来越大，直到暴风雨开始平息，声音又逐渐消失。可通过让整个组添加声音或让几个人添加一个与大家不同的声音来增加噪音。

寻宝游戏：这是另一个拥有很多变体的传统游戏。小组围绕教室或学校进行搜索，以寻找"容易找到的物品"或"难以找到的物品"。这款游戏可以通过寻找两类不同的物品来进行，避免将其变成一场比赛，从而使小组间的竞争最小化。找到所有物品的小组可以加入仍在寻找的其他组。

极速传递：参与游戏的人围成一个圈，可以转头看右侧的人并说出"呜"，也可以改变方向朝左侧的人说出"咦"。在每个人都"呜"和"咦"一次后，玩家可能会自发地改变方向（和单词）。尽量不要忘记说哪个单词！（Prutzman et al.）

降落伞游戏

可将下文提供的两个降落伞活动添加到你的游戏库中。尽管降落伞（圆形布）最适合龙卷风游戏，但如果你没有，可尝试使用大的床单。

龙卷风游戏（3—5岁）：让三个孩子背对背地坐在降落伞的中心。他们应该勾住彼此的胳膊并双腿交叉地坐着。每个拿着降落伞的人都会先走两圈，记住要紧紧地拉着降落伞。当数到三时，每个人都后退几步将降落伞拉向自己。这样坐在"龙卷风之眼"中的孩子们会旋转起来。

龙卷风游戏（6—8岁）：游戏采用同样的程序，但每次只允许两个孩子坐在中心。他们应该采取相同的姿势，背对背地勾住胳膊并双腿交叉地坐着。（8岁以上：较大的儿童可以用自己的重量来固定降落伞。因此，8岁以上的孩子应该一个人双腿交叉地坐在伞的中心。）

鳄鱼游戏　每个人都坐在地上，腿伸直，把降落伞举到下巴的高度。被选择成为"鳄鱼"的人进入降落伞下的"沼泽"。慢慢地，"鳄鱼"在沼泽地周围移动并轻拍另一只"鳄鱼"的脚，然后这只"鳄鱼"就需要钻到降落伞的下面。"鳄鱼"继续轻拍，直到每个人都在降落伞的下面。根据年龄层的不同，这款游戏可以睁眼玩，也可以闭眼玩。

小　　结

为幼儿创建一个充满关怀的教室共同体，首先要了解2—3岁儿童或4—5岁儿童的情况。2—3岁儿童正在世界上寻找自己的位置，并且依靠自己的能力越来越强。他们处于一个可以与同伴和玩伴分享物品的新世界。幼儿园和学前班里的4—5岁儿童对同龄人更感兴趣，他们有更多的精力、更丰富的交流方式，并对同伴间的共同玩耍和假装游戏更感兴趣。教师可以合理地组织社会和物理环境，以促进儿童在一个充满关怀的教室共同体中解决冲突和创设和平。

补充材料

研究重点

我们如何才能确定在帮助儿童发展社会性技能方面真正起作用的是什么？下面的这篇文章介绍了社会性技能干预计划的有效性研究——游戏课程和社会课程。找到并阅读该文章，了解更多评估方案的方法，并将研究结果应用到实践中。〔Kamps, D. M., Tankersly, M., and Ellis, C. (2000). Social skills interventions for young at-risk students: A 2-year follow-up study. *Behavioral Disorders*, 25(4), 310–324.〕

儿童接受的社会性技能干预包括：情感活动〔游戏（见表8-1）及结合拥抱、轻拍后背和击掌的歌曲〕，社交技能课程，关于分享、认同和帮助行为的模仿和角色扮演，同伴互惠的指导以及父母的支持。研究人员发现，此类干预对儿童的攻击性行为、离开座位的行为和负面言语产生了积极的影响，同时增加了儿童遵守纪律的行为和亲社会的同伴互动。

表8-1 关于和平创设和塑造共同体的游戏及活动：幼儿园和学前班
（游戏玩法的详情见附录）

游戏	年龄	小组人数	所需材料	活动性水平（1=最活跃）
柠檬汽水：团队哑剧（Luvmour）	4+	8+	无	2
爆米花球：所有"爆米花"组成一个大球（Luvmour）	3+	7+	无	2
向前滚动：摸着自己的双脚并成对地一起向前滚动（Luvmour）	3+	两两一组	无	2
合作音乐椅：没有人淘汰；所有的人都在剩下的椅子中叠坐在一起	3+	6+	音乐、枕头或椅子	2
寻找动物伴侣：表演一只动物并找到你的伴侣（Luvmour）	3+	8+	印有动物名字或图片的纸片	3

表8-1 （续表）

游戏	年龄	小组人数	所需材料	活动性水平（1=最活跃）
动物表演：动物哑剧（Luvmour）	3+	5+	无	3
回旋爬行动物：一条长蛇通过"肚子的力量"移动（Luvmour）	4+	5+	无	3
合作讲故事：每个人都为故事添加一部分故事情节	3+	5+	无（道具可选）	5
合作蜘蛛网1：在圈里来回滚动一团纱线，形成一个网	3+	5~10	纱线球或绳球	5
身体雕塑：可以以成对或团体的形式通过参与者的身体进行创造（Wichert）	4+	5~18	无	4
描摹朋友：在纸上描摹；适用于所有年龄段的儿童（Wichert）	3+	最多10人	大尺寸的纸、蜡笔	4
热与冷：群体一起通过反馈去寻找物体	3+	5~15	无	5
这不是钢琴：每个人都用自己独一无二的声音一起合奏（Wichert）	4+	5~12	无	4
包裹朋友：团队努力用纸或卫生纸对一个小朋友进行包裹；游戏以包裹纸被挣破而结束（Wichert）	4+	成人:儿童=1:8	大报纸、胶带	4
用毯子抛接球：每个人抓牢毯子去扔球；还有许多其他玩法；降落伞游戏	3+	6~10	毯子或床单、球	3
合作蜘蛛网2：每根被解开的纱线绳子的末端都有奖励	5+	6+	大量的纱线或绳子、每个小朋友的奖励	2
"最喜欢的事物"清单：小组清单包含每个人最喜爱的东西；了解我们的最爱是多么相似和不同	3+	不限制人数	用于画图表或做记号的纸或纸板	5

应用练习

1. 扩展你的活动和游戏库：
   - 找一本适合你所在教育机构的关于儿童冲突解决活动的书籍，并寻找新的游戏和活动。
   - 思考你已使用的游戏和活动，分析孩子们在学习什么。他们是在合作，还是在竞争？这些活动是否可以使儿童换位思考、合作、生成替代解决方案并一起工作？
   - 有哪些游戏或活动你可以进行改编或可以将有关冲突解决与和平创设的内容纳入其中？请尝试做出一些改变并看看会发生什么。

2. 选择本章中建议的一些游戏，并讨论它们如何帮助儿童学习冲突解决与和平创设。

3. 制订适合你所在的教室环境的空间计划，并考查人员数量、儿童独处和小组活动的空间、放置材料的区域以及进出游戏区和工作区的空间。

4. 调查你所在社区的代际方案或组织。在你的教室里试点一个方案，该方案会促进年幼的孩子和年长的人在一起相处。

对每一个儿童的思考

我们提到过，"课程应该是一面镜子，而不是一堵墙"（King et al., 1994）。从你班上每个孩子的角度来评估课堂材料和学习经验。你看到的是镜子，还是墙？你也可以使用反偏见课程和其他来源中的评估清单检视课程。

第九章

冲突解决的课程：小学阶段

"在今年年初，我们开展了一次团体建设，并讨论了'团体'这一概念以及团体成员之间应该怎样互相帮助。随后我们就确定了团体的名称，以便在今年剩余的时间内能够使用该名称。这个名称由一个褒义词和一种动物的名字组成。他们被称作'神奇的青蛙'，而不是'埃米特夫人的班级'。当我在休息时间想叫他们进来时，我就会使用这个名字，孩子们就会一起哼唱：'让我们出发吧，青蛙！'这些都能够帮助我们的班级像一个有着共同特点的团体团结地在一起。"

目标： 本章将继续建构针对6—8岁儿童（主要是在小学阶段）冲突解决与和平创设的"三层蛋糕"模型的中间层。接下来，我们将在本章中探讨有关课程活动、材料以及常规等一系列问题，以帮助这个年龄阶段的儿童进一步发展理解、管理和解决冲突的方法。我们将会持续地强调具有文化适应性的课程和材料，以满足有特殊需要、发育迟缓以及残疾儿童的需求。

理解儿童并帮助其学习

☐ 小学阶段的儿童：6—8岁儿童的发展特征

和上一章一样，在本章中我们将思考对于6—8岁儿童的理解如何引导我们支持其不断增长的解决同伴冲突的能力。另外，作为一个更加完整的研究的补充，我们将会选择一些儿童发展片段加以讨论。针对同伴互动和冲突解决，我们将看到一个不同于低龄幼儿的领域。审视一下小学阶段儿童的发展特征，我们也将会提出一个问题："现在在儿童的生活中什么是重要的？"

小学阶段儿童的发展特征

☐ 交朋友和推动事情进展

6—8岁儿童会发现他们的世界开始从家庭扩大到可以容纳更多的儿童和成

人，他们有了新的地方可以去、新的事情可以做。这个年龄段的儿童有了两件重要的事情："交朋友"和"推动事情进展"。交朋友和成为朋友圈的一分子是其生活中重要的一部分。儿童也意识到自己的身体和认知能力在不断地发展，并且他们喜欢去推动事情的进展。他们享受从制订和执行计划的过程中获得成就感。

友谊和同伴群体关系

和其他人交朋友与同伴群体关系密切相关。接下来，我们将讨论同伴从属关系、友谊（特殊的从属关系），以及群体接纳、群体拒绝和儿童社会性关系的不同方面。对于小学阶段的儿童来说，在同伴群体中获得的归属感比在家庭环境中获得的归属感更加重要。马斯洛需要层次理论中的基本需要就是对归属感的需要（参见图9-1）。对于这个年龄段的儿童来说，这种归属感的需要变得更加重要。在

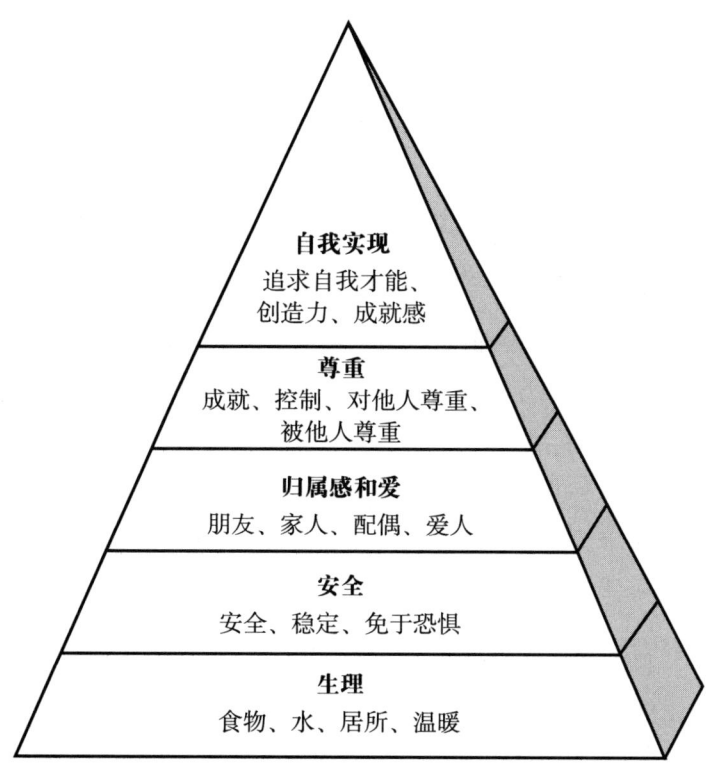

图9-1 马斯洛的需要层次理论

本书的第三章中，我们讨论了"儿童同伴文化"这一概念。与特定的同伴建立关系对儿童树立自我意识、尝试多种社会角色及练习与他人和世界建立联系的方法等很有帮助。儿童会通过询问"谁喜欢我？""谁和我喜欢相同的事物？""谁会和我做同样的事情？"（甚至"谁长得像我？"）来选择同伴。

儿童是如何界定友谊的？戴安娜·莱文（Diane Levin）认为，儿童一般会从性别、种族、阶级以及能力的共同点上开始发展友谊，然后友谊会在忠诚、共同的友谊史以及共情等基础上"上升到另一个水平"。另外，儿童的友谊模式也在"不断地发展和变化"（个人交流，2002）。

基本需要：生理（食物、水）
　　　　　安全（安全感、心理安全）
　　　　　归属感和爱（归属感、被接纳、爱情）
　　　　　尊重（能力、肯定、认可）
元需要：认知
　　　　审美
自我实现的需要（Puckett & Black，2001，pp. 426-427）

基于对归属感的需要，埃米特夫人通过将班集体称为"神奇的青蛙"来激发儿童的归属感。这种归属感也可以通过适合该年龄段儿童的活动（例如参加童子军训练、参与体育活动或加入俱乐部等）来获得。儿童可以因共同的兴趣爱好或收藏品而聚集在一起。因为大家彼此亲近或可接近，而且有着共同的兴趣，所以他们会自然而然地获得归属感。

同伴群体关系是有益于儿童发展的，也是小学生身心发展的必要组成部分。然而，如果这一同伴群体具有排他性，并具有性别、种族、能力和社会经济地位等成员身份界限，那么这个年龄段的儿童所获得的归属感也有可能是有害的。在这种情况下，儿童会遭遇阶级歧视、种族歧视、性别歧视以及基于能力或外貌的歧视。这将造成更大的潜在冲突（King et al.，1994；Van Ausdale & Feagin，2001）。正如稍后我们将会看到的，性别认同和性别角色行为的界定正在变得愈加清晰，并且会在更大的程度上决定同伴群体关系。

> **问题讨论**
> 性别归属何时会成为性别认同发展中具有适宜性的一部分？什么时候是不具有适宜性的？你对于"女生禁止入内"或"男生禁止入内"持什么态度？

能力感：埃里克森的勤奋对自卑

对于6—8岁儿童来说，最重要的一部分是日益增加的对胜任感的需要。儿童是有意识的，他们想要完成自己一开始要做的事情。换句话说，他们有一种带有目的性的生产力。在这一方面，埃里克森的"勤奋对自卑"的人格发展阶段很好地描述了小学年龄段的儿童。现在他们的身体和认知发展能够很好地支持这种能力。儿童能够更好地提前计划，并且有能力实施他们的计划。这些发展方面（即对勤奋、成就以及归属感的需要），对社会互动、冲突问题以及管理和解决冲突的方法有显著的影响。

认知/语言发展

当6—8岁时，儿童开始从前运算思维向具体运算思维过渡，他们的认知能力也在不断地发展。在儿童的思维向具体运算思维过渡的过程中，他们的记忆、换位思考以及概念获取的能力变得越来越强大。另外，信息处理理论也从更强大的记忆力和更多的反思方面描述了儿童的冲突解决能力。认知发展领域包括：逻辑—数学思维；守恒能力，这使得认知具有更多的灵活性和逻辑性；可逆性，这将有助于儿童发现解决问题的替代方法。总的来说，这个年龄阶段的儿童对社会生活的了解越来越多。在这个年龄段，同伴有助于儿童认知能力的发展以及社会性和情感的发展。同时，儿童对游戏、假装游戏以及规则的理解也变得更加复杂。游戏为儿童提供了享受和进一步发展问题解决能力的机会。6—8岁儿童的成长和发展有不同的时间表，他们对他人的回应会受其文化背景和母语的影响。儿童之间的发展差异可能会导致他们之间发生冲突。正如我们将在下文中看到的，这些因素显然都与新的问题以及在冲突策略和解决方面等新的能力有关。

这个年龄段的儿童语言发展的特点表现为会使用新的修辞手法、幽默（记得那些葡萄和大象的笑话吗？）以及具备撒谎的能力（Puckett & Black，2001）。他们能够在讨论和争论中更加清晰地表达自己，也能够更好地理解其他的观点。我们所提出的看法基于维果茨基和语言工具论的观点。在与他人的交流中，儿童能够理解更加微妙的暗示、意义的深浅以及表达情绪和情感的语言记录。他们还能够表现出元语言意识，即表现出思考语言形式和意义的能力。他们所掌握的词汇变得更加准确、精准，而且他们能够遵循常规的用法。然而，语言的规则以及修辞手法的使用是有特定文化背景的，它可以帮助我们定义同伴和家庭文化。小学生（包括幼儿）能够理解伤人的话给人带来的伤害。

身体/运动发展

6—8岁儿童的大肌肉动作发展包括获得体育游戏和运动所需的基本技能（接、跳、踢、抛）。更好的感知运动能力和调整身体以适应所处空间的能力对儿童开展游戏和运动是有帮助的。有规则的游戏和有组织的运动有助于儿童的发展，以及自尊、更强的社会能力和群体归属感的形成。由于身体和心理有着紧密的联系，因此成人应强调在游戏中合作的重要性并提供选择性竞争。处于这个年龄段的儿童可能会由于疲劳或饥饿而体质弱（Fallin et al.，2001）。

对于家长和教师来说，与体育运动相关的问题包括知道什么对于儿童来说是合适的以及什么是不合适的。团体运动对于一些特定的儿童来说是合适的吗？儿童身体发展的速度是可变的。我们应关注过于重视成败的教师和家长以及因失败而感到挫败的儿童。这里是否存在对能力的期望以及对竞争的强调，儿童对此又做何反应？了解儿童能力的差异、他们对身体素质的认识及其对身体素质和能力重要性的认识是很重要的。和朋友在一个群体里玩耍以及对群体成员有归属感对儿童来说是一种强烈且积极的动力吗？在明智和综合地为儿童选择活动时，它们是重要的考虑因素。

> **案例**
>
> 比尔，6岁，这是他加入游泳队的第一年。在一次阶段性比赛中，他以第五名的成绩游完了比赛。在结束时，他看了一下四周，然后爬出游泳池，满足和真诚地宣布道："嘿！我和我最好的朋友凯文并列第二！"

"每一个儿童都可以享受运动"，这一理念促使残疾儿童也可以通过特殊的奥林匹克竞赛、棒球挑战赛和体操课获得发展的机会。当团体运动与儿童的身体、认知以及社会性/情感发展相匹配时，它对儿童的发展会产生积极的影响。

在这个年龄阶段的儿童，小肌肉动作的发展包括使用铅笔、工具和游戏用具等方面。随着儿童动作能力的发展，问题解决能力的提升使其变得更加自主和自信。当参与其他游戏、建筑活动或者创造性建设时，他们会在重视所有的学习风格和个人兴趣的教室中受益。三年级是儿童发展对学校的兴趣的关键年。在这个潜在的对学校"失去"兴趣的年龄，与学习相关的、有意义的方法可以发挥重要的作用。

社会/情感发展

对于小学生来说，主要的问题是："与他人相比，我是谁？"在这个阶段，儿童经历了情绪平衡和不平衡的循环。这个阶段会有充满活力且积极的"6人组"、倾向于内省的"7人组"，以及正在重组且感觉更加团结的"8人组"。同任何一套发展规律一样，这个发展阶段也没有一个精确的时间表。小学生要处理依恋家长和朋友的恐惧，并继续发展自我概念。同时，他们会担心被同伴和家庭拒绝、责备，发生尴尬的事情或者做得不好。幸运的是，对于关怀儿童的成人来说，他们能够给这种情绪命名（Puckett & Black，2001）。

儿童对多样性的认识在不断地增长。阿布德（Aboud，1988）描述了种族意识的发展，更多的近期研究证实并扩展了儿童的早期意识和理解（Ramsey，1988；Van Ausdale & Feagin，2001）。性别差异在儿童的归属感中扮演着重要的角色。有一条关于性别认同的注解是：性是由生物学决定的；性别是从心理、社会和文化的角度建构的。正如我们将看到的，友谊在少数情况下是短暂和情景化的，而且

发展友谊和共享活动对6—8岁儿童来说很重要。

是更有选择性的。在与他人的互动中，儿童也会意识到他们的攻击性。

近年来，研究人员对美国的男孩和女孩的成长风险进行了研究，结果发现，性别问题变得越来越突出。威廉·波拉克（William Pollack，1988）描述了"男孩准则"——一种内在的孤立感、疏离感以及不切实际的期望，到了青春期，它可能会导致暴力或远离他人。玛丽·皮弗（Mary Pipher，1994）描绘了一幅同样令人困扰的青春期女孩的画像。卡罗尔·吉利根（Carol Gilligan，2001）提供了一条理解这些成长问题的线索，她解释说，5—7岁是男孩建立关系和形成自我意识的关键时期，15岁是女孩建立关系和形成自我意识的关键时期。每一个儿童都处于某种形式的性别偏见的风险之中，而对于扮演着关怀"他人"角色的成人来说，其影响是明显且令人信服的。

道德发展

皮亚杰把道德发展描述为阶段性的，尽管我们可以把它们看作与年龄和阶段无关的道德取向。首先，道德现实主义的特征是思维和行为受规则约束，认为规则是重要且不可改变的。这里有一种服从/惩罚倾向。儿童道德决策的规则性与我们讨论过的儿童在这个时期的其他特征是一致的。早先，我们研究了儿童道德推理的各个阶段（请参照第五章中的图表）。达蒙提出的道德决策阶段与塞尔曼提出的友谊阶段十分相似（Ramsey，1991）。

这些有关儿童道德的理解能够在多大程度上解释当代儿童的思维？这种观点具有即时性和文化回应性吗？

第九章　冲突解决的课程：小学阶段

> **友谊的发展**
>
> 塞尔曼描述了儿童友谊的水平和社会学观点（Ramsey, 1991）。我们应该谨慎地看待儿童发展的阶段划分，并且知道不同的发展阶段之间会有明显的重叠，不同的儿童和不同的情况之间也会存在差异。这与你对儿童的观察相匹配吗？
>
> 0级，3—7岁：未分化的视角（"我们都有相似的想法"）。
>
> 1级，4—9岁：不同的视角（"我们不以同样的方式思考"）。
>
> 2级，6—12岁：相互的视角（"我能够意识到别人对我的看法"）。

6—8岁儿童因何争执？怎样争执？

6—8岁儿童的冲突问题

处理新的问题

小学生面临的与冲突有关的新问题涉及友谊、群体成员、规则的解释、在游戏中选择哪一方、忠诚以及能力的建构或优势等。这些问题显然是相互关联的。它们可能表现为煽动一些行动和行为（如侵略、捉弄、贬低、占有以及排斥／交友）。本书第四章中所描述的问题（社会和物理环境的控制）在这个年龄阶段仍然存在，但是在这些年龄较大的儿童中又出现了新的问题。

> **小学生：走进外面的世界**
>
> 除了之前所提及的思想，我们还可以探讨布朗芬布伦纳（Bronfenbrenner, 1979）的生态系统理论。小学生从微观系统进入学校与家庭之间的中间系统，而外层系统和宏观系统对其影响更大。你能否看到媒体、流行书籍、游戏、有关健康和环境的社会问题，以及学校的测试和问责是如何进入这些系统的？

儿童发展的新方面如何对其所经历的冲突产生影响？反应性冲突是对身体或语言攻击做出的回应。文化性冲突作为群体界限和排他性问题也是冲突领域的一部分（Van Ausdale & Feagin，2001）。暴力也可以是排他的一种手段（Katch，2001）。

> **教师讨论到小学生的冲突问题**
>
> 一位三年级教师说："女生之间的冲突是如此……私人化！！"
>
> 阅读资源室里的教师说："我所看到的问题涉及领地、支配、自尊、自我、物质财富，以及文化和宗教等方面的冲突。"

物质和财产问题涉及学校里的材料（铅笔、记号笔）和使用计算机的时间。物质冲突（如拿着帽子去打扰别人）可能确实是一种烦恼。随着同伴群体对角色和地位的强调，社会问题开始更多地围绕同伴和友谊而产生。这些问题与儿童的优势、能力、成就以及成果有关。同伴竞争现在也成了一个问题。儿童能够秉持正确的理念、做正确的事、遵守规则和社会惯例是重要的。计算机冲突的发生是由于儿童需要共享时间和设备，以及优先权、规则和竞争性游戏。以下内容将重点介绍小学生发生冲突的领域：同伴群体地位、竞争和团体游戏，以及校园霸凌。

同伴群体地位：接纳或拒绝　儿童对同伴的看法是儿童冲突中的一个重要因素。儿童在同伴中经历着不同的地位——有受欢迎的、被接受的、被拒绝的、被忽视的以及有争议的儿童（Ramsey，1991；其他最近的研究）。受欢迎的和被社会接受的儿童具有很高的自尊和自信，喜欢和其他人在一起，拥有彼此的忠诚、尊重、信任和支持。被同伴拒绝的儿童是不受欢迎的。被忽视的儿童在遭受忽视。有争议的儿童可能不受欢迎，但他们确实能引起同伴的兴趣，并在群体中有一定的影响力。一些引发儿童被接受或被拒绝的特质会影响儿童处理冲突的方式。被接受的儿童会表现出一定的社交能力，他们知道如何进入一个群体并读懂社交线索，而且能够处理冲突。被拒绝的儿童被认为在同伴交往中具有攻击性，并且会表现出不恰当的社会性反应。

第九章　冲突解决的课程：小学阶段

同伴群体地位对于创设有利于冲突解决的关怀型教室有进一步的影响。同伴群体地位对被拒绝儿童的影响是巨大的，同时对拒绝他人的儿童也有不利的影响。在一个儿童表现出关怀、包容、共情以及其他意识的教室共同体中，这些不利影响会被最小化。如果儿童因偏见而被拒绝或排斥，那么教师必须努力消除偏见。教师可以帮助儿童（尤其是那些被拒绝和被忽视的儿童）发展更强的社交能力。

友谊问题　对小学生来说，交朋友是重要的。朋友间的冲突与维持友谊有关。哈特普（Hartup, 1991）提醒我们，不是所有的友谊都是一样的。有些友谊是不稳定的，有些友谊却坚如磐石。无论在哪种情况下，朋友间的冲突与合作都比不是朋友的同龄儿童多。由于儿童之间会努力达成一个和解的结果，因此朋友之间的冲突会持续较长的时间。尽管冲突会随着友谊的形成或重组而产生，但那些非朋友之间的冲突问题仍然很相似。朋友之间都会将自己看作这段关系中的平等伙伴。友谊是通过彼此的联系、共同的兴趣、共享的活动以及明显的互惠而形成的。朋友会花时间在一起并享受彼此的陪伴。这些因素为朋友之间坚持不懈地解决冲突提供了动力。

竞争和团体游戏　正如我们前面所提到的，小学阶段的儿童在身体机能上已经为某些体育活动做好了准备。他们对成为团体中的一员很感兴趣，并且喜欢在团体中展示自己的能力。在团体游戏中会产生什么类型的冲突呢？在一个团体中可能会有关于规则、优势、排斥、贬低或排外小团体等的争论。成人应该如何处理这些冲突？成人团体领导者和教练会在团体中扮演着类似于教师在教室中的角色，并引导队员发展一种支持所有成员的共同体意识。

儿童和成人有关团体运动的对比案例

儿童谈论团体运动："不要说——'哈哈，你是个失败者！'"

儿童谈论团体运动："你不应该对别人刻薄。这只是个游戏。"

在游戏中，父母对在足球场上的儿童说："丹尼，你在做什么？你认为你到这里来仅仅是为了玩儿吗？！"

团体运动和户外操场运动中的体育精神可以成为儿童积极的社会学习经

许多小学生喜欢和朋友一起玩游戏和开展团体运动。

验。然而，竞争也是在团体和个人运动中产生的。这种运动适合儿童吗？研究人员发现，儿童直到8岁左右才会表现出竞争意识，更早的参与兴趣可能是渴望满足父母期望的结果（American Academy of Pediatrics，2001）。避免出现迫使儿童超越其身体发展水平的状况，在开始对自己的兴趣做出选择前要给他们尝试的时间等都是重要的。校外活动、课外活动、男生和女生俱乐部、童子军训练以及其他非体育活动都有可能为儿童的发展提供积极的经验。

问 题 讨 论

团体运动、户外操场运动和混合运动的优缺点分别是什么？

关于有组织的活动的讨论问题

这里还有两个问题需要考虑。一个问题与"被过度安排的儿童"有关——儿童在放学后有任何未被安排的游戏时间吗？另一个问题与公平和接纳有关——每一个儿童都能参加体育运动和其他活动吗？这一问题又可以被表述为：这些活动只针对那些来自中等和高等收入家庭的儿童吗？

校园霸凌 霸凌是一种长期地、反复地发生在儿童身体和心理上的威胁，是一种无端的、有害的行为。与同伴间因对某一问题意见不一致而发生的冲突不同，由于霸凌者和受害者之间权利的不平衡，霸凌可以被界定为一种不平等的相互关系，而不存在一个真正的问题。霸凌是可以造成口头或身体伤害的直接行为或独立行为（如排斥或拒绝）。霸凌不同于寻求解决问题的同伴之间的冲突。在一个霸凌的事例中没有问题需要解决，霸凌者和受害者之间不平衡的关系并不意味着儿童之间是同伴关系。

是什么导致了霸凌？霸凌是试图建立优越感和排斥他人的行为，尤其是由于肤色、语言、阶级或身体上的差异（包括身高和残疾等）。受害者是那些被认为没那么强大，以及在身体、情感或认知上都不能坚持、抵抗或还击的人。

相比女生，男生更容易被认为是霸凌者。因为霸凌者大多为男生，受害者大多为女生和小男孩，所以霸凌一直被界定为一个性别问题（尽管女生也可能是霸凌者，尤其是在单一性别的环境下）（Froschl & Sprung, 1999）。最新的研究表明，许多教师凭直觉就能够知道：女生也可能是霸凌者，但是在行为方式上与男生不同。与男生外显的攻击性行为不同，学龄前女生会表现出更多的"关系性攻击"行为（Crick et al., 1997）。关系性攻击行为（例如通过社会排斥或散播谣言等手段）会伤害儿童的同伴关系。男生外显的攻击性行为会涉及身体伤害或伤害威胁。这种方式的霸凌行为对受害者造成的伤害最大。如果女生重视她们的社会关系，那么这种关系上的攻击性霸凌行为就会对受害者造成强烈的伤害。

霸凌是每个人都在面临的问题（Froschl & Gropper, 1999）。它无处不在。虽然出自不同来源的统计数据存在着差异，但是在所有的情况下霸凌行为都引人注目。美国国家儿童健康与人类发展研究所（National Institute of Child Health and Human Development）对15686名学生进行了一项研究，结果显示，至少30%的学生是霸凌的受害者（Okie, 2001）。美国国家教育统计中心（National Center for Education Statistics, 1993）报告了相似的调查结果。霸凌不仅无处不在，而且所有的相关人员——受害者、霸凌者以及环境中的旁观者——都会受到影响。霸凌行为通常在小学阶段发生，并在高中期间不断增加，可能在初中阶段最为普遍。最近的研究发现，4岁儿童（Danby & Baker, 2001）以及学前班和小学生（Froschl & Gropper, 1999）都存在着霸凌行为。

霸凌行为对于霸凌者、受害者以及旁观者的影响都是巨大的。尽管被霸凌是一段痛苦的回忆，但许多成人把它看作一段童年逸事。霸凌的影响涉及受害者的自尊问题。霸凌者会注意到一些不恰当的社会行为，并对权力产生误解，最终会经历同伴的排斥。受害者害怕告诉成人，害怕被报复。作为旁观者的儿童也可能会对权力产生误解，并产生无助感，除非他们学会为受害者挺身而出（Garbarino, 1995）。

没有被制止的霸凌行为会破坏"学校作为儿童的安全场所"的理念。无论是对于霸凌者还是受害者，干预都是必要的。霸凌不会在每个人都真正关怀他人的群体中滋长（本书第七章中的内容与此相关）。当霸凌发生时，儿童需要成人的干预（请参考第十章）。

霸凌的发生对于教师的影响是显而易见的。附加的教室策略创造了一种氛围，这种氛围允许其他人减少霸凌的发生。相关的例子涉及忧虑箱、讨论霸凌以及旁观者能够做什么的教室会议等。能够提供帮助的课程包括"方案教学"（即让儿童一起参与活动）。目前已出版的针对霸凌的方案（本书第十二章）能够对霸凌者进行干预，为受害者提供应对霸凌的方法，并为旁观者找到代表受害者采取行动的勇气。其中的一个例子是"停止行动"。这是一个源自"教育公平"概念的方案。儿童文学可以被用来描述一种情况（即试图在成人权威的监督下滋生霸凌）。（你可以通过一些书与儿童讨论霸凌，相关书目请参阅附录。）针对霸凌，教师需要做到以下几点。

- 倾听儿童并了解教室里发生的事情。
- 要警惕霸凌发生的迹象（例如行为发生改变、变得被动并退出小组活动）。
- 理解外显的和攻击性霸凌的本质。
- 意识到霸凌是教室范围内的问题。没有人能允许它在我们的教室共同体中发生。
- 明确你对儿童的承诺——霸凌是"我们不希望发生在教室里的事情"。
- 向儿童保证你会干预。
- 帮助儿童学习如何交朋友和成为一名朋友。
- 让自己休息一下，读一读薇薇安·佩利于1999年出版的《儿童的天使心：倾听小小孩的善良声音》（*The Kindness of Children*）。

有关霸凌的网络信息，请访问美国国家犯罪预防协会网站。这个网站有一些关于霸凌的文章、实况报道和活动的链接，也有关于安全共同体和预防犯罪的链接。

> **教师的话："游荡着的霸凌者"**
>
> "我终于能够花时间真正地观察'流浪霸王'的行动了。由于 J 会引起一个或另一个群体产生多种抗议，所以我们知道他似乎有一种让同伴感到厌烦的嗜好。在午饭后，我坐在那里，对他的游戏展开了持续几天的观察，这让我意识到问题的严重性。他会用拼图戏弄其他的孩子，当他们乞求他时，他会故意举着最后一块拼图，将其拿走，甚至敲掉一小块拼图，然后坐在其他人的书的边缘上，致使别人不能翻书。
>
> "霸凌有多种形式。有时它会以小而隐蔽的方式出现在我们的生活中（包括上面提到的孩子的行为）。这是故意惹恼或刺激他人的行为。我在教室里尝试的一种解决方法是提醒儿童要尊重彼此，明确地制定教室规则，鼓励受害者发言，以及召开班会。其中一个班会的主题就是'如何做一名好朋友'。"

6—8岁儿童的冲突解决策略

小学阶段的儿童有越来越多的复杂策略以应对冲突。他们有两种方式发展解决过程和协商策略：①使用自己的策略；②系统地学习来自成人的策略。

使用自己的策略

与年龄较小、语言能力较低的幼儿相比，小学生对微小的个人财产冲突的身体反应经常会伴随着言语。如果使用身体上的胁迫和攻击，结果可能会更严重。如果冲突恶化，那么这些反应可能会导致暴力。冲突中的言语策略，就像争辩一样，比身体上的对抗更常见。

幸运的是，小学阶段的儿童更有可能使用言语策略。大多数儿童都有一系列的语言技能可供选择——协商和推理、说服、威胁或辱骂（有些是言语攻击的形式）。这些儿童的语言能力更强，并且能够说出自身的感受。他们能够理解言语和行为的影响，并且能够知道"什么伤害了别人"。儿童之间言语的威胁可能是真实的（"如果你不停止，我就折断你的铅笔！"），或者是不真实的（"我再也不会和你玩了"），甚至是幻想的（"如果你继续这样做，我会让你的鼻子变绿"）。根据儿童之间认知的平等程度，这些言语威胁可能会被认真地对待，也可能会通过幽默来化解局面。辱骂可能是一种煽动、一种报复策略，或者是一种游戏。卡奇（Katch）引用了巴尼和布劳尔（Barney & Brower）所描述的符合男孩的形象——"对有价值的对手进行辱骂"（2001，p.95）。

> **教师思考的问题**
> 你应该持续关注来自友谊方面的威胁吗？（Katch，p.80）

其他儿童也可以作为自发的同伴调解者加入冲突解决的过程。有时，冲突中的儿童可能会要求同伴作为盟友来支持他们中的一方。忠诚和是非感可能会让儿童为他人挺身而出，并为了他人的利益进行干预。我们可以将这种回应性行为与友谊及霸凌中积极的旁观者对霸凌行为的干预联系起来。

小学阶段的儿童在解决冲突时可能会表现出一定的独立性，而不是让成人帮助其解决规则和领地的问题。然而，如果一个成人在他们附近，儿童则习惯于把他（她）看作权威人物，成人的判断往往是最后的决定。而且，到目前为止，他们已经习惯了让成人介入，并且告诉其冲突将如何解决，或者告诉他们应该说些什么以作为一种引导其渡过难关的方法。儿童会听从成人的指导，准确地做出他们认为成人想要并期望他们做的事情（即把权利转让给成人）。无论是在理论上，还是在实践中，教师需要做的就是在调节冲突时让儿童发言。在谈话过程中我们听到的是谁的声音？是教师的声音，还是儿童的声音？

> **讨论：教师的问题**
> 仅仅对儿童说"不准打架"是很容易的，但是有没有更好的方法呢？
> （Katch，2001）

系统地学习来自成人的策略

在学校中，儿童会学习系统的、专门的冲突解决策略（关于教师干预的更多内容见第十章，关于冲突解决方案的更多内容见第十二章）。解决冲突和解决问题的步骤可以由教师或辅导员向儿童提出，将其张贴在教室里，并在小组会议中让儿童练习。这些共同的语言和首字母缩略词作为帮助记忆的方法可以为儿童提供提示，并提醒他们遵循解决问题的步骤。尽管这些策略并不是儿童自发形成的，但教师的目标是帮助儿童学会使用这些策略，从而使他们可以自己解决冲突。

大多数流程的共同点基于以下基本步骤：
- 停下来深呼吸，这样就没有更多的言语和行动使冲突继续下去；
- 找出问题所在，明确冲突发生的原因；
- 开诚布公地互相倾听，听取所有的观点，并进行换位思考；
- 生成一些备选方案，调查每个建议对每个儿童的影响；
- 选择一个公平地满足每个儿童需求的解决方案。

这里可能还有其他的步骤或精练的方法，比如标明儿童的感受，对解决方案做出承诺，以及跟进解决方案。一般来说，教师会坚持一些简单的、易记的、有明确标记的步骤和提示。

> **案例**
>
> 这是一个由一年级教师使用容易记住的以首字母缩略词命名的 SETS 方法（Charney, 1997, p.58）解决冲突的例子。教师和儿童采取的步骤如下：
>
> 停下来冷静（Stop and get cool）
>
> 解释你为什么不开心（Explain what you are unhappy about）
>
> 桌谈（Talk at the table）
>
> 握手（Shake hands）

这些策略的目标是在一个关怀型教室中努力培养儿童的社会性和认知能力发展（换位思考、提出替代解决方案等），并帮助其养成解决社会性问题的习惯和能力。查尔斯（Charles, 2000）强调了一种开放的观点，即可以有第三种替代方案，这里会存在其他的东西。

> **案例：选择之轮**
>
> 一名一年级教师描述了一种帮助儿童解决冲突的方法。她提及了一张巨大的"选择之轮"的海报，在其中儿童能够思考并从"走开""大声说出来""轮流分享"以及"数到十后冷静下来"等多种替代性策略中进行选择[Browning, L., Davis, B., & Resta, V. (2000). What do you mean "Think before I act?": Conflict resolution with choices. *Journal of Research in Childhood Education*, 14, 232-238.]。

儿童在学校里可能从成人那里学到的另一种策略是系统性的同伴调解。儿童能够学会将争论交给调解员或调和者，这些人在如何引导冲突对象陈述问题和制定解决办法等方面接受过训练。调解员在这个过程中会遵循特定的步骤，卷入冲突的儿童在这个过程中也可能有要遵循的步骤。本书的第十二章中有一些同伴调解方案的模式。

另外，附加的成人策略包括忽视可能引发冲突的行为。这种忽视有时会以"缩头乌龟"的形式出现。一名教师几乎完全使用了该技巧，认为它能培养儿童的自控能力并化解冲突。另一名教师不同意这种观点，认为这种方法是在回避，并错失了发展儿童冲突解决技能的机会。她的观点是，在这种情况下，我们给儿童传递的信息是我们对其解决冲突的能力没有信心。下面是他们的对话。你是怎样认为的？

> **教师的话**
>
> 教师A："我教给二年级学生如何使用忽视性措施（缩头乌龟）。当一个学生试图专心听讲而不被另一个学生打扰时，他会把手靠近头部，双脚并拢，头靠近书桌。这将告诉其他学生他正在努力地学习，请不要打扰他。这是我在年初教给他们的方法。"
>
> 教师B的回应："我不完全同意A教师的观点，即认为儿童应该避免冲突。我不认为任何人都应该去寻找冲突。但是，冲突时常会发生。儿童需要知道冲

突是生活中正常的一部分，并且和他人一起经历冲突是没有问题的。儿童也需要学习如何以一种建设性的、非暴力的方式处理冲突。"

合作型教室环境：做什么

◻ 小学教室的物理环境

在小学和幼儿园里，教室的布置是可能引发儿童冲突的一个因素。教师的决定涉及座位安排、教室空间以及课桌摆放。身体较大的儿童需要一定的物理空间。教师和儿童可能更喜欢圆桌，而非传统的一排排课桌。你觉得将课桌围成一圈怎么样？一、二、三年级的学生需要将面对教师的课桌排成一排，这其中有什么原因吗？他们是因为年龄太大而不适合圆桌吗？在一所小学里，低年级的学生们选择使用圆桌。在第二年，四、五、六年级的教师都要求为他们的教室提供圆桌。你认为在摇椅和柔软的地方坐下安静地思考和重组怎么样？（第十三章中的案例研究将对比几种类型的教室布置。）

由于教室中的人员较多，所以行走路线和空间分配是很重要的。堵塞和拥挤会引发儿童之间的冲突。有身体缺陷的儿童和成人也需要无障碍的环境。

教师的话

"在本学年开始的时候，我和孩子们在教室里建立了一套模式。为了能够从自己的座位走到教室的前面，他们需要直接走到教室的窗户旁边，然后从这一边走上去。为了回到座位上，他们要走到对面的墙边。我想这就像一条单行道。我从去年才开始这样做，因为我们的教室里有29个人，他们需要有特定的行走路线以避免冲突，而且我会继续这样做，因为它实行得非常成功。"

你有其他的想法吗？你认为这名教师是将行走路线作为儿童公共问题的解决方案吗？

材料

在小学阶段，协作材料、积木和共享用品仍然发挥着重要的作用。儿童可以在决定如何共享材料方面扮演更加积极的角色。在决策的过程中，公共教室的所有权、共识的建立以及对所有人的需要的关注都可以被嵌入进来。在教室里，儿童很少关注什么是"我的"，而更多地关注什么是"我们的"。

> **教师的话**
>
> "在教室的后面，我放了一盒铅笔和一大盒蜡笔。无论何时，他们都被允许去篮子里拿走他们需要的东西。"

科技

计算机访问权限是小学教师必须解决的一个公平问题。由于残疾儿童和其他儿童拥有平等的访问机会，所以计算机在认知发展、社会性和情感发展方面的应用会对儿童大有裨益。在配置良好的计算机上工作可以为儿童提供关于解决冲突和创设和平的积极经验。当两个或两个以上的儿童一起在计算机前工作时，这里就会有非常好的机会让他们互相照顾（Noddings）。

> **问 题 讨 论**
>
> 在你的童年早期，科技扮演了什么角色？它在你的关怀型教室里是否具有适宜性？（这不仅仅是针对小学生的问题。）你也可以多思考一下科技公平的问题。哪些儿童可以在家、教室或图书馆里使用计算机？是年龄、种族、语言或家庭结构造成的差异吗？还是所有的儿童都有平等的权利和机会？

支持冲突解决的特殊空间

小学生也需要一个远离一切的空间。富有创造力的教师可以在拥挤的教室里找到这样一个地方。此外，教室里可能会有一个和平桌或其他特定的区域，儿童可以在那里讨论和解决冲突。许多教师正在使用和平桌，并开发了各种各样的规则以供教室里的儿童练习（从小的工作开始）。和平桌为儿童营造了一个独立的空间。冲突解决和积极的互动是有基本规则的。这里可能会有提示、线索、脚本或道具来帮助儿童进行协商。最后，儿童会被期望将与和平桌相关的技能应用到任何可能发生冲突的地方。

操场

体育时间和休息时间是促进儿童社会性发展的一个时机。这是一个流动的、低控的、"儿童享有"的环境，积极的和消极的互动都会在这里发生。操场为霸凌的发生提供了场地，但也促进了丰富的、积极的同伴文化的发展（Thompson，1997）。在关怀型环境中的教师会意识到儿童发展的各种可能性。除非在其他地方有任务，否则教师不会把休息时间视为自己的自由时间。这里使人们有机会互相关怀（关怀和被关怀）。教师会预期到操场上的问题，并与儿童一起设定期望。（"我们都想享受休息，所以让我们来看看如何共享我们的设备。"）我们的公共教室延伸到了操场。家长志愿者和专业人士经常会参与体育时间，而且他们需要理解休息所带来的社交机会。

> **讨论当前的问题**
>
> 为什么有的学校会取消课间休息？鉴于课间休息和户外活动对小学生的重要性，你能向管理者和其他人提出什么建议呢？

教师可以计划一些干预措施来解决儿童在操场上发生的冲突。在某些情况下，管理冲突将成为整个班级的责任。课间休息可以是一段有趣的、放松的、开展大肌肉运动的时间，并让儿童的大脑为后续的室内学习做准备。它可以为儿童提供独立的游戏选择以及和朋友相处的时间。

课间休息也是一天中令人恐惧和紧张的一段时间，因为它可能充满了混乱、戏弄、攻击和霸凌等行为。在这期间儿童感到身心安全吗？课间冲突的问题涉及设施的空间、有限的玩耍材料（如球）和场地等。社会性环境经常变幻莫测，比如操场上同时有几节课正在进行、有不同年龄和体型的儿童。教师需要到操场上吗？操场上可能没有与室内规则相关的问责机制以及暂停举措。解决课间休息困境的方法可能涉及班会或课间休息会议（Tompson，1997）、排演、室内会议或一个来自其他教室的伙伴。教师需要知道发生了什么，并且儿童需要知道教师知道这些事情。

在教室之外，有很多的地方会发生冲突，学校生活的其他方面也会对儿童产生影响。公共汽车上或者餐厅里的儿童之间也可能会发生冲突（Roberts，2002）。为什么这些地方会成为争斗、戏弄和霸凌的场所？谁在占据这些空间？我们能够做些什么？《儿童采取行动》（Kids Taking Action）中的案例描述了一个为期两年的学校服务学习项目，该项目涉及年龄较小和较大的儿童以及公交车司机，目的是阻止公交车上霸凌行为的发生（Roberts，2002）。

小学教室的社会环境

常规时间、日程表、过渡时间以及小组时间

常规时间包括到校和离校、晨会、零食、午餐，以及教室里的其他日常生活片段。晨会有助于儿童之间的日常联系，可以被用来解决特定的麻烦或问题。班级会议可以临时举行，也可以在进行小组决策时举行。它为儿童双方达成协议和建立关系提供了时间。这一年龄段的儿童日益提高的认知能力和规则取向使得班级决策具有强大的约束力。班会提供了一个时间来说明每一个儿童都可以被倾听，以及出现的问题可以以和平的方式被讨论（Charney，2002；Vance & Weaver，2002）。班级协议可以与卡奇（Katch）的儿童游戏和故事中关于暴力的班级规则相比较。对于"怎样成为一名朋友"的讨论是关于班会中需要解决的问题的另一个案例。

日程表应该为儿童提供充足且自由的"非工作"时间。在一所学校里，"进入状态"和"放松下来"分别对应一天中开始和结束的时间，这时儿童可以放松、与朋友聊天以及有一个从家到学校和从学校到家的过渡。教师们发现，早晨"进入状态"后，儿童已经准备好参加活动以及与他们最好的朋友聊天了。

过渡时间对小学阶段的儿童也很重要。这可以提醒儿童在活动结束前看一下时钟，从而使他们之间的交流变得更加顺畅，并且可以表示对儿童的尊重以及对其所做事情的价值的肯定。

小组练习是儿童社会环境的一部分。你需要做的决定包括分好小组和大组、根据儿童的能力和兴趣进行分组、对男生和女生进行分组，以及多久更换一次小

组等。每天都应该有一个平衡分组的方法（包括不同的组和不同组的大小）。其他的变化包括同质/异质、不同的任务以及小组轮流等，从而使每一个儿童都可以花时间和其他人在一起（参见第八章、第十三章以及附录中的案例）。教师应将有特殊需要的儿童纳入每一个儿童学习冲突解决的小组。确保小组决策不会向儿童传送意外信息。是否有某些小组总是发展得好或者似乎拥有一种受欢迎的地位？

> **教师的话**
>
> "我从没想过分组是如何产生影响的。在分组时，总是将男生和女生分开是一个有偏见的做法。"

> **教师的话**
>
> "灵活的分组方法有助于儿童之间的冲突解决。在与他人相处之前，让儿童先了解自己的感受，弄清楚自己是谁以及为什么自己会这样做。要教授儿童解决问题的技能，并且帮助他们了解自己和别人。给他们一个和教室里的每个人在一起工作的机会，这样儿童就会看到他们有很多的共同点。可以开班会，并且教儿童学会说'我'。"

环境中的成人是儿童社会环境的重要组成部分，并以强有力的方式为儿童提供榜样和指导。正如艾斯纳（美国教育研究协会，1999）所说："儿童学到的东西比我们想让他们学的东西多，也比我们想让他们学的东西少。"例如，儿童可能无法掌握数学课的所有预期目标，但他们会学到一些与目标无关的内容（比如教师讨厌数学这个事实）。无论发生什么，他们一直都知道教师在关怀他们。信任是查尔斯（Charles）所说的"协同教室"的核心。伦理将信任分成七个组成部分：善良、合作、信念、乐于助人、公平、忠诚和潜力（Charles，2000，p.23）。

> **自我反省的问题**
>
> 你真的相信儿童想做正确的事情吗？你是否相信在成人的指导下，儿童将做出正确的事情？

> **教师的话**
> "另一种方法是和一名教师建立联系。当学生完成一篇好论文或一项任务时，教师会把这个儿童送到这名教师或者管理者那里。这样，儿童就能够得到额外的表扬，这会提高他们的自尊。"

（注：对于学校里的儿童来说，这种让儿童访问另一间教室并获得表扬的策略与让儿童找另一名教师而使该教师从儿童的行为中解脱的纪律管理方法形成了强烈的对比。）

环境中的语言

为了支持有利于冲突解决与和平创设的环境，教师们必须选择相互理解的语句和短语。在教室里，儿童和教师都可以以一种包容的方式树立积极的期望。一个案例就是"神奇的青蛙"（在本章的开始）。能够被理解的共享语言有利于清晰的交流，并增加了群体和小组成员的认同感。

下面的案例说明了教师的信念是什么以及如何致力于这个信念。

> **教师的话：遵守礼仪**
> "解决冲突不仅仅是解决问题。性格和尊重的基本观念、学会如何与他人交往，以及如何与他人友好相处都在发挥作用。儿童并不总是走进教室就知道如何社交、分享和发生冲突。这就是为什么我要在每学年开始时，强调把学习礼仪、规则和常规结合起来。今年年初，我告诉校长——'如果儿童今年有什么收获的话，那就是学会了礼貌。'我坚信这一点，并且我觉得维护和平、安静的教室对我和儿童来说都很重要。"

合作活动区

儿童可以在为合作学习和工作而设计的活动区里练习协作、解决问题和换位思考。独立于成人的指导，儿童也有机会进行自我评估。作为课程学习目标的一部分，这些活动不是"当（如果）你完成了工作后再做的事情"。它们是儿童在教室中体验到的身体、社会性和认知发展的一部分。在活动区里，这些问题为儿童的参与提供了考量内容：我和其他人今天在活动区里做了什么？我帮助别人做了什么？别人帮我做了什么或理解了什么？

以下是一些合作活动区的案例。

- 综合主题活动区：可以使用发明家角、报纸或旅游中心（可能针对特定的地点）。
- 合作活动区可涉及以下课程范围。
    ★ 数学：儿童可以在此合作学习如何分享一个派。
    ★ 科学：活动区中的合作——你们能一起建构吗？儿童提出替代的解决方案。
    ★ 社会性研究：儿童学习所有关于换位思考的知识（人们住在不同的房子里）。
    ★ 合作制作书籍：儿童通过添加文字和（或）图片故事来学习（无字书和其他语言的书格外有价值）。
    ★ 艺术：儿童一起即兴演奏乐器、做鬼脸以及使用"故事罐"（一个故事罐可以是一个咖啡罐子，里面有小的人物形象或道具，以供教师或儿童在讲故事时使用）。

安全的地方和关怀的空间

整间教室应该是一个安全又充满关怀的地方，但也应该有一些专门的地方以供儿童寻求舒适、重新认识自己，或者解决冲突、与他人一起解决问题、分享想法或忧虑。这些区域应该配备一个柔软的地方以供儿童坐着或躺下，并且有安静的音乐、写作

小学课堂上的合作学习能够为关怀群体的建立做出贡献。

材料以及其他舒适的东西。

平衡中心：这是一个儿童可以冷静下来、重新进入和解压的房间或角落。这个中心的材料可能包括来自部落或东方文化的音乐，这些音乐具有平静的音调和节奏，以及自然的声音。

忧虑箱：儿童把自己的忧虑和想法写下来放在箱子里。忧虑箱成为可以把烦恼的想法放进去的安全的地方。

日记：日记是另一种安全交流的方式，它应该能确保隐私和心理的安全。

教师的话

"我提到了我在教室里使用的'美德之树'，在那里我捕捉到了人们的责任感、尊重他人、关心他人以及诚实。我会给儿童一片代表这种美德的树叶。这会被视为一种教室策略吗？"

教与学：课程模式与活动

课程模式

在这里，我们将探讨教师如何支持儿童的冲突解决与和平创设，并将其作为学校经验的有机组成部分。首先，我们将讨论"课程"的含义。在幼儿园阶段，我们高度认同课程就是"一个儿童在一天中发生的所有事情"。隐性的、无意的或含蓄的课程（涉及儿童层面的师幼互动、教室布置、有计划的零食或午餐时间）通常是有目的的。在小学阶段，课程可能是一套学习目标或教学策略，并强调学术内容领域。这些可能被称为隐性或显性课程，涉及所有的内容领域和艺术，以及冲突解决、和平创设和暴力预防。

我们将从合作学习和混龄教室开始，探讨教室组织方式和活动，并将其作为特定课程内容和学习目标的框架。

合作学习

正式的合作学习模式 合作学习不是一种单一的学习方法,而具有多种形式和变化(Slvin,1990;Johnson et al.,1994)。教师在真实的教室情境中的实践进一步增加了合作学习的多样化(Ramsey,1991;Johnson et al;Circles of Learning)。合作学习通常是作为小组内部合作和竞争的混合体来被实施的。对于小学阶段的儿童来说,充分合作的方法是较好的,并且可以通过教师的调整来满足儿童的需要。合作关系到更有能力的同伴的想法以及多种才智(Johnson, Johnson, & Holubec,1994)。维果茨基的理论能够支持合作学习。

根据约翰逊和霍勒别克(Johnson & Holubec,1994)的观点,合作学习有五个基本组成部分:

- 面对面的积极互动
- 小组讨论
- 人际关系和小组技巧
- 单独问责/个人责任
- 积极的相互依存(相互依存的目标、奖励、资源、角色和任务)

小学阶段的合作学习 这些组成部分能够在小学教室里发挥作用吗?其中的大部分内容可以被纳入小学课堂。"思考、配对、分享"是合作学习的一些形式。小学教室中的儿童经常面对面地坐在一起学习。他们有机会充分照顾彼此、更加自然地合作、在圆桌或课桌小组中发展小型共同体。小学阶段的儿童能够体验到积极的资源共享,并且能够讨论他们作为一个群体是如何工作的。小学教师可能更愿意接受"儿童在合作中开展学习"的观点,而非使用更正式的术语"合作学习"。

合作学习与冲突解决的关系 在约翰逊和霍勒别克(1994)所提出的合作学习的框架中,所有的儿童都是和平的缔造者。真正的合作学习的过程和组成部分与关怀、倾听和换位思考一致,这些都能导向儿童冲突的和平解决。

多元分组

另一种有效的建设性冲突解决与和平创设的策略是多元分组（也称为多年级分组或未分级小学）。在一所采用多元分组的学校里，教师发现儿童经历了培育和共情的机会，这是教师和家长都没有预料到的结果。关于多元分组与儿童的社会性和情感发展的正式研究很少，但有强有力的理论基础和逸事证据能够支持它们的联系。

多元智能

你是"在语言方面较为突出"或者"在身体运动方面较为突出"，还是"在人际交往方面较为突出"？在教室里应用霍华德·加德纳（Howard Gardner）的多元智能理论有助于创建一个具有包容性的集体，在这里每个人都以某种方式展现"聪明"。儿童和成人能够发现自己在认识世界方面的优势，并通过八种智能来交流他们的理解：数理逻辑智能、语言智能、空间智能、身体运动智能、音乐智能、内省智能、人际关系智能和自然智能。在教师和儿童谈论多元智能的教室里，可能会有一个"多元智能的饼图"挂在墙上，它被分成八个部分，以帮助儿童识别和标记自己和同伴的智能。这种基于共情、理解和尊重所有人的方法有助于儿童解决冲突和建立人人都受到重视的和平环境。课程和教室环境的规划应"适合"所有的智能（Armstrong，1994；Gardner，1983，1993）。

解决冲突的全校方案

为学校和教室设计的课程模式的明确目的是帮助儿童发展解决冲突与和平创设的能力。这些方案将是第十二章的重点。我们在本章中简要提到的一个方案是"停止行动"。这个方案为反击具有伤害性质的戏弄和霸凌行为提供了课程和材料。你能想到其他方法来处理你周边环境中的霸凌吗？

学习冲突解决方法的小组活动

思维游戏

思维游戏对于小学生和低龄儿童同样有效，那些语言能力更强的儿童可以在游戏中解释更复杂的推理、产生更多的解决方案，并想出更多的方法来解决问题。儿童可以扩大对彼此差异的理解。思维游戏可以来源于木偶、视频、媒体和书籍。如果你想不出自己的故事，李奥尼的书籍则是很好的思维游戏开始的地方。此外，我们用于思维游戏的资源还可以包括爱德华兹（Edwards，1984）和拉姆齐（Ramsey，1991）的作品。

思维游戏的案例

在一个小组或者整个教室的讨论中，教师探讨了身体报复的后果和替代方法。

教师：如果有人打你，你会怎么做？

儿童：我会打回去。

教师：你认为你回击之后会发生什么？

儿童提供想法。

教师：你还能怎么做？

当儿童提出替代的方法时，交流讨论还在继续。

另一种方法是角色扮演。重演冲突、定格、慢速播放，然后倒回去。伴随每一次"定格"，儿童会解释他们的感受、回应以及其他选择。作为一系列的身体提示之一，这种方法能够降低情感强度、区别角色并允许排演替代选择，甚至可以和其他方法组合使用以化解冲突。它可以在冲突现场使用，或者在班会或整组时间时被用于角色扮演中。儿童可以使用这种方法来产生其他的替代选择（他们有哪些不同的做法？）并预测其结果（如果他们这样做，你认为将会发生什么？）。

更多关于理解因果关系、换位思考以及生成替代方案的想法是使用木偶和书籍。讨论一些场景：读完一本书或一段故事后，询问"在故事里，他们还可以怎样做？"或"他们还能说什么？"。这项工作对于所有水平的读写能力的学习都是非常自然的，尤其作为一种重要的写作体验极其有效（例如，儿童可以给故事拟一个新的结局）。

> **教师的话**
>
> 这里有两种与读写能力有关的活动,在其中儿童能够锻炼我们一直讨论的解决冲突和创设和平所需要的能力。
>
> **人物造型**:在这个识字话剧活动中,儿童会摆出一本书中的情景或一本图画书中的一个静止姿势。他们的肢体语言和面部表情可以与观众和其他教室成员交流故事中发生的事情。作为演员的儿童需要诠释故事中的人物情感和行为并表现出来。观众需要理解和阐释演员试图表现的东西。
>
> **纸片人斯坦利**:多年来,儿童一直会把书中人物的剪纸寄给远方或附近的人。作为一种教室活动,"与纸片人斯坦利同行"在教室里创造了一种集体感和共通性。由于"与纸片人斯坦利同行",儿童体验了新的视角。《纸片人斯坦利》由杰夫·布朗编写(Harper Collins New York,1964)。

创造性与艺术

创造性与艺术存在于一个心理安全、无风险的环境中,而这正是关怀型教室的组成部分。创造性可以带来通过一切有意义和可选择的方式交流情感的安全感。这涉及音乐、戏剧、舞蹈、运动和视觉艺术。通过了解艺术以及通过艺术与一群艺术家和观众交流,所有的内容都被包括在内。分享经验并同时学习表演艺术将为解决冲突和创设和平奠定基础。

从思维游戏到故事戏剧 通过角色扮演,儿童会面临冲突。正如优秀的文学作品中所呈现的一样,冲突既有内在的,也有外在的。在故事戏剧中,儿童会在熟悉的故事设定中被引导,并且可能在表演过程中创造角色和改变情节。

例如,在普莱斯特金(Pumplestiltkin)的故事剧中,儿童成了女王的顾问,她进退两难,不知该如何对待这个进行索要的奇怪的小男孩。另一本可以使用的书是《大木棉树》(*The Great Kapok Tree*,Cherry,1990)。故事戏剧的规则包括不许笑、尊重每一个人以及让教室成为一个安全的地方。

对于唱歌、跳舞、运动、创造性视觉表达以及三维艺术,儿童可以作为表演者,并且作为观众去体验它们。通过这些活动,儿童能够在小学教室里创造集体

第九章 冲突解决的课程：小学阶段 217

感和信任以及其他的表达形式。

小学生的合作游戏

与儿童的创造性冲突反应相关的游戏主题包括合作、肯定和沟通（Prutzman et al., 1988）。解决冲突的技巧本身并不会起作用。他们必须具有团体环境和合作环境。

冲突解决的游戏类别：
- 变得熟悉——名字游戏
- 合作
- 沟通——倾听、观察、诉说
- 肯定（包括小组和个人）
- 创造性冲突解决（技能和替代选择）
- 分享、建立信任

游戏的基本规则是：参与是自愿的，游戏者可以参与一个回合；每个人都有机会参与；每个人都必须尊重他人的贡献（Prutzman, 1988, p. 11）。

为了扩展合作游戏的概念，可以介绍其他国家的儿童游戏。在许多国家，儿童可以在蹦跳、跑步、跳跃以及抓人游戏中探索什么是相同的，什么是不同的。为什么世界各地的儿童玩不同种类的游戏？当儿童在熟悉的游戏中学习变化时，他们可以询问什么是相似的，什么是不同的。为什么游戏有不同的名字？游戏如何帮助我们了解彼此？天气怎么样？动物、植物以及儿童看到的事物、环境都怎么样？我们如何使他们更加具有合作性？

一个好的资源是来自世界各地的儿童的游戏（Kirchner, 2000）。思考不同国家的儿童如何玩相同或不同的游戏，是建立全球化理解的第一步。虽然本书中的游戏并不都是合作游戏，但是作者提供了一些方法来改编游戏并创造你自己的合作游戏。

下面是一些关于游戏的建议。卢穆尔（Luvmour, 1990）建议首先让儿童和自己的朋友一起玩一个游戏，这个游戏包括合作和身体上的挑战（如两人三足赛跑）。然后将两个不是朋友的人放在一起。在这时，出现的挑战应该会促使这两个非朋友的人和平地在一起游戏。

本章末尾列出了一些游戏。含有更多身体挑战的游戏能够激发小学生完成新任务的欲望。其中一些游戏比它们看起来更难，需要团体合作和解决问题的能力，而且可能会使儿童和成人在尝试的时候一起大笑。（尝试和越来越多的人站在一起，看看会发生什么。）这对于成人的团队建设也很有用！

小学阶段的儿童喜欢具有合作性质的文字游戏，例如疯狂填词和单词搜索（针对年龄较大的儿童）。教师和儿童甚至可以制造新的疯狂填词游戏。例如，选择一个大家熟悉的故事，去掉关键的语句，将"三只小猪"变成"三只小茶杯"。教师和儿童还可以将文字游戏扩展到创造性戏剧中并表演出新的故事。

> **你的教室点子：和平鹅卵石**
>
> 每个人都用一颗鹅卵石去造一座山："一颗鹅卵石之于一座山，正如和平的行为和态度之于一个和平的世界。一个和平的世界是由许多小的、和平的行为和态度组成的。"（Whitener，个人谈话，2002）

关怀和社会性行为

为儿童开设的社会性行动课程能够促使他们为变革而行动，并使世界变得更美好，这不仅仅是为了他们自己，也是为了他人。这一目标在班克斯（Banks）的"多元文化教育的变革/社会行动模型"（1999）和德曼-斯帕克斯（Derman-Sparks）的"反偏见课程"（1989）中有所描述。小学生可以以有意义的方式代表他人行事。集体服务学习的前提是服务他人，当以有意义的方式进行内容学习时，他们将学会关爱他人和服务他人的原则（Roberts，2002）。当儿童看到需求并产生想法时，社会行动方案才最有意义。方案可能会持续几周、一年或更长的时间。

> **关爱小狗的方案**
>
> 三年级的学生注意到社区附近有流浪狗，它们看起来很饿，而且无人照顾。学生们担心它们会在街上迷路，于是开始了一项为期一年的方案。该方案能够教育每个人去关爱小狗，并且找到确保小狗安全的方法。

课程内容领域

内容领域的整合是儿童学习和教师计划学习的自然方式。方案学习具有合作性和多视角的协商性。基于第七章的课程层次，并且随着合作学习被嵌入每个课程的内容领域，方案学习能够非常自然地进入正确的轨道。

方案主题示例

食物与饥饿：一个有明确的内容领域的关怀主题。有几个问题可以指导这个方案。食物来自哪里？它是如何支持身体发展的？我们该如何准备？不同的人吃什么？如果我们没有足够的食物将会发生什么？我们如何帮助他人得到食物？

织物：我们是如何联系，并作为织物的一部分交织在一起的？这是思考这个主题的多种方法之一。内容领域的联系是丰富的。沥青海滩、棉被、科学、数学、社会研究和文化都可以被研究。制作一个被罩并把它送给有需要的家庭，而不是去装饰一个学校的墙壁如何？

这里有一些让你开始的想法。

文学：许多书的主题都与关怀、和平、冲突解决、合作、反思写作以及人物造型有关（参见第十二章的"和平学者"）。

科学：对环境、植物、动物和地球的关怀提供了许多学习的主题和途径。

数学：这包括集体绘图和了解他人的需求。有多少人住在不同的地方？

社会研究：像一个小组或集体一样运作。"让我们来决定这些早期定居者将如何建造房屋。"做出经济决策以满足可能相互冲突的需求。

体育：从世界各地的儿童那里学习游戏。身体上的挑战应该由团体来解决，而不一定要让那些身材、力量或速度最突出的人来解决。

> **教师的话**
>
> "我想要向他们灌输这一观念——即使是年幼的儿童,环境也不能阻止他们成功。我让儿童去尝试并找到他们生活中安静的地方。我给他们读有关本·卡森(Ben Carson)、鲁比·布里奇斯(Ruby Bridges)和其他榜样的传记。当面对艰难的环境时,他们可以看看其他人是如何做的。"

课程中关怀的主题

内尔·诺丁斯(Nel Noddings,1995)的著作中描述了"课程中关怀的主题"的概念。主题涉及食物/饥饿、织物以及导致具体行动或"关怀"行动(如善良)的有计划的主题。年龄较大的儿童可能会探索不公正或战争的负面概念等主题。在早期儿童时期,我们会看到儿童和教师是如何体验关怀的。同样,上述案例中关怀和社会性行动的主题将涵盖诺丁斯所设想的关怀(Goldstein,2001)。

教师可以将冲突解决与关怀活动同其他学习经验和想法联系起来,这些想法可以关乎笔友(或网友)、国际或跨城市的学校合作伙伴、学校内的配套教室(年龄较大或较小的儿童),以及来自"教会宽容"和《从小事做起》的活动(Southern Poverty Law Center)。

> **教师的话:在"9·11事件"后花一分钱坐车**
>
> "我们学校已经开始了一分钱坐车的活动。因为这一活动考虑到了大多数人没有额外的钱,所以人们对此反应很好。我和孩子们讨论了这有何用处。实际上,是他们告诉我的。他们似乎想帮助受这场悲剧影响的儿童。这真的很暖心。许多年龄较大的儿童会轮流对着扩音器唱爱国歌曲。这非常令人振奋。它让我热泪盈眶。"

> **教师的话:施粥处的三明治**
>
> "我们学校的学生每个月都会用大家在'奉献周三'上捐赠的钱在施粥处制作三明治。在每个月的某个星期三,每个孩子都会带一个装有捐款的小信

封。这是在强调这笔钱应该来自儿童而非父母,每名儿童可以带来任何他能带来的东西。我们通常会制作300个三明治,如果两间教室里的儿童在一起工作的话,这大约需要一个小时。每间教室里的儿童在年初都要选取他们所负责的月份。这是一段积极且有意义的经历,学生们在进入中学很久之后仍会对此记忆犹新。"

以关怀为主题的庆祝活动

和平周:儿童、家庭、学校以及社区在一年中的不同时间会庆祝和平日或和平周,例如纪念世界悲剧、新世纪的开始(甚至新年的开始),或者在春天到来时满怀希望。这些庆祝活动的目的是通过分享富有创意的和多彩的和平标语、柱子以及其他展示品,歌曲和舞蹈,多元文化的庆祝活动,以及理解他人的计划,向大家传达一个明确的和平信息。许多庆祝活动涵盖了世界各地的儿童,这促使它成为全球性的活动。在互联网上搜索,我们将会找到与儿童和平庆典相关的活动和书籍以及更多的背景资料。

地球日:自1970年之后,地球日被定在4月22日,以提高人们对环境保护重要性的认识。当儿童学会关怀地球和资源,并能为环境治理而采取行动时,地球日的相关活动可以延伸到一周或者一整个月。这是一个儿童和家长都可以参与的主题。我们可以在许多网站上获取每周的活动,行动起来去保护地球对儿童来说是必要且有意义的。

每一个儿童

这本书是为所有的儿童而写的,它描述了一个具有文化敏感性和包容性的教室共同体。考虑到所有的儿童是这本书的一个内在组成部分。我们将继续思考一些多样性问题(涉及文化、语言、性别和能力)。补充几点:

课程应该是"一面镜子,而不是一堵墙"。金等人(King et al., 1994)的这一声明为判断我们的回应能力提供了一个标准。儿童是在课程中看到了自己的影子，还是课程本身就是一堵无法逾越的墙？

　　成人和儿童应该专注于双向沟通，并且探究其他人如何理解我们以及我们如何理解他人。在教室里，教师可以与儿童分享"每个人都是整体中独特的一部分"的观念。请注意，小学阶段的儿童可以理解并习得你对尊重、关怀和包容的基本承诺。

　　在下一章中，我们将广泛关注与家庭有关的问题。家庭文化和语言是关键要素。教师应该记住，支持母语不同的儿童之间的口头和非口头交流是重要的，并且应明确地使儿童意识到人们所说和所做的事情的差异。性别问题是较早被讨论的一个方面，它仍然是一个重要的影响因素。将性别与我们的道德决策讨论联系在一起，有助于我们将女孩和男孩视为和平文化中的领导者，而且他们会以"不同的声音"说话（Gilligan, 1982）。

　　在一个具有包容性的小学教室里，能力的差异产生了一个关于"团结"的问题——人们如何建立联系？在一个全纳教室里，儿童会被问道："你和坐在轮椅上的儿童，或视力受损的儿童有什么共同之处？"教师为儿童提供了建立共性和分享经验的途径。成人和儿童在课堂上交流的一种方式是对教室里的所有儿童使用手语。无论是辅助性/适应性技术，还是主流技术，都可以为团体建设、分享经验以及在全纳教室中进行选择性沟通提供机会。教师应为有多种特殊需要的儿童——他们在日常的同伴互动中会感受到压力——规划环境，这可能包括提供自我调节和情绪重组的空间（Mrug et al., 2001）。

舒 适 角

　　初级干预方案（The Primary Intervention Program，PIP）中有一个叫作"舒适角"的地方，儿童可以在这里了解他们的感受。这是一个舒适的、像家一样的空间，儿童在这里会有安全感。儿童和成人可以利用这个空间共同解决棘手的问题（Novick, 1998）。

关怀型教室的资源

对材料的发现、评估和采用

小学教室定位和评估材料的原则与幼儿园和学前班的对应原则相同。小学教师可能会对第十二章中关于课程方案模式的讨论感兴趣。

儿童用书

在为小学生寻找书籍时，我们会发现一些有价值的资源，例如威廉·克里德勒（William Kriedler）的《通过儿童文学教授冲突解决的方法》（*Teaching Conflict Resolution Through Children's Literature*）。跨种族儿童图书委员会为评估带有偏见和刻板印象的图书提供了标准（Derman-Sparks，1989；Ramsey，1998）。教师发现图画书在帮助儿童讨论有关解决冲突和创设和平的问题和情感方面很有价值。图画书不仅仅是针对学龄前儿童的。它们能够为儿童提供一个完整的体验，并能够提供探索人际关系问题和感受的机会。精心挑选的、带有积极的性格模式和亲社会主题的分章节的图书，可以帮助维持教室里关于和平、关怀、决策和随着时间的推移重新审视问题的对话。

更多的游戏和活动

与第八章一样，在本章中有一个针对小学生的游戏表格（表9-1）。教师会注意到，小学阶段的儿童喜欢有规则的游戏，并且经常会发明自己的游戏。观察这些游戏的性质是很重要的。如果在游戏中有高度的竞争，并且有一个或多个儿童总是赢，其他人总是输的趋势，教师可能需要召开班会，以寻找是否有其他的游戏方式。

自帕罗特的研究问世，这几十年来世界发生了哪些变化？他的研究背景与你所在的场域是否相似？ Parrott, S. (1972). *Games children play: Ethnography of a second grade recess*. 出自：I. Spradley & D. McCurety (Eds.), *The cultural experience: Ethnograhpy in complex society*. Prospect Heights, IL: Waveland Press.

表9-1 关于和平创设和塑造共同体的游戏及活动：小学低年级
（游戏玩法的详情见附录）

游戏	年龄	小组人数	所需材料	活动性水平（1=最活跃）
一起站起来：手拉手坐成一圈（Luvmour）	8+	4+	无	2
提绳：大家拿着一根绳子，并尝试一起站起来（Luvmour）	8+	10+	系成圆圈的一根大绳子	2
意大利面：儿童与不站在他们旁边的人握着手，试着形成一个圆圈	6+	6+	无	3
一个什么？：问题和问答顺序的协调；尽量不要弄混	7+	8+	两个小的球或简单的物体	4
传球：只用手掌传球（Luvmour）	8+	8+	填满沙子的球或相似的材料	3
合作讲故事：每个人都参与其中	所有人	8+	会使用一些道具	5
沉睡者："他"会偷偷地眨眼，让人"睡着"，直到有人认出"他"	7+	10+	无	4
合作玩杂耍：一次将两个或多个球掷过一个圆圈	8+	5+	球	2
真人拼图：制造一个人体拼图，并试图复原它（Prutzman）	6+	8	无	4
亲爱的，我爱你，但我不能笑：当你回答时尽量不要笑	8+	8+	无	5
哑剧游戏：尝试多种变化，两人或一组人进行表演（Prutzman）	6+	6+	无	4
制造机器：儿童用身体表演机器（Prutzman）	8+	6+	无	4

表9-1 （续表）

游戏	年龄	小组人数	所需材料	活动性水平 （1=最活跃）
合作制作怪物：每个人都参与创造（Prutzman）	7+	小型组	纸、蜡笔、剪刀、胶带	4

资料来源：① Luvmour, S., & Luvmour, J. (1990). *Everybody wins*. Philadelphia: New Society Publishers.
② Prutzman, P., Stern, L., Burger, M. L., & Bodenhamer, G. (1988). *The friendly classroom for a small planet*. Philadelphia: New Society Publishers.
③ Wichert, S. (1989). *Keeping the peace: Practicing cooperation and conflict resolution*. Philadelphia: New Society Publishers.

小 结

小学阶段的6—8岁儿童，在很多方面会变得更有能力，并会发现自己在日常生活中会与许多其他儿童在一起。他们现在对完成任务和交朋友很感兴趣。在充满关怀的教室里，教师可以帮助儿童建立新的能力和兴趣，利用它们来增强其解决冲突的能力并为成为和平缔造者而努力。

补充材料

教师研究

我们已经讨论了小学阶段的儿童如何"让事情变得有意义"和"成为朋友"。6—8岁儿童是怎样玩游戏的？在一个典型的儿童访谈案例中，休·帕罗特（Sue Parrott）让二年级男孩在课间休息时解释他们的游戏。他们将其描述为"游戏""把戏"和"游手好闲"。如果你能与小学阶段的儿童进行长期的对话，你会从他们的游戏中学到什么？

应 用 练 习

1．创建一个名为"和平教育／冲突解决策略和想法"的表格，并与你所在的环境或教室里的其他人交流想法，以帮助你提升能力。使用这些标题：
- 为每一个儿童创建一个充满关怀的共同体
- 创设物理环境
- 与创设和平和解决冲突相关的儿童书籍、游戏和活动
- 当冲突发生时，我们应该做什么
- 与家庭、社区和其他专业人士创设和平和解决冲突

2．参观一间小学教室。观察周围的环境，并向其他教师请教，以获得更多的思路和策略。

对每一个儿童的思考

1．评估你的小学教室或你有权参观和观察的小学教室，使用"镜子或墙壁"的问题，就像你在第八章中对幼儿园或学前班教室所做的那样。你认为在小学阶段这是一个更大的挑战吗？

2．将你在小学教室里看到的内容与你在幼儿园或学前班教室里看到的内容进行比较。你是否注意到不同类型的冲突、儿童解决问题的不同方式，或者男孩和女孩之间不同类型的互动？你能把你看到的内容与这一章所讨论的内容联系起来吗？

第十章

成人对儿童同伴冲突的干预

> "我不关心是谁先开始的！我现在要把这个球收起来，在今天剩下的时间里把它放到很远的地方！"

>>>

目标： 第十章主要论述"三层蛋糕"模型的最上层——成人在儿童不可避免的冲突发生时所扮演的角色。你将探索在冲突过程中观察、干预和支持儿童的有效方法。适当的成人干预可以提供儿童所需要的鹰架和工具，从而让他们学会自己解决冲突。

>>>

案例:"直到老师告诉我,我才知道怎么做。"

两名学龄前儿童都试图拿着小镜子。他们开始来回拉扯。

萨曼莎(大喊):"让我拿着它!"

杰克:"我想要它!"

教师平静地走过来并拿走镜子。她把它放在桌子上,并让他们往后退一点,这样他们就都能够看到镜子里的自己。两名儿童似乎对这个解决方案很满意,在接下来的几分钟里,他们对着镜子开心地玩了起来。后来,杰克把这件事告诉了他的母亲。她问他为什么一开始不和他的朋友分享镜子。他说:"嗯,直到老师告诉我,我才知道怎么做。"

第十章 成人对儿童同伴冲突的干预

何时干预：观察儿童

到目前为止，我们探索了观察儿童互动的方式（第三章），并讨论了儿童冲突的特征（第四章）。我们也认识到，冲突解决的能力对儿童的发展有贡献（第五、六章）。我们还看到了在关怀型集体中创建儿童有冲突解决欲望的教室环境的方法（第七章），并且获得了对应的工具（第八、九章）。最后，我们意识到儿童之间的冲突仍会发生。在本章中，我们将讨论教师在面对冲突中的儿童时所做的决定。教师应该何时干预？如何干预？首先，教师需要做的是观察和评估。

在干预前要注意什么

安全性评估

首先，如果儿童的安全受到了直接的威胁，那么教师必须毫不犹豫地干预。这一指示不仅对关怀儿童的成人有意义，而且是全美幼教协会的《道德行为准则和承诺声明》的首要原则。当教师干预时，他们应该对每一个儿童做出安全承诺，并保护其免受肢体和语言伤害。

评估冲突的目的和过程

在评估情况时要仔细观察并倾听。以下注意事项能够在你做决策的过程中提供指导。

- 目的：冲突是一个需要解决的问题，还是一个无意解决纠纷的习惯性或假装争议？假装和习惯性的冲突可能不太需要成人的干预。只要保持良好的幽默感和装模作样的状态，就没有问题需要解决。
- 偏见、成见或歧视：在具有关怀性、文化回应性和社会性的教室里，教师会致力于公平和包容，并将克服成见和偏见。在这种情况下，教师将介入以保护儿童免受伤害，引导其远离偏见，并为其树立社会行为的榜样。
- 情感：这种冲突是建设性的，还是破坏性的？是否增加了身体上和心理上的潜在伤害？在这种情况下，教师可能需要介入，并让冲突参与者冷静下来，然后再回来谈论这个问题。
- 冲突的过程：冲突似乎是在升级，还是儿童似乎能够在没有帮助的情况下解决问题？冲突问题是可以协商解决的，还是儿童无法控制的？最初的问题是否已经变成了报复？这些问题的答案将决定成人是否干预以及如何干预。

评估冲突的结构

正如我们在第四章中发现的，儿童冲突的结构特征可以预测结果。观察这些特征，教师可以决定是否干预。冲突后果的强预测因子如下：

- 冲突前的同伴互动：在冲突发生之前是朋友或在一起玩耍的儿童，更有可能解决冲突并在之后继续一起玩耍。
- 策略的类型：使用推理策略的儿童比使用物理策略或简单的口头坚持的儿童更有可能解决冲突。

使用推理和协商的幼儿可能会自己解决冲突。

案例A：地盘之争

"地盘之争"指的是关于排队或在操场上的位置的冲突。儿童之间没有先前的游戏或社会性互动；策略会从口头上的坚持恶化为身体上的冲突；当儿童变得愤怒时，这种互动就会升级。

> **案例 B：戏剧中的角色**
>
> "谁能做妈妈（爸爸）？"儿童正在合作进行社会戏剧表演；使用协商和推理创造更多吸引人的角色；儿童很开心地继续游戏。

关于这两个冲突，我们能知道什么？教师是做什么的？在案例 A 中，教师更有可能在监控互动，并能够预期儿童间的推搡，而且会准备进行干预。在案例 B 中，成人观察者可能会注意到儿童对问题的创造性解决方案。

评估自己和自己的目标

当你通过观察儿童的冲突来决定是否干预时，应确定你的干预目标。你是希望教室里恢复或维持和平与和谐吗？你是为了儿童的安全而干预吗？你是否干预以支持儿童的社交能力和冲突解决能力？根据你对情况的观察和对儿童的了解，做出明智的决定。确保你介入的理由是正确的。自我评估的另一个步骤是界定你在儿童冲突中角色，可能的角色包括调解人、向导、主管、信息提供者、支架和调解员。你有其他的角色建议吗？

> **教师的话：你的角色**
>
> "我觉得我的角色是一个调解人。只要没有发生暴力，我就会鼓励儿童自己解决冲突。"

☐ 冲突回应中的个体与文化差异

正如我们在本书中所看到的，当儿童与同伴发生冲突时，个体和文化差异就会发挥作用。当解释儿童在冲突中发生的事情并决定干预时，成人需要考虑这些差异（参见图 10-1）。儿童对争吵反应的个体与文化差异可能包括沟通方式的差异（包括语句和语言的速度和强度）。对一些人来说，大声说话可能意味着愤怒，但对另一些人来说，这是一种正常的说话方式。我们必须记住，财产和空间的文化规范

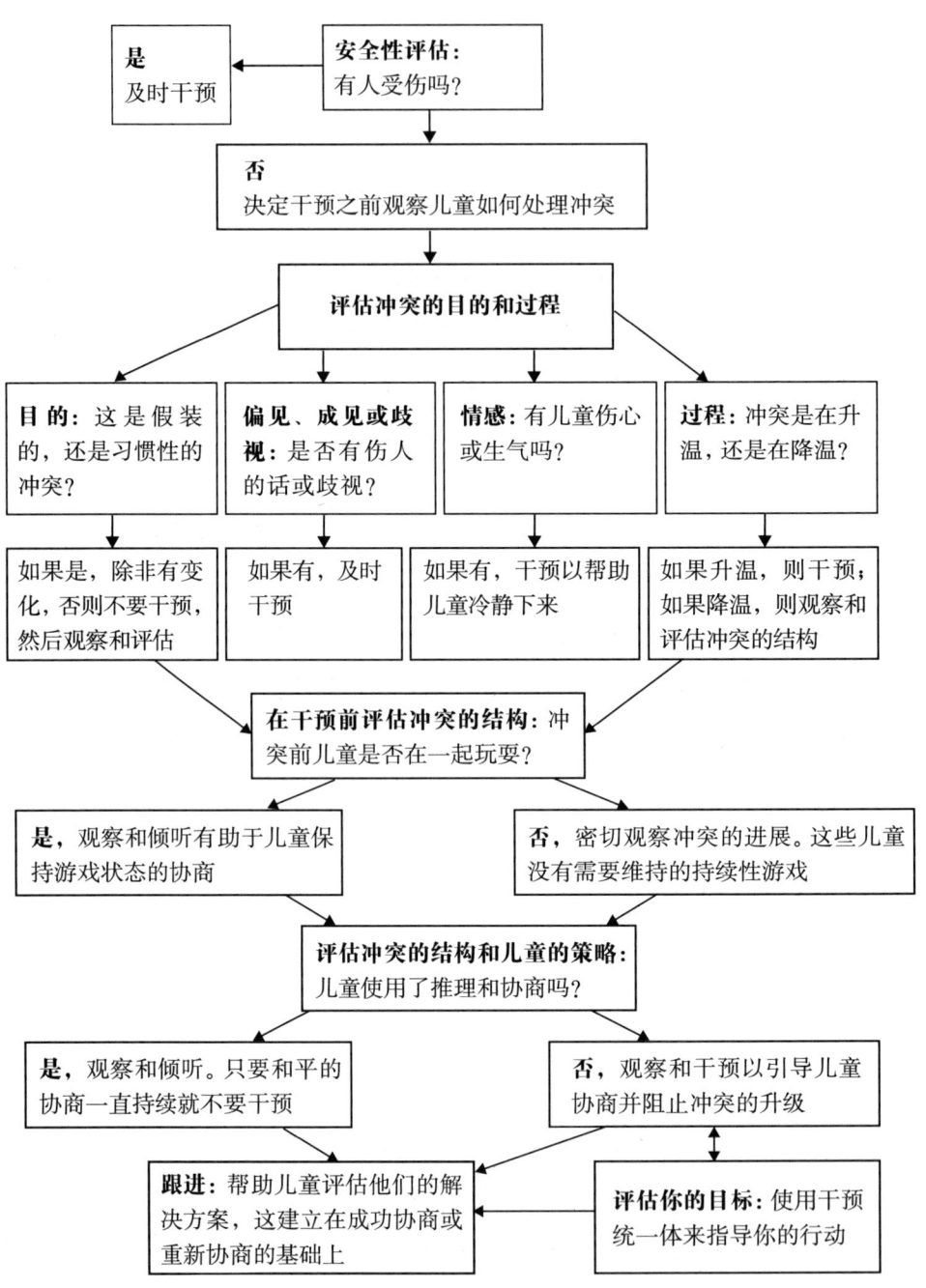

图10-1 成人干预决策树

差异可能会导致问题的出现。这些问题与确定什么是一致同意的解决方案有关。

在介入并引导儿童解决冲突的过程中，教师需要对文化和沟通加以理解和考虑。教师不应该总是坚持眼神交流，有时直接的陈述比间接的要求对儿童更有意义。你应记得，儿童也有一种不同于成人的文化。当成人引导儿童解决问题时，重要的是要知道儿童是否真的通过协商达成了一个双方都同意的解决方案，或者他们的解决方案是否与成人的意愿一致或契合。

我们在前几章关于有特殊需要儿童的讨论也适用于此。例如，有特殊需要或发育迟缓的儿童往往在集体融入方面有更多的问题。成功地融入集体取决于学习正在进行的游戏的规则和获取社会线索的能力。教师对小组融入冲突的观察可以帮助有特殊需要的儿童解码线索和游戏规则。它们还能帮助处于发展中的同行认识到澄清规则的必要性。为了对具体的行为问题有一个专业的观点，本章末尾包含了美国特殊儿童委员会早期教育分会关于挑战性行为的立场陈述。

时间问题

儿童的冲突发生得很快，一般只持续很短的时间。教师经常需要当场做出决定。一个相关的问题是，教师是否有时间进行充分的观察和决策。教师需要熟悉一套易于检索的策略和词汇库，以支持和指导处于冲突中的儿童。这可能意味着你要重新训练自己自然地使用一组词汇，当与儿童一起工作时，你可以采用一些相同的词汇来作为调解冲突的工具。在第五章的例子中，斯通老师通过提问"谁能做一个更强大的人？"来引导儿童协商出解决办法。教师应该指导儿童在冲突中重视语言交流，或者就像你在本书前面看到的那样——"不可以动手，这是不对的，你只能用说的。"

> **教师谈论到速成和可教性**
>
> "由于时间或精力的限制，我一直对'快速解决'冲突感到内疚。在许多情况下，此时会产生一个'可教的时刻'。通过参与，儿童可以学到一些有价值的教训。我们不可能对每次发生的冲突都这样做。我们只能做到最好，尽可能多地利用这些时刻。"

如何干预：当你决定介入时

❏ 作为指导或干扰的干预

儿童冲突中的成人干预可以表现为具有发展适宜性的指导、鹰架或榜样指引。在具有支持性的环境中，儿童可以更多地了解冲突。

> **教师的话：当冲突爆发的时候**
>
> 一位幼儿园教师说："我认为，处理突发冲突的第一步是尝试花时间倾听各方的意见，并在必要时充当积极的调解人。我试着鼓励儿童保持开放的沟通。儿童需要一个冷静的时间，我发现花点时间坐下来和愤怒的儿童讨论一下情况是很有帮助的，并且我会帮助他（她）找到一些策略，帮助他（她）成功地解决可能会发生在某一天的类似情况。"

在下面这个对比鲜明的例子中，我们把"干预"视为"干涉"。儿童的体验与之前描述的指导完全不同。他们以二年级教师为榜样，学习权威和权力的相关规则。儿童没有机会解决问题、相互理解或管理冲突并证明其价值。

> **案例**
>
> 一名教师正和二年级学生一起在操场上开展活动。教师说："够了！我不在乎是谁先开始的！我现在要把球拿走，然后把它们都扔出去！"

❏ 从成人控制转向儿童控制：持续的参与

当冲突发生时，教师有一系列可用的干预策略，这些策略是连续存在的，一端代表成人控制冲突，另一端代表儿童控制冲突。虽然教师可能会发现自己会迅速而坚定地介入并解决儿童的问题，但是解决冲突的目标是让儿童以一种双方都

第十章 成人对儿童同伴冲突的干预

同意的方式独立地解决争端（不需要成人的帮助）。在一个特定的冲突事件中，教师应该从连续体中控制和介入最少的策略开始，并根据需要继续前进。随着时间的推移，儿童将变得更善于协商和解决问题，并且不再需要成人的干预。

这个连续体类似于奥肯－赖特（Oken-Wright, 1992）所描述的教师行为连续体。

连续体从成人最大程度的参与和控制开始，到儿童的完全控制结束，它包括以下内容。

- 身体干预和成人对结果的引导：教师会告诉儿童该做什么（也许是把儿童或物品移走）。在二年级学生与球发生冲突的例子中，教师处于连续体的末端。
- 重申规则：如果有适当的规则，那么教师可以调用它们来决定问题。让我们继续观察二年级学生，并创建一些教室规则："规则是每个人玩球5分钟，杰里。你已经玩了5分钟。轮到你了，萨曼莎。"
- 提供怎样做的选择或建议：教师可以为儿童提供一个成人生成的解决方案或可选择的解决方案。"这是一个好主意。杰里，你可以再等两分钟，然后把球传给萨曼莎，或者你们两个都可以玩球。"
- 支持儿童的协商：教师应在儿童制定解决方案时给予提示和鼓励，对儿童解决问题的能力表现出信心。"让我们看看你能否解决这个问题。你有什么主意，杰里？你有什么主意，萨曼莎？"
- 重申问题：教师可以以积极的姿态倾听，通过提示线索或暗示儿童使用解决冲突的工具或词汇，明确地指出问题所在："我知道你们都想要球。你们能用关怀型语言来解决这个问题吗？"
- 仔细观察：通过使用最少参与的方式，教师可能会发现，在儿童的身边观察是一个"无声的提示"，这可以让儿童记住使用协商和问题解决策略。教师的非语言交流必须表现出对儿童的兴趣，而不是关于参与或教师即将介入的暗示。教师什么也没说，她看着杰里和萨曼莎，脸上的表情平静而有趣，显然在注意他们的一言一行。儿童注意到她的注视，他们的脸和身体放松下来，开始用共同的解决冲突的语言进行协商。

案例

在柏油路上发生的冲突。两个5岁的孩子为了争抢他们喜欢的骑乘玩具而打架，他们总是跑到柏油路上去抢东西。这种情况每天都在发生。在连续体中，下列教师的建议在哪里可以找到？

（1）教师询问："你能想出一种解决问题的方法吗？"

（2）教师给儿童提供了两个具体的选择，并让他们进行选择。

（3）教师为儿童选择了一个解决方案，但是告诉他们："如果解决方案不起作用，那就改变它。"

（4）在接下来的第二天，当儿童去操场时，教师对他们说："让我们看看你们是否还记得你们昨天做了什么。"

教师的话：北极熊

"在我的教室里，一个常见的冲突是争抢我们的北极熊毛绒玩具，它是我们的吉祥物。每个人都喜欢玩它，而且大家经常会因为谁得到它而争吵。在理想的情况下，我会要求每个参与的儿童都陈述问题，然后给他们每个人一个机会提出公平的解决方案。但是由于时间紧迫，我曾经把熊带走，并说：'如果你们不能分享它，那就没人能够得到它。'"

教师谈论到干预

下列教师陈述了关于儿童冲突干预的不同观点。你认为他们会使用连续体中的哪些策略？针对冲突解决与和平创设的环境，他们所说的话向你暗示了什么？

幼儿园教师："当我帮助儿童解决冲突时，我开始真正地倾听自己。我过去喜欢解决争端，这样儿童就可以重新玩耍，但我也学会了如何平静地引导他们找到解决办法。现在我明白了让儿童学习这些技能对他们的成长和与他人合作有多么重要。"

> **学前班教师：**"规则很简单。如果你被打了，要马上来告诉我。我将惩罚打你的人。然而，如果你回击了，你们俩都会受到纪律处分。我相信这将减少学生之间发生的争斗。这些儿童必须早点学会这一点。"
>
> **幼儿园教师：**"我们会讨论冲突，他们会在我的指导下表达自己的感受。我会让他们自己解决冲突。"
>
> **三年级教师：**"作为一名调解员/纪检员，我对自己有了更多的了解。我知道，儿童常常可以自己化解他们之间的差异，但在其他情况下，他们可能需要干预。我希望我的学生感到舒适，并能意识到在某些情况下可以寻求外部帮助。"

当介入冲突时该做什么

在遇到冲突中的儿童时，以下建议将为教师提供指导。

- 当儿童在情感上投入、紧张或明显地表达愤怒时，教师应帮助他们长时间地脱离，以便其冷静下来，并重新获得控制。要让儿童知道，这不是暂停或惩罚，只是在冷静地解决问题前重新组织和恢复自己的一个机会。儿童可能需要一些时间以远离冲突现场。当儿童能够很好地控制和放松时，你可以与他们讨论已经发生的事情和解决冲突的方法。如果激烈的冲突频繁发生，那么让儿童用一些共享语言来表示需要冷静（比如"冷静下来""慢下来""思考空间"或其他可以理解的语句），将会很有帮助。教师还可以在教室里设置一个固定的地方，儿童可以去那里重新获得控制权。

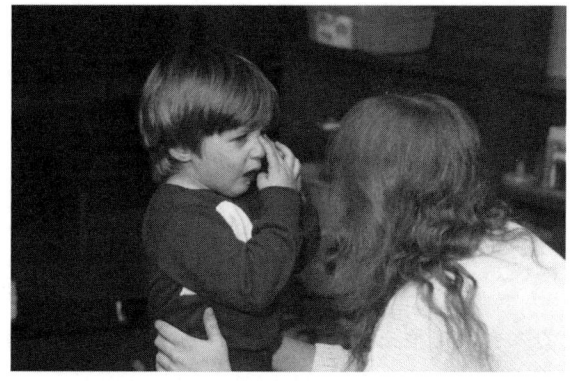

在引导幼儿解决冲突之前，这名成人决定先帮助他振作起来。

- 给儿童时间和空间让他们自己解决问题。与儿童保持一定的距离，这样当试图协商时，他们就不会过早地向你求助。儿童往往会求助于权威人士，希望他们能掌控局面。有趣的是，研究人员发现，如果没有成人在场，儿童更有可能独自愉快地解决冲突。
- 确保儿童的话语和注意力是指向对方的。让他们从对方（而不是教师）的身上寻找线索和回应。当儿童协商时，帮助他们互相倾听。确保每个人都有机会陈述问题，他们能够彼此交谈，而不是向教师谈论彼此。鼓励他们在探索结果、产生替代方案和寻求一致的解决方案时进行合作。让他们从每个儿童的角度来回顾最终的解决方案。

> **教师的话：说"对不起"**
>
> "当我们做出伤害其他人的事情时，必须找到一种方法让对方感觉更好，而不是说'对不起'（说'对不起'太容易了！）。例如，你可以把一块冰块放在你造成的轻伤上，你可以轻揉它或者给对方一个拥抱。如果是感情受到了伤害，我们也需要找到一种解决问题的方法。有时我们会拍出快乐的照片、赞美他人或邀请其他人一起玩耍。"

- 如果冲突问题是由冲突中的所有人产生的，那就必须接受儿童针对冲突问题达成一致意见的解决办法。如前一章所述，针对基于公平、权利或需求的解决方案，儿童和成人的想法可能不同。记住，儿童的观点和价值观可能与成人不同。接受儿童的决定也是一个尊重、信任和分享控制权的问题。

> **教师的话：推土机和鸵鸟**
>
> "一些成人会使用鸵鸟法，他们试图忽视冲突，希望冲突能自行解决。更多的人会使用推土机的方法。作为成人，他们会使用自己的权威来决定谁是对的，谁是错的，然后说出他们的正义观。如果不能或不愿意把儿童的分歧看作处理

情感问题和与同伴合作解决问题的机会,那么我们就篡夺了儿童对冲突的所有权,阻碍了儿童自主性的发展。"

暂停是什么?

传统的"暂停"是让儿童在一段时间内不能参加教室活动。当回到小组时,他们将被期望按照教师的期望行事。暂停的倡导者将这种方法描述为一个合乎逻辑的结果和必要的"冷静"机会。批评者认为,把儿童放在暂停的椅子上没有任何逻辑可言,这种成人强加的纪律是一种公共的惩罚,它不会改变儿童的行为。

全美幼教协会区分了传统的惩罚导向的纪律教育与以学习和解决问题为导向的指导。本书第二部分的建议反映了指导的方法。近年来,暂停和其他基于学科模型的替代方法得到了广泛的推广。推荐资源包括薇薇安·佩利(Vivian Paley)的几本书和丹尼尔·加特雷尔(Daniel Gartrell)在《幼儿》(*Young Children*)杂志中的两篇文章:

Gartell, D. (2001). "Replacing time-out: Part one—Using guidance to build an encouraging classroom." *Young Children*. 56(6), 8–16.

Gartell, D. (2001). "Replacing time-out: Part two—Using guidance to maintain an encouraging classroom." *Young Children*, 57(2), 37–43.

暂停意味着什么?

在暂停之后的时间里,儿童有一个安全的地方可以待着吗?斯通老师说:"在我的教室里,有两个地方可以用来休息。我有两把椅子,椅子上面有写着'我需要时间思考'的牌子。我会给儿童思考的时间,并让他们振作起来。"

☐ 支持儿童的冲突管理

鼓励协商的鹰架

一旦儿童处于冲突之中，教师就有机会为其提供鹰架和学习机会。这里有更多的建议可供教师帮助儿童提高其解决冲突的能力。

鼓励儿童在冲突中独立地解决问题，就像你对待任何其他的问题或新技能一样（比如使用剪刀或思考数字）。避免直接提供解决方案。肯定儿童的努力，并鼓励他们寻求解决方案。如果不承认儿童的努力，那就意味着成人的干预是唯一的正确答案。

教师的话：从错误中学习

"虽然我们不愿意承认，但学习中最重要的部分是犯错误！当儿童在处理与他人的冲突时犯了错误，他们应该有权从错误中吸取教训。冲突应该被看作儿童和教师的学习经验。儿童如何处理冲突可以让教师对儿童的社会、情感和认知发展有更多的了解。"

当儿童处理冲突时，教师可以通过搭建鹰架来支持他们的学习。帮助儿童进行推理，并推动他们在略高于自己可以处理的层次上进行协商。提供提示和线索以帮助他们进入下一步。我们能够从维果茨基的理论中学到很多。引导儿童向成人和更有能力的同伴学习，并在他人的帮助下、在超出自己思考能力的水平上进行思考，这对我们来说是一个强有力的主张。教师可以在冲突中与幼儿对话，指导他们进行词汇练习，并引导其进行协商。儿童可以学习道德推理并练习解决冲突的语言工具。

冲突解决过程中的步骤　在解决冲突的过程中有一个共同的核心步骤，并且有许多已发布的版本。教师应该选择一种步骤，使其对成人和儿童都有意义，能够被记住并始终如一地遵循，而且适应他们的环境。你选择的过程甚至可能具有某种类型的助记设备或记忆辅助。

当在第十二章中探讨冲突解决的程序时，我们将会发现更多的过程模型。下

第十章 成人对儿童同伴冲突的干预

面是一些较为成熟的理论。比较它们并寻找共同的元素。你可以试一试，找到一个"适合"你和儿童的模型，或者开发一套自己的基本步骤。

威克特（Wichert，1989，p. 54）认为，冲突解决过程包括以下内容：
- 镇静和聚焦
- 将注意力转向有关各方
- 澄清/陈述问题
- 交易/解决/和解
- 预防
- 肯定

以下是基本过程的四个步骤（Adams & Wittmer，2001，pp. 10-11）：
- 确定问题
- 生成替代方案
- 就解决方案达成一致
- 继续执行以确定所选的解决方案是否成功

在解决社会性问题的方法中，儿童会问自己与这些步骤相关的问题（Adams & Wittmer，2001，p. 11）：
- 有什么问题吗？命名、标注、表达、倾听他人的观点；谈论感受；寻找有关换位思考的活动、书籍和游戏。
- 可能会发生什么？实际上，与第八章（Crary，1984）中描述的思维游戏的名称相同，许多方法都采用了因果关系的思维方式。
- 选择一个解决方案并使用它。确定一个解决方案并尝试它。
- 它起作用了吗？如果没有，我（我们）现在能做什么？

最后，加特雷尔提出了一个五步法，即用手指来计数每一步（Gartrell，2001，p. 37）：
- 冷却（大拇指）

- 识别问题（食指）
- 头脑风暴解决方案（中指）
- 实施（无名指）
- 后续（小拇指）

后续：接下来会发生什么？

上述的每一个冲突解决的过程都包括某种形式的后续行动。在本章前面讨论的柏油路冲突案例中，教师的一个策略是在第二天提醒儿童回忆他们前一天使用的解决方案。当儿童达成了一致同意的决议时，他们就已经完成了值得肯定甚至庆祝的事情。教师应确认儿童的工作和成果。

后续行动的下一个部分是查看解决办法是否确实可行，并以双方都同意和可持续的方式解决问题。很重要的一点是，要让儿童知道并不是所有的解决方案都能成功，而且他们完全可以再试一次或者"再协商"（这可能会成为儿童在成长过程中经常使用的一个词）。小学生可能会注意到成人在现实生活中协商和再协商的例子。当决议取得成功时，儿童可以用它们来指导未来的互动，并在未来出现冲突时制定新的决议或化解冲突。

独立解决冲突的工具

和平桌和其他解决冲突的工具

当儿童发展独立的解决冲突的技能时，支持他们的工具和来源包括：指定的空间和道具、可使用的词语，以及来自同伴的帮助。

和平桌、和平角或和平毯是创设和平的地方，处于冲突中的儿童可以在这里解决他们的问题。在中立区域的特定环境中，儿童会远离教室里的活动，教师可以为他们配备海报、书籍、木偶和写作材料来帮助其解决问题——儿童会重视这些和平空间，并学习可以在其他环境中使用的创设和平的技巧。

> **鼓励换位思考和共情的策略**
>
> ◆ 榜样：让儿童看到你对成人和儿童表现出的换位思考和共情。
> ◆ 在现实生活中搭建鹰架：引导儿童在与他人互动时采取换位思考和共情的策略。
> ◆ 练习/学习/主动练习：利用游戏和其他学习机会帮助儿童发展换位思考和共情。
>
> C夫人介绍了"我重视语言交流"策略进入她的教室的例子，但在儿童发生冲突时，她必须选择是否进行干预。在今年年初，她感觉干预是必要的。"如果儿童相互了解，那么我会鼓励他们自己解决问题。"一个具有发展适宜性的练习是，教师先向儿童提供适当的语言和具有一致性的榜样，然后让儿童自己解决冲突。
>
> 你还记得关于和平的两个条件，即解决冲突的"愿望"和"工具"吗？C夫人提供了"工具"，她似乎意识到，一旦儿童了解了另一个人并与其成为朋友，那么这种"愿望"也会存在。

捕梦网的角落： 在房间内的一个安静的角落里，儿童可以坐下来和捕梦网分享他们的想法。这是一种在商店和商品目录中很容易找到的美国印第安人的物品。捕梦网能够捕捉儿童的恐惧和担忧，让他们可以和同伴安静地玩耍。细心的教师创造了捕梦网的角落，他注意到儿童觉得有必要减轻忧虑，并尽力地为儿童提供特别的支持。

谈话角： 一位教师这样描述这个创设和平的空

教师正在干预一个午餐时间的冲突。接下来她会做什么？

间——"谈话角是我的教室里的一个区域。这里有两把椅子，椅子上面有带有情绪表的遮阳篷。这里有表达情绪的话语和一面镜子。'谈话角'是儿童和成人一起讨论感受的地方。它适用于所有类型的情况（从精力充沛的儿童无法停止说话到发生行为冲突）。儿童对此反应很好，以至于儿童会问他们能否在中间时间'说话'。他们会开展戏剧表演游戏，互相帮助解决问题。他们甚至会不知不觉地扮演起治疗师的角色。"

说话棒：教师可以使用说话棒帮助儿童明智地说话，并练习尊重和倾听小组所有成员的发言。几个世纪以来，每当召开会议时，许多印第安部落都会使用"说话棒"。它允许所有成员提出自己的观点。当人们说话时，说话棒会由一个人传给另一个人，在这段时间里，只有拿着棒子的人才可以说话。

说话棒认可每位发言人的价值。会议中的每一位成员都必须仔细地倾听发言，这样当轮到他们发言时，他们就不会重复不必要的信息，也不会问一些无礼的问题。印度儿童从3岁开始就被教导要倾听和尊重他人的观点。这并不是说他们不能表达异议，而是说他们必须以个人荣誉为约束，允许每个人都有发言的时间。说话棒可以是站着的人（树）。当对儿童进行教学，召开会议，根据争议做出决定，举行集会、讲故事会或多人演讲的仪式时，我们都可以使用说话棒。

慢镜头回放：慢镜头回放是一种澄清冲突问题和结果的技术。儿童会慢慢地、一步一步地重现冲突，停下来识别和标记行为，讨论他们做什么或说什么的原因，指出行为的影响，并产生替代方案。慢动作的"停止动作"能够让儿童平静下来，甚至在儿童以慢动作移动或摆出静止姿势时引入一些幽默。

冲突的自动扶梯：这是"一种用于逐步绘制冲突图的技术。争论者的每一个行为都是扶梯上的一个台阶。儿童可以使用自动扶梯来记录这种行为，并了解冲突升级的原因"（Kriedler，1994）。

选择之轮：第九章中描述的教室里的视觉提醒，向儿童展示了他们在应对冲突时的选择。轮子的各部分包括：大声说出来、提供你的帮助、让他们停止、使用"我的信息"、召开班会以及其他方法。选择之轮可以由儿童和成人共同创造，他们可以探索和实践所有可能的策略。学习使用"选择之轮"的一年级学生也可以通过写日记来记录积极的策略（Browning，Davis，& Resta，2000）。

温暖的绒毛和冰冷的刺

一位教师回忆道:"在上个星期,当伊妮德在谈论'泰迪熊的语句'和'豪猪的语句'时,我在小学时代中最生动的记忆之一浮现在我的眼前。当时学校的顾问来到了我所在的三年级班级,跟我们谈论温暖的绒毛和冰冷的刺。我还记得我用五颜六色的棉花球来代表我们和朋友们之间友善的话语,用树上带刺的球来代表带刺的冰冷是什么感觉。我已经很久没有想起这件事了,但我清楚地记得它对我的行为(尤其是我对我的弟弟和妹妹的行为)产生了影响。"

儿童有需要使用的语句吗?

我们已经讨论了共享语言作为促进儿童相互理解和解决冲突的工具的重要性。有助于解决冲突和创设和平的词语应具有下列特点。

- 对儿童有意义;在理想情况下,这些词语是由儿童创造的,但是来自书本或冲突解决方案的语句也是有意义和有效的。
- 由儿童和成人共享。
- 适合并能适应多种情况;可以有足够多的不同的语句或短语来表达意思,但不要太多,以免分散或迷惑儿童。
- 易于记忆,可快速检索和表达。
- 在整个年级团体和学校中共享和使用。
- 与家人共享。

儿童可以使用共同的语言来标记情感,并帮助自己发展理解力。本书第八章和第九章中的思维游戏和课程能够为儿童在冲突发生时的行为奠定基础。教师可以使用这些工具来帮助儿童学习在冲突发生前如何说话。将这些关键的语句和短语融入教室文化,可以帮助儿童直接交流。教师可以给儿童提供一些简单的短句:

"我不喜欢那样。"

"你没事吧?"

"我能帮你修吗?"

"让我们一起解决吧。"

当与儿童在一起时，教师可以根据自己所处的环境选择有用的语句。在本书中，教师们分享了他们在教室里做的事情："我们有两条规则——'使用语言'和'不伤人'。"另一位教师补充道："要温柔。"

> **教师的话：儿童语言的重要性！**
>
> 一名幼儿园教师告诉儿童，当某人或某事打扰到他们时，要"用自己的语言"来表达。"我发现，当学生们这样做时，他们最终会公正地解决问题，而且不会使用暴力。"

在教室中共享语言的案例

乔纳森告诉他的朋友朱莉娅和比利（3岁）："没事或有事；使用语言而不是身体；听他说的话。"

"你不能说你不会玩。"薇薇安·佩利（Vivian Paley，1992）为幼儿园的儿童制定了这一规则，以消除一些儿童被拒绝和被排斥的现象，并帮助其他想要玩耍的儿童变得更容易被同伴接受。

> **教师的话**
>
> 一位教师描述了自己使用语言工具的经验，该语言工具在已出版的课程资源中有所体现。"去年，我在不知情的情况下为学生解决了所有的问题，那段期间我一直感到非常沮丧和疲惫。我没有意识到我做错了什么。今年，我的学生知道他们需要用'我重视'的语言来解决自己的问题。他们也知道，在向我提出问题之前，他们至少需要和其他人谈谈。他们现在已经习惯了这种常规，也知道我的期望是什么。"（我们将在第十二章的课程模式评估中纳入"我重视"的材料。）

同伴调解：来自朋友的帮助

来自同伴的帮助可以成为儿童解决冲突的另一个工具。在儿童真正参与协商的过程中，同伴可以发挥强大的作用。幼儿更有可能简单地遵守成人的意愿，而不是了解另一个儿童的观点并"拥有"解决方法。同学和朋友可以以系统的方式或非正式的方式扮演同伴调解者的角色。

自发的同伴调解者和同伴鼓励者

在本书前面的例子中，3岁的乔纳森进行了一次自发性的同伴调解。在他的幼儿园里没有正式的同伴调解训练，但是有一个充满关怀和友好的环境，所有的儿童都能够用语言来表达期望的行为——"不可以动手！要使用语言！"在其他情况下，冲突中的儿童可能正在努力寻求解决办法，并试图进行协商。其他儿童可能会充当"同伴鼓励者"，提供支持和建议，并通常认可和平的协商过程。

许多幼儿园和小学阶段的儿童都有更正式的同伴调解方案。儿童会学习特定的步骤、策略和语句，以便在扮演同伴调解者的角色时使用。参与冲突的儿童还会学习如何求助于同伴调解者，以及如何遵循调解者提供的指导。这些同伴调解方案有很多种类，我们将在第十二章中讨论它们。这些方案的主要区别在于如何选择调解者。在一些方案中，某些儿童会被选中接受特殊培训并成为指定的同伴调解者。在其他方案中，所有的儿童都将学习技能和策略，任何儿童都可以被要求在冲突同伴间进行调解。在"开端计划"项目中，同伴调解者被称为吵闹终结者。争论者的共同朋友被要求帮助儿童在教室里的和平桌上解决分歧（Gillespie & Chick，2001）。

同伴调解的第三次机会发生在小组中。儿童可以将他们的问题带到教室会议中加以解决。班会和晨会是展开讨论的好机会（Charney，1992，2002；Vance & Weaver，2002）。

> **教师的话**
>
> "我所面临的最大问题是回避问题。我必须让儿童说出他们的问题，鼓励他们为自己说话。当儿童从另一个儿童而不是成人那里听到这些话时，他们会得到更多。"

在你所处环境中的一个计划

寻找在你所处环境中可以做的工作

在本书中,我们研究了许多方法来建立一个促进冲突解决和创设和平的关怀型教室。在第十二章中,我们将探索学校和机构可以使用的课程模式。教师被鼓励去评估、选择并尝试各种方法和策略,从而找到哪些内容能够在你所处的环境中起作用。

教师的话:一个幼儿园教师的计划

"我试着把团体的概念融入我的教室。我们会在小组里开展很多工作。我试图教孩子们对自己和自己的行为负责。虽然他们年龄小,但他们已经能理解对和错的区别。如果团队中出现问题,那么整个团体都有责任让他们自己回到正轨。我尽量不介入太多,因为我想让他们学会如何解决问题。我也会利用教室里的和平桌。如果两名儿童意见不一致,那么我会把他们带到和平桌前。他们必须用'情感语言'('当你这样做时,我很难过')来解决他们的问题。"

尝试一些不同的东西

我们强调了在每一种情况下能够满足儿童和成人需要的冲突解决策略。下面的干预案例显示了不同的干预儿童冲突的方法。

"麻烦"来了 一群4岁的女孩正试图阻止另一名同学的加入。当这名同学走近时,其中一个人说:"麻烦来了!"女孩们离开了她们的同学,继续排斥她。看到这些,教师走近这群孩子并说道:"我的名字叫'麻烦'。谁愿意和我一起跟着领队玩?"所有的女孩都很高兴地排在教师的后面。被排斥的女孩也加入了游戏。

通过教师的间接干预,排除和结盟被重新界定,并且由于现在"麻烦"这个绰号有了"地位",所以消极影响已经被消除了。

十分老式的内疚把戏 "我知道你是他的好朋友,你绝不会有意伤害他的感情。他一定是误会了,以为你说了什么。你能向他解释一下你到底想说什么吗?问问他是否接受你的道歉。"

这种方法可以被描述为"积极重述的策略",而不是"内疚的把戏",但它们是教师使用的词汇。在不免除儿童使用伤害性语言的后果的情况下,教师给了她一个弥补的机会,并引导她积极地用替代语言来重述这种情况。

和儿童一起庆祝成功

最后,很重要的一点是,要庆祝儿童在学习解决冲突和创设和平方面取得的成功。教师和家长会庆祝儿童在所有的学习和发展领域取得的成功,解决冲突也不应例外。儿童可以通过张贴在教室和礼堂里的海报、学校的集会报告、给家长的信、校报(甚至社区报纸)上的文章来分享他们的成功。分享成功可能意味着指导其他儿童学习解决冲突和创设和平。

带着解决冲突和创设和平的工作走出教室,我们便可以引出本书接下来的章节。我们将与作为合作伙伴和维权者的家长和社区成员,探讨合作解决冲突的方法。

小 结

当冲突发生时(这在我们的关怀型教室里也不可避免),教师需要决定是否、何时以及如何进行干预,以支持和引导儿童做出积极的决定。我们探索了一系列的干预策略(从教师控制到儿童独立解决问题)。根据"三层蛋糕"模型可知,教师会在顶层发挥作用。我们的希望是,在有了坚实的底层和中间层之后,教师在顶层的角色将是旁观者或啦啦队队长,而不是法官或裁判。

教师的话:通过向儿童学习来了解他们的冲突

"在二年级的教室里,7—8岁儿童每天都会发生很多冲突。观看并学习他们如何解决分歧和问题是令人惊奇的。有些儿童需要成人的帮助,要么是教师告诉另一个儿童他们对发生的事情的感受,要么是友好地提醒他们用自己的语言来帮助解决问题。

> "有趣的是，我们会看到大多数儿童都能自己解决问题，他们很少或不需要教师进行干预。有些儿童很快就会把问题抛诸脑后，直到问题得到解决才完全正视它。如果教师事先提供了榜样，那么儿童就更容易以适当的方式解决他们的问题。在教学过程中，教师应花一些时间以适当的方式处理问题。对于我来说，哪些儿童已经准备好以一种'成熟'的方式来处理问题，哪些儿童很快就会放弃或付诸行动是显而易见的。
>
> "我的结论是，所有的儿童处理冲突的方式都不一样。教师和家长的职责是教给儿童必要的技能，使他们能够与其他儿童一起面对问题。"

补充材料

研究重点/教师研究

这里有一个需要调查的研究问题：教师看待儿童发展冲突解决能力的方式是否与看待其他发展和学习领域的方式相同？在一个典型的教室里，两名儿童正在试图弄明白如何使积木塔保持平衡。另一名儿童正在面对一个不同的难题。还有一名儿童在阅读一本超出其掌握水平的书。教师要做什么？在提供帮助前，教师应该：观察和思考适合儿童解决问题的工具、教师知道的关于儿童和任务的性质，以及教师如何看待自己的角色（例如促进者、引导者、指导者、信息提供者和学习调解者）。

这些儿童的活动与争论有什么相似之处或不同之处呢？不同之处在于，在冲突情境中，教师可能会看到潜在的危害和伤害，但在发展型任务中，教师看到的是合作学习。观察你或其他教师在一个"传统"的学习环境/发展型任务和冲突中的情况。教师的反应和行为是相同的，还是不同的？

应用练习

1. 角色扮演：在连续体中开发干预的例子。将卡片与情景结合使用，将其与教师的观点、文化理解或误解等因素混合以改变卡片的内容。

2. 与你所在学校的教师或你可能访谈的其他学校的教师讨论教师干预的连续性。教师如何处理教室里和操场上的冲突？教师对室内和室外或男孩和女孩之间的干预是否有区别？这些教师如何决定是否以及怎样进行干预？

对每一个儿童的思考

1. 考虑在你所处的环境中拥有不同文化、家庭习俗和语言的儿童。你目前干预、调解和引导儿童解决冲突的方法是否具有文化敏感性？针对身体接触、私人空间、眼神交流、占有权和所有权的规则或独断等方面，你的行为是否会让一些儿童和家长感到不舒服？

为了更好地理解跨文化交流，你可以参考一些资料（Deipit，Ladson-Billings，Lynch & Hanson）。

2. 阅读美国特殊儿童委员会早期教育分会的立场声明，并思考它对你当前和未来与幼儿及其家长相处的影响。

美国特殊儿童委员会早期教育分会
关于挑战性行为干预措施的立场声明

通过：1998年4月

重申：2001年6月

认可机构：全美幼教协会

许多幼儿在早期发展的过程中都有挑战性行为。其中大多数儿童会对具有发展适宜性的管理技巧有所反应。

每一位家长（包括残疾儿童的家长）都希望他们的孩子能够进入学校、儿童看护中心或以社区为基础的养育和安全项目。许多幼儿在其早期发育的不同时期都会有挑战性行为。通常这种行为是短期的，并且会随着年龄的增长和适当的指导策略的使用而减少。然而，对于一些儿童来说，尽管成人提高了警惕并使用了适当的指导策略，但这些挑战性行为可能会变得

更加一致。对于这些儿童来说，挑战性行为可能会导致自己或他人受到伤害、物理环境受到损害、干扰新技能的习得和（或）使儿童在社会上被孤立（Doss & Reichle，1991）。这些儿童可能需要额外的干预工作。

美国特殊儿童委员会早期教育分会坚信，许多类型的服务和干预策略都可以被用来解决具有挑战性的行为。

鉴于最具挑战性的行为的发展性质，我们认为，可以在家庭和教育环境中添加大量的补充服务，以增加儿童学习适当行为的可能性，还可以在正式或非正式的支持下实施各种干预战略。服务和战略可以包括但不限于：①设计环境和活动，防止具有挑战性的行为，并帮助每一名儿童发展适当的行为；②使用注重幼儿挑战性行为的形式和功能的、积极的、有效的行为干预措施；③采用旨在帮助幼儿学习与环境相适应的行为的课程调整方案和调节策略；④提供外部咨询、技术援助或额外的来自工作人员的支持。此外，所有与儿童合作实施个别教育计划或个别化家庭服务计划的专业人员必须有机会获得有效地实施预防和干预方案所需的知识和技能。

美国特殊儿童委员会早期教育分会坚信，家长在设计和实施有效的干预措施以应对挑战性行为方面发挥着至关重要的作用。

鉴于早期儿童教育以家庭为中心的性质，我们认识到家长在应对挑战性行为方面发挥着关键的作用。在通常情况下，挑战性行为会在不同的地点、群体和时间中发生，因此家长应该是干预团体中的关键成员。家庭成员和专业人员之间的协调努力有助于确保干预是有效和高效的，并能满足儿童和家庭的需要并使其发挥长处。我们必须根据家庭的情况，通过个别教育计划、个别化家庭服务计划或其他团体决策过程做出关于挑战性行为、可能的干预措施、安置和正在进行的评估的决定。[Doss, L. S. & Reichle, J. (1991). *Replacing excess behavior with an initial communicative repertoire*. In J. Reichle, J. York, & J. Sigafoos (Eds.), Implementing augmentative and alternative communication: Strategies for learners with severe disabilities. Baltimore: Brooks Publishing Co.]

第四部分

在教室之外支持儿童的冲突解决：
家庭、学校和社区的理解与合作

第十一章

与家庭和社区合作支持儿童的冲突解决

> "我逐渐意识到,冲突不仅仅发生在我的教室里。从教室到游戏室,从停车场到马路,从盥洗室到卧室,冲突无处不在。"

目标： 除了在学校里,儿童在家庭以及邻里之间也会获得有关冲突和社会行为等方面的经验。教师们和家长们都很好奇,儿童是否会将他们的亲社会态度和亲社会行为应用到学校和家庭之外的生活中。因此,本书的最后一部分内容将聚焦于儿童在教室之外的冲突经验。在本章中,我们将考察儿童在家庭中与同胞、成人和邻里同伴之间的冲突经验。我们还会探讨家庭和学校合作支持儿童的冲突解决与和平创设的方式。最后,我们将探讨家庭和学校在社区中的合作方式。本章将强调家校沟通以及对家庭和社区文化及语言的理解。本章还将探讨成人在儿童生活中所发挥的榜样力量。在这一章中,我们将听到来自家长的声音,就像我们在整本书中听到的来自教师的声音一样。

儿童在教室之外的冲突

☐ 蛋糕上的糖霜

儿童不仅在学校和机构中经历各种各样的冲突,在家庭和与邻里之间也是如此。在本章中,我们将在儿童冲突解决与和平创设的新图式中考察"蛋糕上的糖霜"。所谓"糖霜"指的是家庭和社区,它们"包裹着"早期儿童机构中的儿童和教师。在本书中,我们一直强调这样一个理念,即我们应该基于家庭及其所在社区的文化环境来理解儿童。根据这一理念,我们提出下列问题:

- 我们如何理解并支持儿童及其家长在家庭中发生的冲突解决与和平创设?
- 我们如何保证教师和家长齐心协力?
- 我们如何使家庭、学校和社区通力合作,一起为所有人创建安全的环境?

我们知道，儿童在学校和家庭中都能够获得关于冲突的经验。那么，他们在学校和在家庭中处理冲突的方式是否一致？他们从学校和家长那里获得的信息是否一致？儿童是否会把从家庭中获得的经验迁移到学校，或者把从学校中获得的经验迁移到家庭？为了支持这种迁移，作为早期教育专业工作者，我们需要解决一个更大的问题，即在儿童养育和儿童行为理解、自制力、攻击性、和解以及冲突解决等方面达成家庭—学校教育的连续性。

> **理 论 笔 记**
>
> 当思考儿童对冲突的反应能否跨越情境时，我们还要注意一个问题，即儿童究竟把什么内化为自身关于冲突与和平的认知结构中。根据维果茨基的内化理论，儿童的高级心理机能首先发生在社会层面，其次发生在个体层面。

新的图式：嵌套和重叠的圆形

除了"三层蛋糕"模型之外，还可以运用其他方式来具象化地呈现儿童成长与家庭、学校和社区的关系。在本章中，我们新增了其他可视化图式，并借此说明儿童在各自成长的世界和领域中都学到了什么。

同心圆或球

这个图式借鉴了布朗芬布伦纳（Urie Bronfenbrenner，1979）描述的嵌套生态系统。儿童及其家庭与学校的互动发生在同心圆的内圈，与社区的互动和成长则发生在较外层的圈中（见图2-2）。（前面我们已经讨论过布朗芬布伦纳的理论。）儿童与家庭处在中心的微观系统中。在中间系统中，儿童及其家庭会与学校、邻里发生互动。在外层系统中，他们会与社区、当地政府、成人工作场所以及各种媒体发生互动。

相交的圆或球

这个图式看起来有点像维恩图（Venn diagram），它描述了儿童的经验在家庭和学校中能够取得一致的部分，以及毫无交集的部分（见图11-1）。在多样性研究和多元文化教育领域中，这一模型已被用于论证文化的一致性，我们也将使用这个模型来解释冲突学习和儿童养育等内容（Smith，1998）。围绕这两个相交的圆，我们将绘制一个更大的圆，这个圆代表着社区。

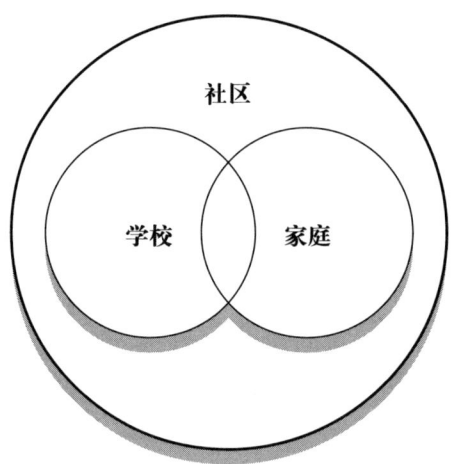

图11-1　家庭、学校以及社区：交叠的圆

这两个圆并不是完全重叠的，因为儿童在家庭和学校中的经验必然有很多的不同，这些不同也是必需的。但是，两部分的经验重叠得越多，就越有利于儿童的成长，因为这表明儿童在学校和家庭中的经验有良好的连贯性和一致性。如果这两个圆没有任何交集，那么就代表儿童生活在两个完全割裂的世界中，这不但无法对儿童提供支持，更有可能给儿童呈现大量矛盾的信息。有一个方法可以考察儿童生活中的关联因素的影响，即思考谁是"你生活中的重要他人"（Fallin et al.，2001）。

家庭中的儿童冲突

儿童在家庭中的冲突经验

我们已经仔细地考察了早期儿童机构中的同伴冲突。在本章中,我们将探究儿童在家庭中与家人和朋友发生冲突的本质。

儿童在家庭中的冲突有什么普遍特征?

我们可以假设所有儿童在家庭中发生的冲突都存在共性。与学校中的冲突一样,家庭中的冲突也是自然的、频繁的,而且具有一定的结构(包括冲突的主题、冲突解决策略、冲突的后果)。与同伴冲突一样,家人之间发生的冲突兼具建设性和破坏性。与同伴冲突相比,同胞之间的冲突更加复杂且更加多样化。在深入探讨之前,我们首先要澄清一下本章中的"家人"(family)与"家庭"(home)的含义。

"家人"和"家庭"的定义 什么是"家人"?我们认为,家人是因情感与关怀而联系在一起的人。美国人口普查局(U.S. Census Bureau)对"家人"的定义是:具有生育、婚姻或收养关系的,住在同一间房子里的人。社会学家给予"家人"以功能性的定义:家人是"住在一起并相互照顾的人",特别是,他们"保护并养育孩子"(Fuller & Olsen, 1998, pp.2-3)。对于家人的期望和角色有许多假设,这些假设会影响家庭成员之间的关系。一个假设是父母和成年家庭成员是决策和传递知识的权威人物,儿童是家庭中处在成长期的、需要被关怀的人。另一个假设是兄弟姐妹会比父母活得更久,所以同胞关系比亲子关系的持续时间更长。

什么是"家庭"?在本书中,"家庭"一词意味着儿童与家人在一起生活并互相关心,不一定需要一个物质意义上的住所。我们并没有把"无家可归者"排除在家庭之外。在这个意义上,我们对"家庭"的定义可能更适用于家人因互相关心而聚集在一起(即使这种相聚是短暂的)。我们所讨论的家庭冲突,除了发生在同胞和其他家庭成员之间的冲突,还包括发生在"家庭"中的非家人的朋友之间的冲突。

小贴士

在本书中，我们倾向于使用更具包容性的"家人"，而不是"家长"。但是在某些情况下，为了语义清晰，我们也会使用"家长"或"监护人"来指代"成年家庭成员"。还有一点要注意，人们一般默认母亲是孩子的主要养育人，但"家长"和"家人"还应包括"透明的"父亲。

家庭关系有何不同？

家庭中的儿童冲突不同于学校中的冲突，这一情况与家庭关系和家人角色相关。家庭中的血缘纽带使得家庭关系不同于学校中的同伴关系或邻里关系。家庭关系具有强制性，儿童无法选择自己的家人，也不能自由地与家人解除关系。同伴关系则具有自愿性，他们可以自由地选择开始或结束一段同伴关系。

此外，我们还可以根据亲密程度来描述不同的关系（Maccoby，1996；Vespo，1997）。家庭关系与朋友关系都存在亲密与不亲密的区别。为了维护稳定的同伴关系，儿童可能会努力解决与好朋友之间的冲突。对于同胞来说，冲突并不会动摇他们之间的关系，而且儿童也不可能像解除同伴（尤其是不那么亲密的同伴）关系那样解除同胞关系。正因为同胞关系具有强制性和延续性，所以必须考虑破坏性冲突可能对同胞关系造成的持续性影响。

同胞之间的冲突可能会发生得更激烈，更倾向于肢体冲突，而且持续的时间更长。这种现象产生的原因在于，儿童可能会觉得有必要坚持自己的看法，而不是像解决同伴冲突那样采取和解策略。由于年龄、性别、出生顺序和冲突主题不同，所以并非所有的儿童冲突研究者都认同关系差异对儿童冲突的影响。

家庭冲突的多样性 我们可以肯定地说，每个家庭成员都是不一样的，而且他们处理冲突的方式也各有不同。这些差异不胜枚举，但教师要避免主观臆断和笼统地认识，要积极、敏感地面对每一个家庭。家庭的不同主要表现在家庭文化、家庭结构、家庭养育方式的多样性等方面。

文化在儿童家庭冲突中的角色 家庭文化涉及语言、信仰、国籍、种族等方面，并且许多家庭都存在不同文化的混合。跨文化的儿童养育研究让我们得以深

入了解家庭关系的多样性。不同的研究描述了一系列社会互动的差异,其中包括冲突之间的差异(DeLoache & Gottleib,2000;Lynch & Hanson,1998;Whiting & Edwards,1988)。

家庭文化还包括在家庭内部形成的理解和行为方式。作为家庭规范的仪式、规则和行为通常是一个家庭所独有的,并与其他家庭有很大的不同。

家庭结构与角色 家庭的结构和规模、角色和关系等是多种多样的。有涵盖不同年龄层的多代同堂家庭、同性伴侣家庭、单亲家庭、大家庭、领养儿童家庭、寄养儿童家庭、有特殊需要的家庭、混合家庭、独生子女家庭、多子女且子女年龄相近的家庭,以及同胞年龄差别很大的家庭等。父母、祖父母以及家庭式或机构式养育中心都有可能承担主要的养育职责。想象你自己的家庭以及那些你认识的人的家庭。你见过多少种家庭类型?你口中的"幼儿及其家庭"其实具有极大的多样性。

▢ 与同胞之间的冲突

对同胞冲突的普遍看法:"我讨厌姐姐!"

关于同胞关系,有一种非常普遍的看法,即儿童总是无法和他的兄弟姐妹和睦相处。媒体传递的信息会强烈地影响儿童对同胞关系的看法。儿童文学对同胞关系的描绘通常很消极,或者在开篇很消极,然后家庭成员一起解决问题。成人的形象则是充满权威或力量的同胞冲突解决者(Kramer et al., 1999)。同胞关系看起来总是充满问题和矛盾,而不是关怀和友善。对于家长和教师来说,改变这样的印象至关重要。

请回忆一下,你与同胞之间的关系是充满欢乐的,还是矛盾的?又或者两者兼有?育儿书籍是否表现出"没有赢家"的情况,并且假定同胞之间无法友好相处?又或者展现出强烈且充满关怀的同胞关系?育儿书籍常常只是展示问题——敌对、争论以及挑衅。一些同胞确实能比另一些同胞相处得更好。有研究者把同胞关系的质量划分为六大类。其中,三个积极的类别是:温暖与关爱;参与;冲突解决与关系维持。另外三个消极的类别是:对立;控制;敌对与竞争(Kramer et al., 1999)。就像同伴互动一样,成人可以交流他们对于积极的同胞互动的期望和关注。

同胞关系和同胞文化

同在教室里一样,儿童在家庭中会使用自己的规则、共同的语言和幽默,并创造出独特的同胞文化。对于年龄相近的儿童,同伴文化的影响力较大。那些年龄相差较大的同胞没有共享的成长岁月,他们之间的关系和冲突的本质也会大不相同。在这里,我们将关注点聚焦在年龄相近的同胞上,他们共享了时间、空间、经验和家庭养育的过程。

> **一个家庭故事:书中的信息**
>
> 8岁的安妮正在阅读朱迪·布鲁姆的小说《超级骗子》(*Superfudge*, Judy Blume, 1980)。这个有趣的故事是从一个哥哥的视角出发的,这个哥哥饱受弟弟福吉的不良行为的折磨。安妮的妈妈注意到,安妮开始找5岁的弟弟本的麻烦,尽管这两人平时关系很不错。本现在和安妮在同一所学校,并且正在学习阅读。安妮常常认为她自己是"会阅读的人"。妈妈决定和孩子们谈谈。她明确地说:"本不是福吉!""这个家里的所有人都将成为会阅读的人!"家庭又重回和睦。

正常发育的儿童　年龄、性别以及出生顺序等因素使得同胞冲突的主题及解决策略是多种多样的。我们可以通过已有研究和实践对同胞冲突的主题进行初步了解。首先,我们可以看到,同胞中年长的儿童可能会扮演一个"更有能力的同伴"的角色,他们会在争论中扩展和延伸幼儿的认知和策略(Vygotsky, 1978)。我们再来看看鲁道夫·德雷克斯(Rudolph Dreikurs, 1964, 1990)的经典研究。他发现,儿童会在家里寻找特殊的舒适空间。儿童在家里有自己的"安全地盘"也许能够避免有敌意的争吵,但是如果出现"入侵者",那么冲突也会随之发生。在道德推理中,性别通常会影响儿童对冲突主题和差异的理解,这可能会导致冲突或者妨碍冲突的解决(Gilligan, 1982)。

有特殊需要的同胞　那些有特殊需要儿童的家庭也无法避免同胞冲突。残疾儿童和发育迟缓儿童会给家庭（即使是充满爱与和谐的家庭）带来额外的压力。正常发育的儿童往往对其"特殊"的同胞有着复杂的感受，他们会从关爱、保护变为不耐烦与怨恨。这些儿童需要教师与家长的支持。反过来，教师需要支持家长、儿童以及学校中的同事。除了年龄、性别、出生顺序之外，特殊的需要或残疾也影响了同胞互动（Kostelnik et al., 2002；others）。有残疾或没有残疾的同胞之间的建设性冲突可以作为平等关系的一个佐证，并尊重残疾同胞的"优先权"。当冲突发生在一个"公平的赛场"时（坐在轮椅上的儿童可以为棋盘游戏而争吵），我们所强调的内容是能力，而不是残疾。

在干预和支持有特殊需要的儿童及其家庭的方案中，那些正常儿童往往会被忽视，但是现在他们也开始受到关注。儿童需要了解有关其同胞的信息和知识，以便肯定自己的理解，并且应对那些来自家庭之外的、不合时宜的询问。那些有残疾同胞的儿童常常会对他人表现出更多的宽容、耐心与怜悯，并且常常会因为残疾同胞的成就和能力而感到自豪（Fuller & Olsen, 1998）。正如我们所期待的那样，这些特性有助于儿童的冲突解决及同伴间的和平交往。

同胞冲突中发生了什么？

同胞冲突与同伴冲突既有相同之处，又有所区别。它们之间的相同之处在于：它们都是自然而然地发生的；它们可以是建设性的，也可以是破坏性的；在结构上，它们都包括主题、策略及后果。它们之间的不同具体表现为主题、策略及后果的具体内容，冲突发生的时间和空间界限，儿童与成人的关系等方面的差异。接下来，我们将探讨冲突的主题、策略及后果。

冲突的主题：同胞之间为何争执？ 首先，这个冲突是严肃的、"真实"的冲突，还是闹着玩的、友善的嬉戏？我们常常会听到儿童吵嘴。这是真实的争吵么？又或者只是一次口头游戏？同胞之间的吵嘴、口头冲突以及争执可以作为排练和试探的安全情况。如果这是有害的捉弄或单方面的恶作剧，那么它就是不健康的，是一次同胞之间的霸凌（见第九章中关于霸凌的内容）。

下面是一些可能造成同胞冲突的潜在原因。直接引发冲突的原因可能是对物体或空间的争抢，这一点与同伴冲突并无差异。

家长的关注：如果儿童认为发生冲突是唯一能够引起家长注意的方法，那么他们就会这么做。这与教室中的情况相似，儿童会按照他们认为有用的方式开展行动。家长需要采取措施，让儿童以积极的方式寻求关注。通过创设专属时间，家长可以帮助儿童感到自己在家里是独一无二的，他们在家里的地盘是安全的，来自家长的爱也是牢固的。家长有时会因为某个孩子参加了某项运动或在学校里取得了成就而对他更加关注，这种对关注和时间分配的不同可能会导致同胞之间的对抗与怨恨。

> **家庭访谈：儿童的差异，家长的关注**
>
> 一位母亲（有一个8岁的儿子和一个4岁的女儿）说："乔恩很难管教。他不听我的话，无法安静下来，并且总是要我关注他。我知道艾莉也会用同样的方式制造冲突以引起我的注意。"

影响力/掌控局面：儿童可能会因为想要控制他人而制造冲突。通过冲突来控制同胞（甚至只是加剧冲突），是儿童在其生命早期体验控制权的一种方式。家长应该为儿童提供自己做决定的机会，让儿童感到自己是一个受到尊重的个体。要使儿童真正地认同家庭的规则与期待，而不是简单地告诉他："按我说的做！"在处理冲突时，成人不应该只是各打五十大板，而应为儿童提供积极的解决方式，引导儿童站在他人的立场上与他人进行协商，并为其设置适当的年龄限制。

> **讨 论 案 例**
>
> 这是一个关于同胞冲突的有趣案例，也许它与出生顺序、权力或家长的关注和喜好有关：6岁的迈卡和4岁的詹娜经常为了谁能够与刚出生的妹妹玩耍而大声争吵。你能说说冲突的原因吗？

同胞关系和自我同一性问题：埃里克森认为，通常儿童天生地会珍视他们的同胞关系，并发展自我同一性（Erikson）。当然，孩子们并不是在所有时候都很合拍。

- 当同胞中的一个孩子想要独处或只和同龄人在一起，而另一个想要一起玩时，对独处、空间、自我同一性以及个性的需要可能会导致冲突。
- 对同胞的关注和联结感的渴望，可能会成为戏弄、恶作剧或烦恼的来源。成人可以帮助儿童生成替代性解决方案、彼此妥协、找出可以一起玩或独处的时间和空间，并且帮助儿童传达对彼此的关爱——即使他们不在一起玩，这种关爱也依然存在。

最后，因为大部分的同胞（双胞胎除外）都不是同龄人，所以年龄或发展的不匹配可能会导致对同一情况的不同解读或注意广度和身体协调性的差异，这些都会造成争论、误解以及冲突。家长可以帮助孩子学会换位思考和倾听他人。

> **家庭访谈："儿童冲突的核心主题"**
>
> 一位母亲（有三个年龄分别为3岁、6岁和10岁的儿子，一个9岁的女儿）说："我所面临的最大的麻烦是孩子们之间持续不断的小摩擦（指所有取笑、找麻烦、打扰或激怒他人的行为）。其中涉及领地问题。如果其他人在未经允许的情况下进入他们的房间，他们会感到很生气。物品所有权也是一个大问题，通常这与玩具相关，但也可以是任何东西。在不同的场合中纠正其他孩子也是一个大问题。他们每个人都觉得自己是对的，都要证明其他人是错的。主要的冲突都围绕着那个6岁的孩子，他经常会故意惹恼哥哥和姐姐。他们明显没有耐心来应对他。3岁的孩子倒没有什么冲突，在通常情况下，他和其他人都相处得不错。"

同胞冲突的策略和回应　　与同伴冲突一样，儿童与同胞之间的冲突也涉及身体策略和言语策略（向成人寻求帮助）。在同胞冲突中，这些策略是怎样运用的呢？

身体策略可能包括我们在同伴中看到的非攻击性行为（例如推拉、抓住一个物体不放和把东西拿走）。同胞之间也可能使用具有攻击性的身体策略（例如击打）。言语策略包括坚持、协商和推理。同胞协商的基础可能不同于同伴协商。同胞之间可能会使用不同的威胁和承诺方式。同伴之间关于友谊的威胁和承诺（如

"我不会邀请你参加我的生日聚会"或"请放心！你永远是我最好的朋友！"）并不适用于同胞。更有力的威胁是"我警告你！"以及做出对未来有所影响的威胁、承诺和讨价还价（如"我会让你用我最好的棒球手套！"）。言语威胁作为讨价还价的工具有着更持久的影响。

向成人寻求帮助适用于同胞冲突中的一些特殊情境——"陷害"或转移内疚的想法。家庭中的另一个问题是，可能不止一个成人是权威人士，这产生了著名的"货比三家"策略，或者通过说一个家长已经同意了来说服另一个家长。

儿童冲突行为的结果和后果　对冲突的反应也可以被看作从"理解"到"暴力"的连续体（见图11-2）。儿童可以从他们在家和学校里的冲突经历中得到强有力的信息。

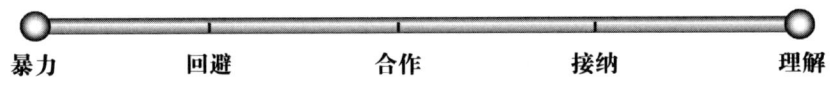

暴力　　　回避　　　合作　　　接纳　　　理解

图11-2　回应冲突的连续体（儿童与成人都适用）

直接冲突的结果包括儿童生成的结果和成人控制的结果。儿童生成的结果与同伴冲突情境中的结果相似——达成共识，一方获胜，放弃这个问题（在成人的记忆中这被描述为"让它蒸发"），或者由另一个同胞（甚至同伴）进行调解。随着时间的推移，同胞之间的妥协可能会涉及复杂的特权协商。儿童可以准确地预见某些情况（例如在自驾旅行中谁坐在前面、谁从事日常家务劳动等）会再次发生。儿童可以为将来的特权讨价还价（"让我现在挑，你下次挑"），或者威胁在未来进行报复（"如果你现在把我的游戏搞砸了，那轮到你时咱们走着瞧"）。

家庭访谈：货比三家的策略

一对父母（有一个7岁的儿子和一个4岁的女儿）说："对于家庭中出现的冲突，我们会尽量保持一致的立场。两个孩子随时会使用一个很圆滑的方法——当向一个家长提要求并被拒绝后，他（她）会立即去找另一个家长。我们的策略是，在不凌驾于对方的情况下，努力保持和谐的局势并达到相互理解。我的意思是我们会互相沟通，了解对方的真实反应。"

成人实施的解决方案可能会更多地考虑儿童的年龄、先前的经验，以及基于年龄、性别或以往的行为对儿童的不同期望。家庭可以实施各种各样的制裁或惩罚，并使其随着时间和空间而变化——直到睡前，一周；待在你的房间或院子里；承担额外的家务等。这种后果的影响可能会更持久，有时候会被当作"家庭典故"被大家念叨多年（"还记得有一年你吃了我的万圣节糖果却不承认吗？""就是那一年，你吃了我的巧克力兔子。"）。

与邻里同伴间的冲突

儿童在家里时会和朋友发生冲突，也会和非朋友的邻里同伴发生冲突。在解决长期关系中的冲突的动机方面，朋友和同胞之间的冲突有一些共同的特征。邻里朋友可以选择离开，然后回家，但是冲突可能会延伸到上学日之外，甚至从第一天延伸到第二天。成人的干预和家庭规则不同于教师的干预和学校或课堂规则。在家庭中可能有更多的可逃避的选择。在朋友和非朋友的邻居之间，第一个问题在于儿童是否有解决冲突的动机或理由。其他问题是：冲突是发生在家里，还是在公共的草地上？冲突是发生在同伴之间，还是在一个群体中？（Kramer et al., 1999）邻里同伴冲突不仅发生在两个儿童之间，也发生在群体中。在多方参与的争端中，儿童可以以个人的名义行事。例如，三名儿童可能会争论谁第一个玩。在另一种情况下，儿童可以作为一个群体中的成员，代表他人进行争论。对于一个新来的人，一群孩子中的一名成员可能会坚持说："你不能在我们的地盘玩！"（这会让你想起关于社会学的那一章吗？）尽管群体冲突在邻里游戏中很有趣，也很常见，但大多数关于儿童冲突的作品和研究都是在"成对冲突"或"两个儿童之间的冲突"的背景下进行的。

与家庭中成人的冲突

在家庭中，儿童和成人也有分歧。因为成人和儿童之间的关系与同伴或同胞之间的关系不同，所以分歧的背景也大不相同。成人和儿童之间会发生纠纷，但问题是：这些分歧是实际的冲突，还是成人对儿童行为（例如儿童想在商店里玩玩具，或者不愿意打扫卫生、睡觉和做家庭作业）的长期反应？在这种情况下，冲突管理就是一个育儿问题。

家 庭 访 谈

一位母亲（有三个年龄分别为3岁、6岁和10岁的儿子，一个9岁的女儿）说："哦，是的，我们之间会有冲突！我和每个孩子的冲突都不一样，可能是因为我对他们的期望有所不同。对于3岁的孩子来说，他在很多时候会和我对着干。对于其他人来说，主要是尊重、态度、谈话方式和时间管理等问题。"

与成人之间或儿童之间的冲突不同，在成人与儿童的冲突中，感知、理解和需求的差异都是儿童学习和教师提供指导的机会。如果有分歧，那么基本的规则是什么？当与儿童产生分歧时，成人的角色和责任是什么？以下是指导方针或"应做"和"不应做"的事情。

应做的：

- 保持冷静，不摆出好斗的姿态。
- 把解决分歧当作"让我们一起做决定"的机会。
- 把握机会，形成解决问题、倾听、产生备选方案的模型，并以尊重和充满关怀的方式找到一个双方都满意的解决方案。
- 让失去控制的儿童或成人离开现场。

不应做的：

- 与儿童争论。
- 使用身体力量、强制措施进行威胁或使用身体、言语、情感暴力。

这并不意味着父母不与儿童进行讨论或不听取彼此的观点（参见"权威型育儿方式"）。

家庭访谈

一位母亲（有三个年龄分别为3岁、6岁和10岁的儿子，一个9岁的女儿）说："有时候，我会试图鼓励他们自己解决问题。我必须承认，这种做法对我最大的挑战是如何处理自己的愤怒。我似乎无法抽身而出，并表现得像父母一样。有时候，我对情绪的控制还不如我的长子。然而我还是希望当他和他的小弟弟相处时，他能很好地控制自己。这真的令我很沮丧。"

家长如何处理冲突

家长如何支持冲突解决与和平创设

家庭中的互动文化和日常生活环境是什么样的？正如我们在课堂上讨论过的充满关怀和友好的氛围，家庭也可以创设一种充满关怀的环境。家长要把儿童当作家里的一员并提供支持（包括为其留出专属陪伴时间），尊重每一个孩子，教授其协商的技巧，营造一个安全和充满关怀的环境。儿童需要具备倾听并理解后果的能力；成人需要倾听儿童的观点，而不是把自己的观点强加给儿童。（本书前面章节中讨论的大部分内容既适用于教师，也适用于家长。）

育儿方式的类型：如何教儿童解决冲突？ 成人对儿童冲突的反应与父母育儿方式的类型密切相关。父母处理儿童冲突的方式是儿童有力的学习榜样。

- 权威型：倡导民主；鼓励自行解决问题；强调沟通；为行为提供适当的限制和期望，但也让儿童参与决策；既要求严格，又有所回应。
- 独裁型：制定武断的规则，实施惩罚，限制儿童的环境，强制儿童遵从规则，要求严格，无回应。
- 宽容型：提供很少的行为规则和期望，可能存在过度放纵或忽视的情况，不愿意设定限制，不做严格要求，但会有所回应。
- 忽视型：忽视、无要求和无回应。

在其他育儿类型之外，伯格还增加了功能失调的育儿方式，这种家庭可能涉及家庭成员有慢性精神疾病和药物滥用或虐待儿童的情况（Berk，2000；Berger，2000）。

下面的案例呈现了不同家长在处理儿童冲突时的不同做法。

> **家庭访谈：育儿方法**
>
> 一位有两个孩子的母亲（有一个8岁的儿子和一个4岁的女儿）说："我们（夫妻）在相似的背景下长大，所以我们的育儿观念基本一致。我们对孩子有很高的期望，也许比我们的父母对我们的期望更高。孩子们很少会争吵，因为我们总是强调要尊重每个人，我认为所有的家庭成员都要彼此尊重。这两个孩子有4岁的年龄差距，而且一个是男孩，一个是女孩，这可能是他们之间冲突较少的一部分原因。当他们发生争吵时，我们会让他们坐下来讨论冲突，还会给他们一些提示来解决问题。我们没有一套固定的规则，但我们希望孩子们知道什么是对的，什么是错的。"

> **家庭访谈：育儿方法**
>
> 一位有四个孩子的母亲（有三个年龄分别为3岁、6岁和10岁的儿子，一个9岁的女儿）说："我的孩子有自己的房间保存自己的东西。如果他们想要进入别人的房间或使用别人的东西，那么他们必须事先征得对方的同意。我们还有一个游戏室，在这里大家可以共享玩具和游戏。在外面也有可以共享的玩具。如果有人弄坏了一个不属于他（她）的玩具，那么他（她）就应该用自己的零用钱买个新玩具。"

家庭氛围和期望

我们再次声明，每个家庭都有不同的关怀与和谐氛围，和平并不代表没有冲突。解决冲突的方法也不是只有一种。家长要界定并向每个家庭成员传达规则和期望，这些内容可能涉及家务劳动、家庭作业、外出、回家、文化和个人的家庭差异，以及未达到期望的后果。

> **家庭访谈：是期望，而不是规则**
>
> 一位有三个孩子的母亲（两个儿子分别是14岁和2岁，一个女儿是12岁）说："我的期望来自与孩子们的讨论。当他们小的时候，我们不使用条条框框来约束他们的行为，我们使用表扬。当孩子们表现好的时候，他们会给祖父母打电话。我们努力对孩子们在学校里和家庭外的行为表达一致的期望。现在孩子们长大了，我们看到他们的言行越来越一致。"

> **家 庭 访 谈**
>
> 一位有三个孩子的母亲（两个儿子分别是12岁和11岁，一个女儿是13岁）说："我们没有规则，我们所拥有的更像是准则。我们经常会谈论黄金法则。尊重并不是一种规则，而是一种无论情况如何都应拥有的态度。我们对孩子们说的最高规则是：在你做或说任何事情之前，问问你自己——如果你的父亲或母亲在场，你是否还会这样做或这样说。"
>
> （这位母亲是一名教师，她在课堂上也使用这种方式。）

对儿童的规则和期望可能还涉及可以玩的游戏类型（暴力游戏、武器游戏、吵闹或活跃的室内游戏、和谁一起玩、在哪里玩和玩多久）。

> **帮助家庭：为非暴力的游戏选择玩具**
>
> 抵制不健康的儿童娱乐教师协会（Teachers Resisting Unhealthy Children's Entertainment，TRUCE）旨在促进健康、非暴力的娱乐方式。该官方网站能够为家庭和教师提供关于玩具选择的信息、媒体暴力指南以及其他资源和链接。

家庭内部的一致性 成人是否就家庭规则、干预的时机和方式以及违反规则的后果达成一致？是否一致或公平地对待所有的儿童？无论是在家里，还是在学校里，共享语言策略和理解策略都是很有价值的。

> **家庭访谈**
>
> 汤姆（父亲）和贝丝（继母）有一对5岁的龙凤胎和一个3岁的女儿。
>
> *你是如何促进冲突解决的？*
>
> 贝丝："我会让参与冲突的每一人用自己的语言解释刚才发生了什么。根据冲突的危害程度，我再决定是否介入并解决问题。在其他情况下，我会鼓励他们使用自己的解决方案来解决冲突。我的第一反应是让他们互相理解并自行解决冲突。重要的是要让每个人都了解对方的观点。"
>
> 汤姆："在促进冲突解决时，我会控制局势并保持冷静，通过公平的办法让他们感觉好像每个人都赢了。我认为体会他们的感受是很重要的，还要告诉他们在某些情况下不存在谁对谁错或谁是'第一'的问题。比如，有时候他们就是要听爸爸的话，这没得商量。"
>
> *父母之间达成一致了吗？*
>
> 贝丝："我觉得没有达成一致，但是，我们俩都在努力。我比较看重孩子和冲突的一致性；汤姆看重的是立马解决问题，不管它可能对将来产生的影响。例如，如果3岁的孩子从5岁的孩子手中抢走了一个玩具，汤姆会试图安抚5岁的孩子，并让3岁的孩子留下这个玩具，然后解释说她只是个婴儿。我宁愿让3岁的孩子知道她所做的是错的，即使这意味着她可能会哭。"

成人作为家庭中的榜样　成人作为家庭中的榜样可以建立和强化一种关怀文化，并为儿童提供如何协商和解决冲突的案例。成人在与儿童和其他成人相处的过程中所展现的公平、关怀和尊重行为，为儿童提供了积极的社会互动范本。成人一致的、尊重的行为表明"这就是我"，而不是"这是和成人相处时的我，这是和儿童相处时的我"，或者传达这样的信息——善待一些人而不是其他人（比如只善待那些更年轻或更弱小的人）。儿童能够看到成人用和平的倾听和推理来解决冲突，而不是通过权力和力量支配来解决冲突。父母也可以明确地表示他们对关怀和解决冲突的承诺。然后，儿童将会把这种态度运用到与同胞和同伴的交往过程中。

第十一章　与家庭和社区合作支持儿童的冲突解决　　273

> **家 庭 访 谈**
>
> 一位父亲（有一个3岁的女儿）说："冲突是两个或多个当事方需要解决的问题。如果当我和妻子发生冲突时，阿丽莎也在场，那么我们就会用平静的声音去沟通，倾听对方并试着妥协。当阿丽莎不在时，我们仍然会尝试以相同的方式处理问题，我认为我们可以从这种方式中获益。处理冲突对每个人来说都很难。我们应趁早学习如何应对冲突。"

> **家 庭 访 谈**
>
> 一位有三个孩子的母亲（两个儿子分别是12岁和11岁，女儿是11岁）说："我们的规则是避免冲突，我们会在孩子面前支持彼此的决定。然而，有时我们会不同意对方对于规则的理解。当孩子们不在场时，我们会将感受告知彼此。"

家庭思维游戏　在家庭和教室环境中进行思维游戏可以促进冲突的有效解决。第七、八和九章中有一些基本的课堂思维游戏，教师可以与家长分享，以支持家庭中的冲突解决与和平创设（Crary，1984；Edwards，1986）。在选择、调整或创造思维游戏时，家长应关注儿童在解决问题和冲突时需要的能力：

- 倾听
- 用语言表达思想
- 理解并识别感觉和后果
- 创造具有替代性的解决方案
- 换位思考
- 理解因果关系和行为后果

创造家庭思维游戏　我们可以使用有许多人物表情的杂志或书籍开展思维游戏，并帮助儿童了解人们的感受。成人可以问："你觉得这个人感觉如何？你觉得他在做什么？"从而引导儿童识别图片中人物的情感和情绪，并设身处地地从他人的角度看待事物。在另一个关于情感和情绪的思维游戏中，成人和儿童会在镜子里做出各种各样的面部表情。

在生成替代性方案时，要描述一个常见的冲突场景（如关于物品占有的问题），并询问儿童："他们还能做什么？"对于每一个建议的替代性方案，成人可以追问："接下来会发生什么？"这会将思维游戏扩展到探索结果和影响。

对于换位思考，我们可以问："如果……，你认为你会有什么感觉？"然后问："你认为这个人会有什么感觉？"然后讨论为什么会有相同或不同的回应。

"分饼干"是一个探究儿童道德决策的思维游戏，儿童会根据每个人做了多少饼干、严格的平等原则、年龄或需要来决定故事中的每个人可以得到多少饼干（Edwards，1986）。可用于这个主题的书籍有《门铃响了》（*The Doorbell Rang*，Hutchins）、《爱生气的瓢虫》（*The Grouchy Ladybug*，Carle），以及任意版本的《红色的小母鸡》（*The Little Red Hen*）。

我们可以根据已出版的资料对思维游戏进行改编（Crary，1984；Edwards，1986），也可以自行开发，或者根据儿童书籍和虚构故事进行创编。木偶、图片和道具都可用于思维游戏。思维游戏可以和一个孩子进行，但是把兄弟姐妹聚在一起进行会更有效。在创编故事时，成人可以决定故事人物与孩子的相似程度。如果故事情节太接近现实，那么儿童可能无法与其保持距离。在其他情况下，儿童可能会因为故事中有人"像我一样"而兴奋不已。

在同胞冲突中，成人要意识到每个幼儿都是独立的个体，并倾听和尊重他们。

干预、结果和后果

家长如何处理儿童冲突 家庭会议是处理长期、反复发生的冲突的一种策略。与班级会议类似,家庭成员可以在家庭会议中分享问题和消息,并做出家庭决定。这些会议可以解决特定的冲突问题,或者提供解决一般冲突的方法。家庭成员可以一起开展思维游戏,或者在睡前或其他看书时间阅读以友爱和关怀为主题的书籍。同样,家庭成员之间也可以分享和讨论电视节目、电影和电子游戏。

> **家 庭 访 谈**
>
> 特德(父亲)和贝蒂(继母)有一对5岁的龙凤胎和一个3岁的女儿。
> 贝蒂说:"孩子们和我一起去办公用品店,在我们还没下车前,他们就对谁要坐手推车产生了冲突,我平静地询问他们是否有解决办法。他们有很棒的想法并自行解决了冲突。他们对这些问题都非常开诚布公。"

> **家 庭 访 谈**
>
> 一个重组家庭中的母亲和继父(有一个7岁的儿子和一个4岁的女儿)说:"虽然家庭中的年轻成员很少能够聚在一起,但当他们在一起时,我们期望他们会表现出友好的行为和互动。"

父母应该介入吗? 我们已经看到,在课堂同伴冲突中,有时儿童独立的冲突管理比教师的干预更有效。在建设性冲突中,儿童可以从自己主导的解决方案中进行学习。当破坏性冲突升级并变得危险时,成人会介入。在无害的冲突中,大家持有截然不同的观点。父母干预的有效性取决于冲突的变化和其他相关因素(如干预类型、干预者性别,以及儿童的年龄和年龄间隔)。成人可以考虑这些方面,并决定哪些方面适用于当前的情况。

当不同年龄的儿童发生冲突时,父母的干预可能是积极的,他们可以确保2岁和4岁的儿童以同样的方式理解公平的规则。如果成人可以提供指导和鹰架,那么儿童就能够学习和使用更高级的协商技巧,干预就可能会有所帮助。研究人员表示，这样做可能会减少冲突（Kramer et al., 1999）。

> **家庭访谈**
>
> 这是一对有三个孩子的父母（孩子的年龄分别是7岁、6岁和2岁）。
>
> 父亲说："我们通常允许孩子们自行解决分歧。我们只在他们不能想出解决办法时才介入。"
>
> 母亲说："当他们看起来或听起来要开始打对方时，我们才会阻止他们。我们真的希望他们可以自己解决问题，所以我会告诉他们，如果我们参与进来，那么他们可能不会喜欢我们提出的解决方案。例如，如果他们为了争抢一个玩具而争吵，并且谁都不愿意分享，那么我们就会拿走玩具。他们都不喜欢那样。"

相反，父母的干预也可能是消极的，因为当父母与年幼的孩子站在一起时，这可能会扰乱同胞之间的权力平衡。父母的干预似乎是一种差别对待。如果冲突的目的是为了引起注意，那么成人的干预反而会激化冲突。成人的干预还可能会剥夺儿童学习自己解决冲突的机会。克雷默（Kramer, 1999）等人描述了干预的一般类别，它们包括以下内容：

被动的不干预　在这种情况下，成人对冲突并不关注，而且不以任何方式参与冲突解决。这也可能意味着成人对冲突的忽略。

以儿童为中心的干预　儿童和成人共同努力，积极地解决问题。这些干预措施可能包括：①协作解决问题，探索替代性方案和折中方案；②展开推理，引导对争议和结果的解释；③采取积极的不干预策略，期待孩子自行解决冲突，但可以提供帮助；④探索情感和情绪，引导儿童研究冲突的原因和影响。

成人控制的干预　主要目标是结束冲突，忽视儿童参与或学会如何应对未来冲突的机会。这些干预措施可能包括：①指导或改变儿童的行为或活动，使其远离冲突情境；②诉诸成人的权力，进行威胁或惩罚；③口头命令其停止争斗（Kramer et al., 1999）。

第十一章　与家庭和社区合作支持儿童的冲突解决　　277

> **家 庭 访 谈**
>
> 一对夫妻(有一个7岁的儿子和一个4岁的女儿)说:"如果发生冲突,我们允许他们在成人介入之前有充足的时间先试着自行解决。"

> **家 庭 访 谈**
>
> 一位有两个孩子的母亲(有一个8岁的儿子和一个4岁的女儿)说:"我总会介入他们的冲突。我发誓,如果我不让他们不要吵了,他们就停不下来,并且会无缘无故地向对方大喊大叫。"

> **家 庭 访 谈**
>
> 一位有四个孩子的母亲(有三个年龄分别为3岁、6岁和10岁的儿子,一个9岁的女儿)说:"我会尽我所能地使用理性和逻辑来处理冲突。但我必须承认,我不像我设想的那样始终如一。这在很大程度上取决于我的心情,取决于那天早些时候发生了什么。当冲突发生时,我的第一反应是把打架的人分开,暴力是不可接受的。如果只是争吵,那我会让他们自行解决,我尽量不参与调解;如果他们不能自行处理,那我会尝试运用其他方法。对于较小的孩子,我会让他们先冷静一下;对于大一点的孩子,我会让他们回到自己的房间。我想这基本上也算是一种冷静的处理。这通常是有效的。但是,当'被指控的犯罪者'感到他(她)实际上是无辜的或感到自己受到伤害时,这种办法就没什么效果了。"

何时以及如何干预:家庭的一致性　父母和教师使用的干预措施应该保持一致。当家长把让儿童成为独立的问题解决者与和平制定者当作共同的目标时,现有的干预措施将使他们受益(详见第十章)。从成人的极端控制到儿童控制的这个连续统一体中包括了如下策略(它们同样适用于家庭中的成人):

- 身体干预和成人对结果的引导
- 重申规则

- 提供怎样做的选择或建议
- 支持儿童的协商
- 重申问题
- 仔细观察

了解他们所看到的内容对于成人来说很重要，这有助于他们决定是否干预儿童的冲突。家长的指导方针与教师的指导方针相同：寻找亲社会行为，而不仅仅是反社会行为。正如我们在第三章中所提到的，成人更容易注意到（有时期望看到）儿童的反社会行为，而忽视一天中发生的许多亲社会行为。同样的期望和关注也发生在家庭环境中。我们应仔细地观察并与儿童一起庆祝我们所发现的关怀、合作、支持、同情和调解行为。

家 庭 访 谈

关于一致性和所有权的育儿方式：

"我们两个都试图对这三个孩子实施相同的规则并达到一样的结果。我们也会尽量让孩子们忙起来，以减少冲突的发生。我们会尝试让他们在家里做很多事情。我们也鼓励他们和朋友一起玩，并且让他们的朋友过来玩。如果一个孩子有一个朋友，那么我会希望他们每个人都能有一个朋友；如果一个孩子有一个朋友，但另一个没有，那么我会尽量让另一个孩子忙起来，这样他们就不会互相打扰了。"

家 庭 访 谈

这是三个孩子的母亲和父亲（孩子分别为7岁、6岁和2岁）。

父亲说："我们相信儿童需要被告知他们的行为会带来的后果。他们必须遵守规则并控制自己的行为。我们也相信这需要时间。"

母亲说："孩子必须遵守家庭规则，以便更好地遵守家庭以外的规则（不打人，尊重其他人的财产，不说粗言秽语，尊重长辈，不随地吐痰）。我们相信，为了社会的正常运作，这些规则是我们必须遵守的。"

> 采访者在对孩子进行访谈后说:"我对他们的直率和对家庭规则、期望以及后果的理解感到惊讶,他们讨论了现在的问题,而且化解了彼此之间以及与同伴之间的差异。他们讨论了自己提出的解决方案,而不是让成人来决定解决方案,他们说这给他们带来了一种成熟的感觉。"

对邻里同伴的干预 在干预孩子和邻里同伴之间的现场冲突时,家长需要意识到公平问题。父母是否将自己的孩子作为东道主,将邻居作为客人,并对他们采取不同的标准?根据公平和平等的规则,父母可能希望他们的孩子与玩伴分享玩具,但不要求客人与主人分享。有时候,出于对一致性的重视、成人对儿童行为的控制或对邻里儿童的责任感,"家庭规则"需要适用于所有的孩子(Kramer,1999;Ross & Conant,1992;家庭访谈,2000)。

何时寻求额外帮助 当家庭中的儿童和成人非常困惑,并且尝试各种策略都没有任何效果时,他们可能需要额外的帮助。教师可以帮助他们解决那些具有破坏性并导致对抗、极度沮丧和暴力的长期家庭冲突。教师应熟悉社区中的资源(例如父母互诫会、儿童寻找服务等),预先或在家庭有需要时向所有的家庭提供相关信息。教师需要有当地机构及其联系人的相关资源文件。

公开召开家庭问题分享会可以成为家庭和平建设干预措施的第一步。家长教育会议和家庭支持团体也可能很有价值。通常,家长需要理解典型的儿童社交和情感发展特点。教师和学校可以为家庭提供信息和工具,以便家长更好地了解儿童的行为。教师还要设计评估工具,以供家长使用。这种评估工具应只需很少的培训即可掌握,例如《年龄与发育进程问卷:社交—情绪》(Squires, Bricker, & Twombly, 2001)。

家庭访谈

一位有六个孩子的母亲(孩子分别为18岁、15岁、12岁、9岁、8岁和3岁)选择自己在家里教育孩子,其中最大的孩子已经上大学了。她说:"我会将孩子们分开,并让那个做错事的人单独冷静。我会通过让他们单独冷静来训练他们。我永远不会打别人的孩子,也不想让别的父母打我的孩子,

> 但他们可以让我的孩子单独冷静。"

> **家 庭 访 谈**
>
> 这是三个孩子的母亲和父亲（孩子分别为7岁、6岁和2岁）。
>
> 父亲说："我会管教别人的孩子，特别是当他们在我的家里时。我希望我的孩子在社会中成才，而不是沦落到被监禁。我相信我的朋友和同事们的想法也是一样的。我也希望他们能够让我的孩子们保持一致。要记住一句古老的非洲谚语——'养育一个孩子需要一个村庄'。但是由于种种原因，这种哲学已经在社区中消失了。然而，这才是我们真正需要坚持的理念。作为父母，我们需要留意社区中的其他孩子，并让他们知道他们做错了什么。"

家庭对处于困境中的儿童的支持

越来越多的暴力冲突，以及儿童养育者面临的压力和不确定性都会对儿童造成伤害。教师和主要养育者可以发挥重要的作用，帮助家长获得和理解相关信息和资源，以便他们为处于困境中的儿童提供支持。许多专业组织（如全美幼教协会）为家长和教师提供了应对当前事件的实用资源（参见第二章中的参考资料）。

> **成人如何在干预时有效地促进问题解决**
>
> 可参考克拉里提出的家庭策略（Crary，1984，pp. 21-22），它类似于课堂上的儿童和教师策略（参见第十章）。
>
> ◆ 收集数据：倾听并理解观点，对感受进行标记。
> ◆ 定义问题：一起确定要解决的基本问题。
> ◆ 生成替代方案：用头脑风暴的方式讨论解决问题的方法。
> ◆ 评估备选方案：讨论每种备选方案的后果。
> ◆ 做出决定：让儿童就尝试哪种方法达成共识。（成人必须尊重儿童的选择，即使它不是成人愿意选择的方式。）

> **研究笔记：教师作为研究者／家长作为研究者**
>
> 向家长提供行动研究的想法。这里有两个选择：
> ◆ 观察儿童并跟踪他们的亲社会行为。它们多久发生一次？有什么规律可循——一天中的时间段，儿童的活动，之后发生了什么？
> ◆ 观察同胞之间的冲突，练习问题解决步骤，并观察更多的同胞之间的冲突。
>
> 你还可以与家长一起制定哪些关于家庭活动的研究课题？

教师如何支持家庭：关于同胞之间的问题

- 在课堂上，你可以整合关于家庭冲突和平解决的儿童书籍。家庭成员也可以通过适当的方式分享这些书籍。要仔细评估书中描绘的关于同胞关系、儿童解决冲突和成人干预的内容。如果儿童正在阅读的书中描绘的同胞关系是竞争对手，他们无法和睦相处，或者冲突被成人的权威终止，那么你可以和他们讨论一下为什么这些不应该成为常态，你还可以问儿童："这个故事怎样才会有所不同呢？"
- 积极开展家庭建设活动，例如开展儿童和成人可以以某种方式做出贡献的家庭方案，或者进行通过各方合作使每个人都能获胜的游戏。
- 向家庭提供有关支持同胞之间积极互动的信息。书籍、小册子、家长教育会议和家长支持团体可以帮助家长学习如何帮助孩子们相处。一些建议如下。

> **儿童争吵时父母能做什么？**
>
> ◆ 如果争吵伴有安全隐患，那么家长需要立即采取行动。
> ◆ 忽视争吵行为并留意适宜的行为。在不听或不看的同时，还要注意你的身体语言。如果冲突是为了引人注目，那么你可以暂时离开。
> ◆ 对环境进行适当的规划以减少冲突。把大孩子玩的玩具放在婴幼儿

接触不到的地方。"吃饭时的争吵和争夺地盘"可能是关于所有权的问题。家长可以通过制定用餐仪式和餐桌礼仪以及规划家庭交换模式来帮助儿童。

- 指导儿童的行为。在建设性指导中有三个标准可供选择：
  - 侧重于行为，而不是人；
  - 告诉儿童怎样才能获得成功，而不是讨论失败的行为；
  - 表达对儿童可能会取得的成功的期待。
- 只有为儿童提供选择的机会，他们才能接受你。这种方法尊重儿童的决策权，还可以让他们体验控制感（你可以决定如何轮流，或者你可以选择别的事情）。
- 鼓励儿童进行协商：确定问题，生成替代性解决方案，预测后果，并协同制定决策。这种方法需要更多的时间，但从长远的角度来看，它可以节省时间。儿童需要冲突解决的经验。在《儿童可以合作》（*Kids Can Cooperate*）一书中，克拉里（Crary，1984）建议除了实施这些策略之外，教师还要为父母提供与儿童一起使用的思维游戏。

防止破坏性争吵的方法

在本书的前几章中，我们提到，冲突可以分为建设性冲突和破坏性冲突。教师努力防止破坏性冲突的发生，家长同样希望避免产生同胞之间的破坏性冲突。下面是一些经常被分享的育儿技巧。虽然家长对儿童行为的期望和儿童在家庭中的角色存在文化上的差异，但这些建议可适用于大多数情况：

- 给每个儿童提供和父母单独相处的时间。这个时间可以是日常生活的一部分，可以利用洗澡时间、去公共汽车站的时间。你要认真对待这段相处的时间，和孩子一起享受难得的独处时光。
- 将儿童视为独立的个体。每个儿童都是特别的。避免具有主观性的比较。[记住《超级骗子》（*Superfudge*）的故事。孩子们经常会努力确保你将他们视为有价值的人，即使是在非竞争性的文化背景下。]
- 给孩子们提供能引起他们注意并有建设性的工具。其中一个工具是学习阅读信号标志或其他人的社交提示。
- 教儿童如何使用描述性的协商方法与他人进行协商。
- 建立游戏和生活空间,以减少破坏性冲突(但不是所有冲突)。提供空间和活动,让儿童有机会练习解决问题的能力。儿童也需要可以独处的地方。
- 向儿童表达你的积极期望,即就像你关心他们每一个人一样,他们也关心着彼此,在这种情况下儿童将能够解决他们的冲突。

家庭与学校合作支持儿童的冲突解决

❑ 家校合作在儿童冲突解决中的重要性

"学校关心儿童的方式将反映在学校关心儿童家庭的方式上。"(Epstein,1995,p. 701)我们现在可以将注意力转向家庭和学校如何共同努力以支持儿童解决冲突。本节包括与家庭进行合作的说明,以及在儿童冲突问题上共同合作的具体方法。

牢固的家庭—学校关系的重要性是毋庸置疑的。实践者最关心的是家庭参与。根据美国教育部发布的国家教育目标(U.S. Department of Education,1994),家庭和学校之间的关系有助于儿童的社会—情感发展和学业成长。家庭参与可以提高儿童的学业成绩,创建高效的学校,提高出勤率和毕业率,减少补救安置和特殊教育的转介。这种参与是"开端计划"项目和其他综合性学校、全方位服务学校的基础之一。《强大的家庭,强大的学校:建立学习共同体》(*Strong Families, Strong Schools: Building Community Partnerships for Learning*,Ballen & Molles,1994)一书为学校和家庭的共同体关系的建立提供了明确的理论依据和大量的研究支持。

在冲突解决方面进行合作同样有令人信服的理由。冲突是儿童在生活环境中自然学习的东西。儿童在家庭和学校里都会学习,如果学校和家庭能够在榜样和信息方面保持一致性和连续性,那么儿童就能获得很多有用的信息。重要的是,要以一种有意义的方式把儿童在两种情境中的学习联系起来。成人在处理潜在的家庭/学校冲突方面也很有影响力。

什么是真正的家校合作？

真正的家校合作意味着家庭和学校作为合作伙伴共同支持儿童的学习和发展。这种合作需要积极的双向沟通和相互帮助：家长和教师是不同但互补的儿童专家。建构完整的儿童形象不应该仅从各个发展领域出发，还要考虑不同的背景和角色。儿童专业工作者通常使用"儿童"一词，而不是"学生"一词，"就是将重点放在发展和学习的各个方面，并提醒我们儿童在课堂角色之外还有很多其他的身份"（NAEYC, 2001）。

"有效的合作是指两个或两个以上的人为实现共同目标而一起努力的持续性参与。"（Walther-Thomas, 2000, p. 5）这种合作是自愿的，其基础是相互之间地位平等，尊重所有人的贡献并愿意共享信息（Walther-Thomas, 2000）。真正的家校合作应符合双方的需求，适合所有的家庭，彼此相互尊重，努力寻求共同点。

促进家校合作的途径

家庭参与的一般准则

有意义的家庭参与是在面对各种问题（包括冲突和冲突解决的相关问题）时进行共同努力的基础。创建这种参与的第一步是建立一种真实的家校沟通。沟通应是持续不断的。沟通应是双向的，并致力于相互理解。教师必须保持连续的家校沟通（包括口头和书面、正式和非正式的形式）。他们在学年开始时就应进行沟通，在收到报告卡或问题报告前就应建立积极的关系。家庭和学校的沟通是双向的。教师需要让家长了解儿童的进步和学校的

有效的合作需要致力于共同目标的个体之间进行真实的沟通。

活动和程序，家长也应向教师提供子女的相关信息。沟通必须易于理解，并且以不同的方式（书面通知、电话、家访、电子邮件和学校聚会）呈现给所有的家庭。

家庭如何参与？教师必须意识到每个家庭的参与方式都有所不同，要采取各种行动让所有的家庭参与进来。教师需要考虑每个家庭的情况和需求，并为家庭参与提供有意义的支持。莎伦·琳恩·卡根（Sharon Lynn Kagan, 2000）描述了20世纪50年代和21世纪时大家对于家庭参与的观念，并发现：现在的家庭参与已经远不止是烘焙义卖和家长—教师会议了。

做一个关心儿童教育问题的家长意味什么？相关的研究表明，许多家庭期望解决时间和资源缺乏问题。教师和学校管理者应该问："我们的家长是什么样的？我们的家长需要什么？"教师和学校可以做的事情包括：分享好消息，而不仅仅是坏消息；了解家长作为学校志愿者能做什么，以及他们可以做什么来支持儿童的学习；在学校中为家长提供他们所需要的服务；使父母可以参与学校事务的决策。家长可以在许多讨论会中提供意见并被听取意见。肯塔基州的一所学校正在进行这种参与——"父母在决策过程中与教师和校长的地位平等"（ASCD, 1998, p.1）。

爱泼斯坦（Epstein, 1995）的经典参与模式为我们提供了一个框架，使我们能够找到与各种家庭的需求和能力相匹配的参与，而且为家长提供了一种方式，让他们作为儿童、学校和家庭的利益维护者参与其中并获得影响力。

> **反思问题**
>
> 考虑一下这种自我评估的态度检查：你认为家庭是力量、帮助、合作的源泉，还是需要外部帮助？家庭中的成员是无能为力、不称职或不专业的，甚至可能是漠不关心或功能失调的吗？你认为家长是儿童的"第一任教师"，还是教学目标的障碍？你认为家庭参与的标准是什么？你对这种参与有什么假设？有一位家长是大学教授，她承认自己很少能够在孩子的学校里参加家长会议，有时候还会缺席很多会议。她问："这是否意味着我是一个无参与度的父母？我确信老师会这么认为。"

让我们考虑有特殊需要、身体延迟发育和残疾儿童的家庭。教师需要在个别教育计划会议上成为这类家庭的利益维护者,以促进与相关服务提供者的合作(Walther-Thomas et al., 2002)。《全体残障儿童教育法案》(PL94-142公法)、《美国残障人士教育法案》(*Individuals With Disabilities Education Act*,IDEA),以及个别教育计划和个别化家庭服务计划要求家庭参与。重要的是让参与变得有意义。有特殊需要儿童家庭的日常生活是怎样的?了解家庭的经历并避免做出武断的假设,对支持儿童和家庭(尤其是有特殊需要和残疾儿童的家庭)至关重要。

爱泼斯坦的家庭参与框架

- 养育:关于儿童发展和学习以及家庭支持的基本家长教育。
- 沟通:对学校或中心方案和儿童方案进行有效的双向沟通。
- 志愿服务:家长可以在学校或中心内提供多种形式的帮助。
- 家庭学习:让家长了解帮助儿童学习的方法。
- 决策:让家长参与学校治理。
- 与社区合作:社区为家长提供帮助,让儿童、家庭和学校建立伙伴关系;学校为家庭提供服务(急救知识、读写能力和理财能力)。

家庭和学校关于冲突解决的一致性

家庭和学校之间的一致性意味着儿童接收到的信息是一致的。这种一致性在冲突解决方面尤为重要。许多教师都经历过家庭和学校之间在规则上的冲突:"那些可能是你在家里的规则,但这些是我们在学校里使用的规则。"如果规则相同,那么它会更有效和有意义吗?儿童可以正当地质疑:为什么会有差异?在真正的合作中,家长和教师会分享家庭和学校的工作。对于一致性,我们能做些什么?我们这样做的根本原因是什么?

教师要考虑的另一个领域是养育方式和教学方式。养育方式如何与课堂教学风格相匹配?这是冲突和误解的根源吗?

> **教师的话**
>
> 一位致力于这种一致性工作的教师要求儿童有一个和同伴一致的决策框架。她的问题也体现了对家庭规则的尊重。
>
> 教师对孩子说:"如果你的妈妈(爸爸)现在站在这儿,你还会这样做或这样说吗?"

有效的一致性和策略的条件是有支持家庭语言的学校环境。教师会对语言和沟通方式做出回应。教师首先要意识到家庭和学校之间沟通和学习的差异。雪莉·布赖斯·希思(Shirley Brice Heath,1983,1999)描述了家庭和学校之间沟通方式的普遍脱节。语言差异甚至可能导致家长和教师在谈话时产生误解。要了解什么是礼貌或不礼貌的谈话方式,还要考虑会话风格(如说话顺序、说话节奏和打断方式)可能存在差异(Lynch & Hanson,1998;Tannen,1990)。

全美幼教协会的出版物和立场声明强调照料的一致性,尊重家庭文化和家庭语言,以及致力于与家庭、社区和其他专业人士合作。关于语言和文化多样性的立场声明要求我们具备合作能力并强调一致性的发展价值(NAEYC,1995)。

了解社区是有效的一致性的另一个条件。并非所有教师都住在他们任教的社区,在邻近学校和中心就读的儿童也是这样。教师必须了解正在发生的事情,了解地标,并将教学与儿童和家庭的日常生活相联系。(如果你让儿童去图书馆,那么你自己去过那里吗?附近有吗?家庭在哪里购买食物?家庭有什么交通工具?儿童如何体验社区中的自然世界?)

理解家庭和社区文化的作用

家庭和社区文化对我们一直讨论的合作和一致性有非常重要的作用。具体的指导方针和要点包括以下内容:

- 尊重和欢迎儿童所在家庭的文化和语言,为儿童提供家庭和学校之间的一致性。
- 了解并尊重每个家庭的文化和交际规范。考察家庭是否更重视价值规范而非合作？对语言和沟通方式的恰当回应有助于我们避免与家庭发生冲突，并使我们能够理解各种冲突管理的方式。

- 了解和检查自己的假设是识别和评估每种家庭文化的第一步。教师经常需要设身处地地想：这些父母经历了什么？如果……我该怎么办？（你在想象"理想"的养育方式吗？）
- 所有的家庭是否都有同样的育儿方法？要在跨文化的育儿实践中发现有价值的见解。
- 保证每个家庭都在社区文化中茁壮成长，并在社区内创造自己的文化。回应型教师不应依赖"亚裔家庭特征"清单（Lynch & Hanson，1998）。要避免文化概括，每个家庭都是独一无二的。

一个案例：一位拉丁裔母亲认为，一个孩子受到良好教育的表现是，他（她）知道如何行动，如何举止得体和尊重他人。她没有使用教育术语来表达这层含义（Carger，1997）。但是，如果教师不理解这位母亲的话语中的价值，那么他（她）可能就会错误地认为家长并不关心孩子的教育，因为他们没有把时间花在孩子的读写和算术技能上。

教师的话：与家庭合作，学校和社区之间的连续性和非连续性

在这个案例中，托马斯所在社区的文化与学校文化是不同的。

一位教师的话："托马斯的妈妈告诉我，她担心托马斯上幼儿园后会发生什么。在这里，他习惯使用语言来解决冲突。明年，邻居家的男孩可能就会希望他用打架的形式解决冲突。他看起来像他们，他们也将期待他像他们一样行事。"

☐ 发现并克服家校在合作、联结和交流方面的障碍

如果一个学校或中心是可接近的，那么家庭才会真正地参与其中并与其建立伙伴关系。我们要了解阻碍家庭参与的、产生不可接近性的因素。当了解了导致不可接近性的原因时，我们就可以努力地改造学校和中心并让家庭参与进来。

社会和心理层面上的不可接近性可能是由家长的恐惧心理和信心缺乏导致的。那些很少或没有受过正规教育、在其他国家接受教育，或对学校经历有不愉快记忆的人可能不愿意参与其中。其他障碍还包括地位问题和不平等感。在与教师或其他在收入、语言、肤色、文化或种族方面与其不同的家庭相处时，家长可能会感到不舒服或不受欢迎。教师需要创造无障碍的环境，以使所有的家庭都感到被欢迎。分享家庭故事（告诉别人你的故事并倾听他们的故事）有助于搭建沟通的桥梁。注意口语和肢体语言、积极倾听和传达诚意，都有助于提高安全感和尊重感。教育术语的滥用不但可能成为沟通的障碍，而且可能造成地位的差距。父母在儿童的决策过程中应该是平等的。通过互相问候和介绍不同的家庭，教师可以在家庭间创造良好的沟通意愿和共同目标，并提高大家的熟悉程度。

沟通和语言的不可接近性可能源自语言或方言的障碍。知情和双向沟通至关重要。为了应对这些障碍，教师和学校可以使用翻译服务，为会议提供口译员，并提供适合于家庭母语的讲习班和课程。家庭和学校的联络可以发展文化理解。在一个无障碍沟通的案例中，一所学校与当地广播电台合作，以纳瓦霍语提供学校的公告和信息（U.S. Department of Education，2001）。

物理的不可接近性涉及时间、地点和交通等基本问题。由于家庭的工作安排或照料问题，一些家长不能参加会议、集会和讲习班。在一天中的不同时间和一周中的几天安排活动，提供儿童护理或老年人护理，提供膳食，提供交通工具，或者在图书馆等替代场所进行会议可以使活动更容易进行。学校和其他系统可以鼓励企业在不损失收入的情况下为各级员工提供参加会议和学校活动的时间。

机构的可接近性问题可能需要全校或全中心的努力来解决。学校可以为家庭和工作人员提供培训和信息，可能需要调整政策，以使家庭参与学校层面的决策。是否存在使某些家庭边缘化的政策（例如所需表格和信息只是用英语呈现的）？学校和中心可能需要寻求外部支持，从而为合作争取更多的资金和资源（Fuller & Olsen，1998；USDE，2001）。

☐ 冲突解决方法的共同点

学校和家庭之间的冲突不可避免。我们之前描述的解决儿童冲突的步骤同样适用于教师和家长之间的分歧。以下是一些共同的解决方法：

- 建立相互尊重的团队。努力实现家庭和学校的一致性以及对儿童冲突解决的预期的一致性。
- 让家长了解班级或学校的和平行动和暴力预防方案。询问他们的意见和想法。培养一种儿童可以在家和学校里使用的通用语言，以化解或解决同伴和同胞间的冲突。
- 当面对课堂暴力行为的具体问题时，要讨论行为，而不是人。要致力于创设家庭暴力的替代解决方案（注意：要明确保护儿童免受虐待的责任）。
- 公开听取所有的观点，听取每个人的立场。在每一方的思考中努力找到共同的理解或目标。所有人都会同意给儿童提供最好的东西。下一步是界定我们所说的"对儿童最好的东西"，也许我们对"最好"的看法是不同的。为什么？我们如何才能达成共识？
- 支持家庭的完整性，保持家庭的整体性和认同感。

☐ 促进家校合作的实用要点

- 在年初时联系每个家庭，了解如何以及何时进行沟通。创造一种欢迎和归属感，并从一开始就要求家庭成员参与。
- 在学校或中心里，提供多种语言的标语（入口、图书馆、办公室和出口）。对学校寄给家长的东西提供翻译服务。在会议上，为不同语言的人和聋哑人提供翻译服务。
- 在会议期间，确保沟通顺畅和令人舒适。会议是按同一步调进行的，并为有意义的交流提供宝贵的机会。在书籍、文章、专业组织网站和研讨会中，有许多关于开展会议的优秀资源。
- 通过为家庭提供有意义的专题讲习班，在家庭和学校之间建立文化一致性，并邀请家庭在学校或中心里分享他们的经验和文化。
- 思考家长如何从不同类型的家庭参与（如爱泼斯坦的家庭参与模式）中获益。

家庭、学校和社区：为儿童创建充满安全与关怀的环境

儿童所生活的社区

早期儿童教育机构中的儿童生活在城市、农村和郊区等不同的环境中。我们注意到，家庭和学校的交集都存在于社区范围内。儿童和家庭所在的社区构成了下一个影响圈层。正如第二章中的教师所说："我知道我每天在上学的路上都看到了什么，我的孩子们也看到了同样的事情。"不管他们是否住在附近，教师都要了解儿童生活的社区。在发展支持冲突解决的环境时，家庭和学校在社区内共同努力解决冲突、创设和平和预防暴力。

社区中的成人榜样

除了家长和教师外，社区中的其他成人也处在儿童接触的世界里。作为个体，社区中的成人是儿童与他人互动的榜样，并能促进儿童发展日益增长的社会理解和处理冲突的能力。成人也可以作为关怀和群体决策的榜样。当然，榜样可能是积极的，也可能是消极的。体育俱乐部、童子军训练基地、娱乐和社区中心、图书馆和其他地方都有成人榜样。警察和消防员的积极工作为儿童提供了积极的榜样。人们熟悉的一句话——"养育一个孩子需要一个村庄"，有力地提醒我们家庭、学校和社区对孩子的承诺和协作的重要性。

个别成人有机会以友好地解决社区争端的方式来为儿童提供榜样作用。例如，针对在哪里修建栅栏或如何在街道和停车场里共享停车位等问题，邻居们可能需要达成一致。总的来说，通过参与公民团体和投票活动来参与政治，成人可以模拟冲突解决和决策。孩子们不需要了解正在投票的具体问题或选举制度的细节，但他们可以理解以和平、负责任和知情的方式共同做出决定的民主原则。

教师可以搜集儿童所在社区的关怀行为和合作行为，然后提供给儿童。正如成人需要注意儿童互动中的积极因素一样，儿童也需要注意成人世界中的积极因素。我们的身边每天都会有帮助其他有需要之人的点滴善行和有组织的努力，比如捐款行为，帮胳膊上挂满东西的人开门，或者在地铁上给有需要的人让座。

发现社区关怀行为的家庭活动建议

把你每天在社区里看到的所有友爱的、充满关怀的、助人的事情都记录下来。应乐于发现他人的友爱与和平行为。

☐ 支持儿童冲突解决的社区伙伴关系

社区中的企业可以与家庭、学校和公民团体合作预防暴力、创设和平并围绕扫盲、健康、清洁环境和安全等问题开展工作。在许多情况下，这些企业可以提供资金、材料、会议场所和人员，以帮助开展社区活动（U.S. Department of Education，2001）。例如，"认领公路"组织负责确保一段道路上没有垃圾、改善环境、保持社区清洁和提升居民的舒适度。

社区合作已经发展出多种形式。例如，纽约市教育委员会和一个名为"社会责任教育者"的团体开展合作，将"创造性冲突解决方案"（Resolving Conflict Creatively Program，RCCP）引入全市的学校。该方案的主题涉及和平与冲突、果断的调解和多样性。该方案还涉及教师和家庭（Lantieri & Patti，1996）。自第二次世界大战结束以来，意大利的瑞吉欧·艾米利亚市一直致力于幼儿教育，并为婴儿和学前儿童建立了城市中心和学校。[想要了解这一引人入胜的故事，请参阅《一砖一瓦》（*Brick by Brick*）。]在马里兰州巴尔的摩市，由商界领袖组成的团体正在与全国的学校、图书馆、幼儿组织和服务机构合作，为儿童和家庭提供资源。在整个美国，社区都采用了诸如"品格教育"之类的方案（将在第十二章中叙述）。

创建与维持社区合作的路径

创建社区合作需要一个达成共识的目的或目标。基本的宣传技能、为合作方确定适当和有意义的贡献方式的能力，以及家庭/学校合作所需的相互尊重和沟通都是必要的。

家庭、学校和社区之间的成功合作受许多因素的影响（USDE，2001）。没有一种"万能"的合作方式。每一种合作都是以适合当地情况的方式开展的。我们需要做好同准备、培训和员工发展相关的工作来支持伙伴关系。合作伙伴之间的沟通至关重要。合作者应保持灵活的态度，对不同的方法和观点持开放的心态。随着时间的推移，我们可能需要外部资源来维持协作。耐心是关键——"改变需要时间"。要定期对方案进行评估，让团队了解哪些方案有效，哪些方案可以改变，这有助于庆祝和分享合作伙伴关系的成就。

对处于困境中的社区的回应

一些合作是由于特定的需要或危机而产生的。社区相关人员可能会问："我们能做什么？"令人哭笑不得的是，在这种情况下，我们常常看到最普遍的相互帮助和合作（第一章中有进一步的讨论）。我们能把在危机时期所学的东西应用到日常的事情上吗？

教师可以做什么：社区伙伴关系的实用要点

除了本章讨论的其他策略外，教师还可以这样做：

- 鼓励大家与社区中提供积极榜样的成人建立联系，作为关怀行动的领导者在运动队、团体和其他社区活动中与儿童一起工作。
- 推动学校为这些活动的开展提供支持（如果可能的话）。
- 与社区企业建立合作关系。邀请当地企业中的志愿者定期来学校，促进其成为学生的指导者和阅读伙伴。
- 提供有关冲突解决与和平创设的重要信息和资源。
- 成为社区伙伴关系的联络人。

在下文中，我们将进一步研究方案模式（包括第十二章中的社区伙伴关系和第十三章中的维权策略）。

支持家庭的资源

☐ 家庭类书籍推荐

Brazelton, T. B., Greenspan, S. I., & Sparrow, J. (2001). *Touchpoints three to six: Your child's emotional and behavioral development.* Cambridge, MA: Perseus Publishing.

Brazelton, T. B., Sparrow, J. A., & Sparrow, J. D. (2001). *The irreducible needs of children: What every child must have to grow, learn, and flourish.* Cambridge, MA: Perseus Publishing.

Carlsson-Paige, N., & Levin, D. (1990). *Who's calling the shots? How to respond effectively to children's fascination with war play and war toys.* Philadelphia: New Society Publishers.

Dreikurs, R., & Cassell, P. (1973). *Discipline without tears* (2nd ed.). New York: Dutton/Plume.

Dreikurs, R., & Zuckerman, V. S. (1991). *Children the challenge.* New York: Dutton/ Plume.

Elkind, D. (1987). *Miseducation: Preschoolers at risk.* New York: Alfred A Knopf.

Elkind, D. (1998). *Reinventing childhood: Raising and educating children in a changing world.* Rosemont, NJ: Modem Learning Press.

Elkind, D. (2001). *The hurried child: Growing up too fast, too soon* (3rd ed.). Cambridge, MA: Perseus Publishing.

Greenspan, S., & Salmon, J. (1991). *Challenging child: Understanding, raising, and enjoying the five "difficult" types of children.* Cambridge, MA: Perseus Publishing.

Levin, D. (1998). *Remote control childhood: Combating hazards of media culture.*

Washington, DC: National Association for the Education of Young Children.

为家庭提供资源的组织

全美幼教协会（National Association for the Education of Young Children，NAEYC）

期刊：*Young Children*

国际儿童教育协会（Association for Childhood Education International，ACEI）

期刊：*Childhood Education*

美国特殊儿童委员会早期教育分会（Council for Exceptional Children/Division of Early Childhood，CED/DEC）

期刊：*Exceptional Children*

其他资源

Faber, A., &Mazlish. E. (1998). *Keeping peace at home: Parenting skills that work*. [Parent and child video]. Pleasantville, NY: Sunburst Communications.

Janke, R. A., Sr Peterson, J. P. (1995). *Peacemaker's A, B, Cs for young children: A guide for teaching conflict resolution with a peace table*. (16542 Orwell Rd. North, Marine on St. Croix, MN 55047).

Letts, N. (1997). *Creating a caring classroom: Hundreds of practical ways to make it happen*. New York: Scholastic Press. (Includes chapter for parents.)

Ages & Stages Questionnaires: Social-Emotional (ASQ:SE) *subtitled A Parent-Completed, Child-Monitoring System for Social-Emotional Behaviors*, by Jane Squires, Ph.D., Diane Bricker, Ph.D., & Elizabeth Twombly, M.S., with assistance from Suzanne Yockelson, Maura Schoen Davis, & Younghee Kim.（这种评估工具是家长观察和理解儿童的社交和情感行为的有效途径。）

小 结

儿童在课堂上的冲突并不孤立于他们的世界。作为幼儿教师，我们知道家长是儿童的"第一任教师"，是我们在工作中重要的合作伙伴。在本章中，我们跟随儿童从教室进入家庭和社区，了解他们正在学习的其他冲突经验。我们提供信息与家人分享，并指导同胞间友好关系的建立。最后，我们还探索了如何与家庭和社区建立真正的合作关系，以支持儿童冲突解决与和平创设。

补充材料

研究重点/教师研究

学校和早期儿童中心能否满足城市贫困家庭的需要？学校和教师把一些家庭边缘化了吗？了解你所在社区的人口统计数据，并考虑你所在学校的家庭参与程度。它们看起来匹配吗？你可以访谈一些教师和家长，并了解他们对家庭参与的看法。扩展阅读包括：

Delpit, L. (1995). *Other people's children: Cultural conflict in the classroom*. New York: The New Press.

Heath, S. B. (1983). *Ways with words: Language, life and work in communities and classrooms*. New York: Cambridge University Press.

Kozol, J. (1995). *Amazing grace: The lives of children and the conscience of a nation*. New York: Crown Publishers.

应用练习

1. 考虑你的经历。你有"最喜爱的关于同胞的故事"吗？它是正面的，还是负面的？你感觉如何？你的父母做了什么？你为什么还记得这一段经历？

2. 对同胞冲突的主题、策略和后果进行头脑风暴。对于同胞之间的冲突，你有什么建议？要考虑它可能与同伴冲突相似，也可能不相似（朋友和非朋友）。

3. 为家庭编制图书资源清单。可以参考以下资源：

Dreikurs, R. (1990/1964). *Children: The challenge*. New York: Plume.

Faber, A., & Mazlish. E. (1995). *How to talk so kids can learn at home and at school*. New York: Rawson Associates.

Faber, A., & Mazlish, E. (1998). *Siblings without rivalry: How to help your children live together so you can live too* (10th ed.). New York: Avon Books.

对每一个儿童的思考

在幼儿园的教育中，家长看重什么？家长和教师的目标是否一致？有关文化一致性和跨文化育儿问题的资源可以在《从0岁到3岁》（Nugent，1994）以及林奇和汉森的作品（Lynch & Hanson，1998）中找到。《三种文化中的幼儿园》（Tobin et al.，1989）涉及对教师和家长的调查（调查他们认为对儿童和教师来说什么是重要的东西）。你可能有机会询问家长和教师，并对他们的回答进行比较。如果他们的回答是不同的，你能说出原因吗？这样的结果能指导你的教学吗？学前班和小学教师如何从这种调查中学习？

第十二章

冲突解决的方案模式

"当发生冲突时,我看到儿童会试图使用一些技巧。"

"我没有看到儿童使用他们在项目中学到的东西,他们能够告诉我他们应该怎么做,但实际情况却背道而驰。"

>>

目标: 本章将考察学校和课堂中大量使用的多种方案。这些方案都是为了应对学校和社区中普遍存在的暴力和破坏性冲突。我们将根据对儿童发展及其应对冲突方式的了解,探索评估方案和课程模式的方法,并考虑如何在我们的教育机构中选择、调整以及创建方案和课程模式。

>>

方案评估表

情境：校长或学校理事会突然宣布，每个人都要开始使用"全新的品格教育模式"！你怎么能反对这样一个重要的方案？你会问自己："这种新方案适用于我的孩子和我的班级吗？"

在本章中，我们将探讨不同类型的冲突解决方案，并讨论可用于评估这些方案的标准。从业人员可能会犹豫是否要批评这些方案的有价值的目标。我们赞同儿童应该学习解决冲突的技巧，就像我们赞同儿童应该学习阅读和数学一样。与评估新的阅读或数学课程一样，我们也可以评估关于冲突解决、品格教育与和平创设的课程模式。

方案的类型

越来越多的学校和班级方案旨在帮助儿童在充满暴力的世界中学习和成长为一个强大的、热爱和平的个体。这些方案的差别很大，根据关注点的不同，它们散布在一个统一的连续体上。这个连续体的一端是暴力预防，另一端是和平教育。图12-1就是我们将在本章中讨论的模式类型的连续体。

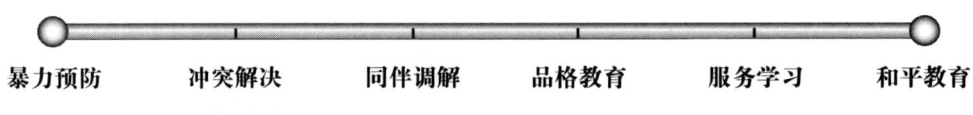

图12-1 从和平教育到暴力预防：一个方案模式的谱系

界定和描述方案模式

方案模式可以根据核心主题、意图和期望儿童获得的结果（我们可以称之为焦点和功能）来进行界定。我们还可以通过方案模式所采取的形式对其进行进一步的描述。虽然许多模式有相似的结果、目标和策略，但它们对儿童和世界的基

第十二章 冲突解决的方案模式

本假设是不同的。我们将根据这些模式在早期儿童教育机构中的使用来进行定义（尽管许多模式都是为年龄较大的儿童设计的）。在本章中，我们不讨论纪律和课堂管理的一般模式。这些模式可能包括冲突解决，但其主要目的通常是发展儿童与课堂教学和学习相关的能力，而不是致力于长期的冲突解决与和平创设。

焦点、功能和形式

焦点是创建方案的主要目的或动机。焦点可以被理解为对感知到的需求的回应。例如，一个方案可以是对"儿童在课堂上的攻击性行为"的回应，或者是对"通过理解其他文化来建立和平的需要"的回应。看看我们给这些模式贴的标签，我们会发现：解决、调解和预防是描述过程和行动的词语；教育和学习则与变化和成长有关。

功能指向方案的范围——预期的儿童年龄范围、地点（教室、学校、社区、国内或国外）和所有权（教师、家庭、管理人员）。功能还涉及预期的结果：方案要为儿童、课堂、学校、社区和社会做些什么？功能的另一个要素是变化的过程：你需要命名和消除负向功能，并用正向功能来代替它们吗？

形式：方案是什么样子的？它是作为课堂之外的"特殊"形式被教师或外来指导人员运用，还是作为正在进行的课程和课堂常规的一个组成部分？模式的形式涉及"什么，谁，何地，何时以及如何"。形式的要素包括教授和学习的方法和策略（课程脚本、课堂会议、同伴互动应遵循的步骤、使用的词汇、音乐、歌曲、道具、角色扮演、视频、图片、故事、游戏、方案和家庭关系）。

模式的类别

我们的模式涉及冲突解决、同伴调解、暴力预防、品格教育、和平教育和服务学习。有些方案自称是某一模式或其他模式，它们也有可能是随便给自己贴上某一标签。在这些模式之间，常常有大量的重叠、混合和遗留问题。其中还有嵌套问题，即把多种模式类型嵌套到一个综合性方案中。我们必须记住，在许多有效的课堂中，这种方法并不是某种方案模式，而是关怀型课堂中的日常生活模式（如第七章所述）。回应式课堂就是这样的案例（Charney, 2002; Horsch et al., 2002）。

冲突解决

这些方案旨在让儿童了解同伴冲突和解决策略。它们的焦点可能会过于狭窄（只是教给儿童当发生冲突时该怎么做），或者过于宽泛（以至于涵盖整个教室或成为全校的话题）。

焦点：冲突事件是方案的焦点。假设冲突总会发生，这些工具将帮助儿童在没有成人帮助的情况下解决问题。所选方案可以是专项方案，也可以是综合方案的一部分。互动的焦点是处于冲突中的两个儿童。

功能：儿童将能够在没有成人指导的情况下，使用他们在方案中学到的语句、步骤和道具。

冲突解决课程模式通常需要利用全班学习时间、特殊的书籍以及其他材料。

形式：儿童要学习可以遵循的步骤和可以使用的话语。可能会有一些用于冲突解决的道具和特殊场地。教学通常在顾问的指导下，在有海报和环境提示的小组学习中进行。

案例："提高儿童创设和平的技能"（这类方案将自己描述为冲突解决策略，但其焦点不仅限于冲突事件）。尽管使用和平桌在广泛的意义上并不是冲突解决方案的一部分，但很多教师会采取这一方法。

同伴调解

这些方案与冲突解决有关，但强调由接受过专门培训的儿童或儿童团体来进行调解。其他儿童也可以学习如何寻求调解的步骤或如何将争议交给同伴调解者。

焦点：冲突事件是方案的焦点。同伴调解方案通常是专项方案，而不是综合方案。假设冲突总会发生，同伴调解者可以帮助儿童在没有成人指导的情况下有效地解决冲突。互动的焦点是三个儿童（两个处于冲突中的儿童和一个调解者）。

第十二章 冲突解决的方案模式

功能：儿童将意识到和平替代方案的重要性，并在冲突中寻求同伴调解者的帮助。同伴调解者将代替成人指导冲突解决的过程。关于同伴调解方案的一个问题是："这个方案对不通过中介解决冲突的儿童是否有用？"换句话说："调解者最终会退到一边吗？"

形式：这些模式强调调解过程的步骤，可能包括可使用的标准话语、协议合约、调解地点或找到合适的儿童调解员的途径。它们还会涉及调解员的选择和培训，以及对如何解决争议的培训。这些模式可以由指导顾问或教师实行，它们常被用于小学，也可被用于幼儿园。

案例："烦恼克星""创造性冲突解决方案"。

暴力预防

这些方案是对社区和社会暴力现象的回应，他们把学校暴力当作未来暴力的前兆。关注的问题包括学校的安全和暴力现象。

焦点：冲突事件和更普遍的暴力替代氛围是方案的焦点。我们可以提出一些假设——所有的儿童都会受到暴力的侵害，并在不同程度上学会以暴制暴；冲突会导致暴力；暴力可以被习得，也可以被消退。这些方案将教授其他的应对措施，使儿童在化解和缓和冲突的过程中学会愤怒情绪管理和自我控制。关注的焦点是儿童个体、自我和内在的反应。

功能：儿童需要学习应对暴力的其他方法，以及避免冲突和对抗的方法。

形式：除了具体的冲突解决步骤外，儿童还需要发展内部控制的策略（包括冷静、愤怒管理、自我调节、理解和表达情感）。角色扮演和情景练习是常见的教学策略，这些内容通常由指导顾问教授。

案例："不放弃""第二步""我能解决问题""创造性冲突解决方案"。这些方案将自身定位为暴力预防方案，但这些方案更具综合性（包括冲突解决、文化理解与和平创设）。

品格教育

这些方案主要是综合方案，其总体目标是从多个方面发展儿童的"品格"。有些方案对"品格"一词进行了界定。托马斯·利科纳（Thomas Lickona，1991）是20世纪90年代的品格教育运动的主要贡献者，他将"品格"定义为"懂得什么是善"。家庭和学校会以许多不同的方式定义"善"，但利科纳认为，善的主要组成部分是尊重和责任，它们来自道德认知、道德情感和道德行为。品格教育是"培养良好品格的、有意义的、积极的努力"（Lickona，1997，p. 46）。利科纳所提出的模式包括九个课堂策略和三个全校策略。在"品格至上"联盟中，品格的六大支柱是尊重、责任、信任、关怀、公平和公民身份（ASCD，1997；Pastor，2002）。

焦点：普遍的价值观能够引导儿童做正确和善的事情。该模式假定这些普遍的价值观是解决冲突、预防暴力与创设和平的土壤。这些方案强调学习共享价值观的综合方案，而不是针对特殊事件的专项方案。与关注两个或三个儿童之间的互动不同，这些模式涉及整个班级、学校或社区。

功能：理想的结果是让儿童内化各种价值观或品格成分，以指导他们在不同情形中的行为和决策过程。

形式：这些综合方案以单元为基础，以特定的价值观作为每月的全校主题。每个主题通常都有年龄/年级的变化。在与其他人合作的情况下，通常由教师实施该方案。关于普遍的价值观的定义在不同的家庭内可能不同，但在学校内是一致的。

案例："品格至上""发展对自我和他人的理解"。

和平教育

这些方案可能具备本土或全球焦点。其目的是增进对他人的了解，并为实现和平而努力。和平教育的领域具有广泛性和多样性，它在国际上有着悠久的历史（Harris，2002；Reardon，1988，2002）。即使是在地方性活动中，和平教育方案也不仅仅局限于当下的时间和地点。儿童能够理解全球冲突，这与和平教育者和研究者凯茜·比克莫尔（Kathy Bickmore，1999）的观点是一致的。儿童与其他儿童协商的能力会随着他们对群体间冲突的理解而增长。

焦点：和平教育涉及理解、行动、合作和克服导致冲突和消极情绪的差异。虽然和平教育支持儿童的个人互动，但焦点不是具体事件。跨文化理解和共情才是关键的组成部分。

功能：作为个体和群体，儿童将发展共情、他者视角，以及为促进和平与合作而改变的动机。

形式：这些方案可能具有多种形式，通常涉及协作、行动方案以及具有象征性的和平、团结和理解，而这些都超越了教室和学校的边界。方案的特色可能涉及使用和平的话语和其他沟通机制、增强意识和推动宣传。方案的内容则涉及和平被、和平杆、笔友以及在线连接和学习。许多和平教育方案都是在当地开发的，或者由世界各地的和平教育倡导者进行网络共享。这些模式通常不是公共方案，而是由教师或学校团队实施。和平教育经常会被纳入社会研究（Bickmore，1997，1999）。

案例："和平学者"、地方倡议形式（如伍德学校的全球和平教育）、和平周方案、纳入社会研究的和平教育。

服务学习

这种面向行动的计划模式可能是一个方案，也可能是一种贯穿整个学校或中心的整合式服务承诺。服务学习将学校现有的学业学习重新集中到有益于他人的事情上，为儿童提供一个"实践学习"的机会，并通过实践培养儿童的社会性、道德感和道德理解能力（Roberts，2002）。

焦点：这种模式涉及基于项目的学习（这些项目能够为其他人提供服务）。该模式的假设是，儿童将通过行动内化一种包含关怀、助人、他者意识、问题解决和公平的伦理（它们都有助于冲突解决）。儿童将会看到别人的需要，发展观点采择能力和共情。

功能：培养儿童以行动为导向的思维方式。他们将作为一个团队进行变革。作为一个额外的结果，儿童将内化日常冲突解决与和平创设所需的很多技能。

形式：这个模式被设计成一个综合的项目课程的一部分。方案目标可能是解决问题或满足其他人的需求。例如，如何处理公共汽车上的霸凌行为（Roberts）、附近的流浪狗和当地公园里的垃圾？方案目标还可能包括为残障人士提供通道，为饥饿和无家可归的人提供食宿。服务学习通常不是公开的方案，而是由教师或学校团队实施的方案。

案例：社区服务学习。在《采取行动的孩子》（*Kids Taking Action*）一书中，罗伯茨（Roberts，2002）描述了几个社区服务学习的案例。在一个方案中，儿童与一个名为"孩子喂养孩子和空碗行动"的组织合作，这是一项全国性的反饥饿活动。

方案模式在实践中的案例：儿童的和平技巧

这个方案使用共享的语言和规则来帮助儿童记住亲社会行为并避免破坏性冲突，例如儿童通过"我关心猫咪木偶"的特色小组课程学会了"我关心规则"。教师和儿童会将这些规则和词汇融入日常的课堂生活。

"我关心规则"（写在教室海报上）：

- 我们互相倾听。
- 手是用来帮助别人的，不是用来伤害别人的。
- 我们使用"我关心"的语言。
- 我们关心彼此的感情。
- 我们对自己的言行负责。

方案模式的关注点

对立观点：预先包装的课程？

"儿童创造性冲突解决"（The Children's Creative Response to Conflict，CCRC）方案旨在帮助儿童和教师创造一个充满关怀和合作的环境，支持对冲突的非暴力反应。CCRC 的《小星球的友好课堂》（*The Friendly Classroom for a Small Planet*，Prutzman et al.，1988）一书中包括背景材料、规划策略、游戏、歌曲和活动。在这本书的前言中，作者说他们不愿意"将 CCRC 方案转变为标准化课程"（1988，p. vii），因为重要的是使材料适应每个特定班级或儿童群体的需要。这种方法虽然可能需要大量的时间和精力，但它将会促进"新的共同体意识"和与现有课堂目标一致的学习结果。

第十二章　冲突解决的方案模式　　307

> **教师的故事：在课堂中使用关怀型语言**
>
> 　　当马库斯试图写下自己名字的时候，贾内尔在一旁干扰他。马库斯使用了使冲突升级的回应方式，而不是用关怀型语言来化解和解决冲突。马库斯通过压住贾内尔的胳膊来进行报复。
>
> 　　贾内尔：马库斯。住手！
>
> 　　教师：马库斯！你是在用手帮助别人吗？
>
> 　　马库斯：她干扰我写名字！
>
> 　　教师：你是在用手帮助别人吗？我们平常都是这样接触别人吗？
>
> 　　马库斯：不。（对贾内尔喊）住手！
>
> 　　教师：你用的是关怀型语言吗？
>
> 　　教师的反省：尽管"住手"可能不是关怀型语言，但至少马库斯在使用语言策略，而不是攻击性行为。马库斯应该用怎样的关怀型语言让贾内尔不干扰他写东西呢？

品格教育的对立观点

　　戴维·埃尔金德（David Elkind，1998）问道："品格教育是一种无效的奢侈品吗？"他描述了定义"品格"的困难，并质疑构成"品格"的价值观和结构的选择和界定。另一个更深入的问题是，品格教育试图解决源自其他地方的问题。埃尔金德还指出，儿童对诸如"诚实"的理解可能与成人不同。回想本书前面章节中的内容，我们可以从儿童对公平的理解的视角来考虑我们的实践。

　　关于品格教育，还有其他几个问题。

- 阿尔菲·科恩（Alfie Kohn，1997）认为，品格教育有两种类型。一种是建构主义模式，侧重于广义的普遍性（例如同情心）。另一种是传播模式，狭隘地侧重于确定的"每周价值观"，以及儿童需要"固定"的立场。他问："谁选择并定义这些价值观？""成人和幼儿对这些定义的理解是相同的吗？"

- 吉内娃·盖伊（Geneva Gay，1997）质疑品格教育和多元文化教育的兼容性。在这两个方案中，诚实和真理是关键问题，但主要问题仍在于诚实和真理的含义。在多元文化教育中，这些价值观涉及历史事实、当前和持久存在的种族主义，以及将不同观点和经验带到谈判桌上的理念。一个值得关注的问题似乎是，品格教育作为一种普遍的模式，在被理解之前需要被定义（Lockwood，1997）。这些观点表明，正如我们将在本章中考察的，教师应该仔细地研究他们的学校和中心提出的方案模式。

考虑家庭

早期儿童专业工作人员应该根据我们对儿童和家庭的了解来研究这些不同的方案。需要考虑的问题包括：这些方案传达了什么消息？它们如何描绘家庭？品格教育方案是否传达了这样的信息——家长效率低下，甚至无法支持儿童的社会和道德发展，而必须由学校承担这一职责？在这些方案中，是否有更积极的信息表明专业人员尊重家长，并认为他们是合作伙伴和模范？

评估和筛选方案模式的方法

让我们回到本章的开场白。不过，这一次你需要选择采用哪种方案模式。作为管理者、教师或咨询小组成员，你需要评估一个方案，并决定是否采用它。你的第一个任务是列出你的短期和长期目标，并将你的目标与你正在评估的方案的既定目标进行比较。以下标准将为你提供在评估时需要考虑的其他问题。

☐ 评估的标准：应该看什么

描述性条目：这是为你的情况而设计的吗？

- 方案的适用范围：这个方案是为教室、学校、社区或学区而设计的吗？学校或家里的哪些成人参与其中？这个方案是否适合于你所在的教育机构？
- 儿童的年龄：参与方案的儿童的年龄是多大？

- 方案的主要特点：方案的综合方法、总体目标和风格是否符合你的目标和课堂风格？是否符合儿童、学校和社区的需要？
- 关于儿童的假设：本方案对儿童、学习和世界做了哪些假设？该信息应在方案的材料或文件中明确地说明。这些假设应与你的理解相一致。
- 预测和试验：以前有人试用过该方案吗？方案文件或说明材料中应该包含有关试验的信息。

实践方面：它是如何运作的？

- 成本：这是一个基本但重要的问题。不同方案的费用差别很大。
- 具有实用性和可用性的材料：难以使用或不方便使用的材料可能会成为实施方案的障碍。
- 可更新和容易获得的材料：该方案是否包括消耗性材料和需要重新订购的材料，或者是否使用已提供的、便宜且容易找到的日常材料？
- 易于学习：对于教师和儿童来说，该方案是否容易理解和实施？
- 为教师提供培训和指导：即使是易于学习的课程也应包括明确的书面指导和实施策略，还应提供系统的培训和介绍会。

实质性问题：方案可以良好运作吗？

- 知识库：该方案是否基于我们在理论、研究和实践方面对儿童的了解？
- 一致的理念：该方案的基础、目标和指向以及实施方法是否与你对儿童和学习的理解一致？
- 发展适宜性：该方案能否反映年龄、个人和文化的适宜性？
- 对儿童的回应：该方案是否允许你从孩子的问题出发？是否有一个预评估的部分来帮助你从正确的位置开始？
- 整合：该方案是否适用于现有的课程？它是否可以被整合到所有的内容领域并融入日常事务？
- 适应性：该方案是否允许你根据儿童的需要和兴趣、当天的时间表以及特殊活动进行调整？

- 多种学习模式：该方案是否为儿童提供了多种学习模式（视觉、动觉和听觉模式以及多元智能）？
- 文化回应能力：该方案是否尊重和回应儿童文化和家庭语言的多样性？
- 各种能力的儿童：该方案是为具备各种能力的儿童而设计的吗？
- 与儿童相关、有趣、有意义：儿童真的会喜欢这个方案中的活动吗？
- 家庭/学校联系：该方案是否通过共享信息和利用家长的知识、观点和需求与家庭建立联系？它对家庭的看法是积极的吗（如上所述）？
- 以儿童为导向的结果：该方案是否从成人指导的、结构化的过程转向内在的、自然的、儿童控制的解决方案？
- 可迁移的学习：冲突解决与和平创设是只存在于特定情境中的技能，还是可概括的、可迁移的技能？例如，你能在操场上与他人和平相处，还是你只能在和平桌上达成和平？
- 为所有儿童提供和平创设的机会：该方案是否会指定某些儿童为同伴调解者，或所有儿童都被视为和平创设者？哪种方法更适合你所在的教育机构？你会让儿童轮流扮演调解角色吗？你会鼓励自发的同伴调解吗？
- 评估：在评估时，你是否可以确定方案的有效性并根据需要进行调整？

教师的话

"这本书介绍了一个很好的方案，但它已经被搁置两年了。我是在开学的第一周拿到它的，但我没有时间看。有一次我终于花时间坐下来读了一遍这本书，我发现它真的很有帮助。我现在用了其中的一些想法，它们确实有效。我看到了改变。"

教师的话

"这是一个非常好的方案，但问题是它应该是社会研究课程的一部分。在一年级的时候，我们在学校里开展合作教学，我教阅读，所以我从来没有看到我的孩子从这个方案中学到了什么。我很想在剩下的日子里加强这一点，但我不知道其他人在做什么。"

第十二章 冲突解决的方案模式

> **讨 论**
>
> 如何看待教师资源包和教师的自主权？有些方案的架构非常完善，教师可以严格地按照计划来执行，不需要自己制定任何东西或做出任何决定。其理念具有统一性，可以减少教师的工作量。而那些在实践中重视自主性的教师可能更喜欢可调整的和自己制定的方案。你怎么认为？

在你的教育机构中应用方案模式

▫ 在课堂上使用方案模式

就像使用新课程或新材料一样，了解儿童是应用和调整冲突解决与和平创设方案的关键。这个方案是否与你的实践、哲学理念和课程以及孩子们（这是最重要的一点）相匹配？它是否与你已经在做的事情保持一致？当你检查新方案时，如果有缺失的部分，你该如何填补这些空白？

> **开发人员和研究人员如何评估方案模式？**
>
> 如何评估方案？如何确定和测量结果？诺尔斯（Knowles，2001）认为，目前很少有系统的研究对这些方案的有效性进行评估。询问方案是如何被正式评估的，并了解评估方法和结果将很有帮助。有没有办法衡量评估的有效性？测量是确定有效性的最佳方法吗？还有其他方法吗？评估人员观察了教师对儿童的积极社会行为和情绪控制、学业成绩、自我报告数据以及纪律处分数量的评价。
>
> 要了解更多的信息，请查找已发布的方案评估报告或上网查找相关信息。另一个来源是美国教育资源信息中心（Educational Resource Information Center，ERIC）文摘（Practitioner Assessment of Conflict Resolution Programs ED 451277，Moron Deutsch，2001）。

教师们发现了共同的空白,并提出了可能需要增加或改变的内容(包括策划新活动、创建替代方案或查找不同的材料)。以下是一些建议:

- 为具有不同能力、有特殊需求以及残疾和发育迟缓的儿童提供支持。
- 对文化和语言做出回应。避免性别歧视以及对材料和过程的刻板印象。
- 创建与儿童经验相关的案例。
- 增加参与多种学习和交流方式的方法。
- 建立家庭之间的联系。
- 寻找课程之间的联系。
- 修改步骤或词汇,使其与现有的课堂实践和常规保持一致。
- 对特定事件和当地需求做出回应。
- 与指导顾问合作,把方案和一天中的其他时间联系起来。

创建你的方案

你的学校是不是没有冲突解决方案?许多早期儿童方案并不是学校系统的一部分。有些学校没有选择使用这些方案,也有一些学校没有找到有效的方案。创建自己的方案需要遵循一些基本步骤:进行需求评估、确定目标和方向、收集所有利益相关者的投入(甚至咨询小组成员的意见),以及制定程序、评估方式、预算和时间表。除了适用范围和一致性,哲学理念、儿童需求、家庭和社区背景等内容都是方案开发中需要考虑的事项。(有很多关于方案开发和评估的优秀资源。第十一章中也有关于社区方案开发的说明。)

使方案良好运作的要素有哪些?

- 充分的教师培训
- 所有的利益相关者都能获益
- 对一日活动的整合
- 真实性以及与现实生活的联系
- 包括社区在内的广泛支持系统
- 愿意长期坚持下去

如果你的方案只针对你的教室,那么你可以遵循与整个学校计划方案相同的步骤(只是适用范围相对较小)。确定你的目标,以及还有谁会参与进来(另一个班级或整个学校)。了解你已经提出的想法,并检查你在课堂上已经做了什么。然后开始制订你的计划。查找有用

创建你的方案可能包括与儿童进行合作并协商他们在面对冲突时的解决步骤。

的书籍和在线资源。一个有效的方案是一致的、真实的和持续的。概念将作为一种实践和思考方式被嵌入隐性课程,并在有意的日常活动、过渡和分组活动中有所体现。

> *如何兼顾?*
>
> 这是不是你忙碌生活中的"另外一件事"、另外的单元或另外的课程?它有必要成为"额外的"吗?也许你需要用一种方法把学习过程融入已经存在的活动和经验。利用文献、学术中心、晨会、写作提示和故事口述、房间里的照片、合作伙伴、过渡期和分组来整合方案的各个方面。这些策略在第七、八、九章中有所描述。

❑ 方案发展的三个案例

礼貌和尊重

> **教师的话**
>
> "我们学校制定了自己的方案。我们认为,如果孩子们举止礼貌,那么其他积极的行为也会随之而来。这一方案的名称是'在任何情况下都要具备礼貌

> 和尊重'。这个方案的首字母缩写——HCARES——和学校名称的首字母是一样的,这是把我们自己看作属于一个学校共同体的另一种方式。我们所有的人(包括儿童和成人),都要使用礼貌的语言和体贴的行为。这影响了在我的课堂上儿童对待彼此的方式。"

全球教育与和平教育

一个关于全校方案开发过程的案例是威廉·B. 沃德小学的全校教学方案(Grantham-Campbell, 2002)。在制定全球教育与和平教育方案时,学校委员会以现场考察为基础,从开始讨论到向学区提交一份全面的报告共花了三年的时间。格兰瑟姆-坎贝尔(Grantham-Campbell)说:"沃德学校在相互尊重和全球和平的框架内,认真对待学生安全和校园安全的挑战。主题课程的重点包括对我们自己、我们的冲突和我们的社区的本地理解,以及对其他大陆、文化和语言的'全球'理解。我们发展这个方案的使命是建立一个学校社区,在这个社区中,我们学会关心我们的星球、分享地球的慷慨、欣赏不同的观点、倾听包括儿童声音在内的许多声音。"

共情与共同体

第三个案例中的方案的开发和实施同样历时三年。这一过程是在儿童保育中心进行的,那里的主管领导承诺要通过和平、关怀和有同情心的环境,而不是通过规定的冲突解决课程来解决冲突。第十三章的"案例研究和田野故事"中有主管领导分享的完整故事。

以下是方案实施的基本过程和结果:第一步是培训教师和助理,使他们在处理行为时能够以身作则,使用积极的技巧,始终关注需要帮助的儿童,并让肇事者也能参与后续行动。下一步是实施方案,教师要使用充满关怀和共情的语言,比如:"我看到你很难过。我们能让你感觉好些吗?""我有时也会生气。我能告诉你我在生气时会做什么吗?"几个月后,儿童的语言和环境就会完全被改变。他们在解决冲突时不再那么暴力,他们将更加了解情绪,而且能作为一个团体更有效地进行工作。冲突是通过耐心和理解来解决的,要知道每个儿童都有同情心。我

第十二章 冲突解决的方案模式　　315

们只需要引导他们理解这一点。我经常会告诉教师们，我们的孩子能教会社会中的许多成人了解彼此的感受。我们的孩子处在一个理解和积极解决冲突的环境中是多么幸运！

利用其他资源来支持你的计划

教师可以有效地结合与其目标一致且彼此同步的方法。如果要对方案进行组合，请务必使用统一的词汇用语和步骤或过程。支持冲突解决与和平创设计划的要素可能包括：

- 基于文学的模式可以为其他模式提供支持。例如，威廉·克里德勒的《通过儿童文学教授解决冲突的方法（K—2）》[*Teaching Conflict Resolution Through Children's Literature (K-2)*，William Kreidler，1994]，以及《和平学者》(*Peace Scholars*)。
- 鲁思·赛迪·查尼在《善的习惯：社会课程中的案例研究》(*Habits of Goodness: Case Studies in the Social Curriculum*，Ruth Sidey Charney，1997) 中提出的社会课程"旨在培养每个人的社会和道德能力，建立尊重、全纳和安全的社区生活"(p. 10)。
- 反偏见教育目标 (Derman-Sparks，1997) 与冲突解决及和平创设的目标一致：培养每个儿童的自我和群体意识，促进与来自不同背景的人的舒适的共情互动，培养对偏见的批判性思考，培养儿童在面对偏见时为自己和他人挺身而出。
- 《小星球的友好课堂》中的活动 (Prutzman et al.，1988) 可以取代竞争和具有个人主义的活动。

在实践中对方案进行评估

你的方案如何运作？评估是你的新方案的一个重要组成部分。它包括形成性评估（检查一年中发生了什么，以便后续进行调整）和总结性评估（对整个方案的最终评估，以便向其他人报告并计划明年的方案）。你可以根据方案的具体情况制定自己的评估策略。下面是一个框架，其中包含规划评估的指导性问题。

- 你的目标是什么？
- 儿童学到了什么，能做什么？
  ★ 观察儿童，看他们能够独自做什么，以及能够在帮助下做什么。
  ★ 采访儿童。
  ★ 你能计算或测量什么吗？（记住第三章中观察和访谈的策略。）
- 你对儿童和事件有什么反应？你的教学是否因课程或儿童行为的改变而改变？
- 你将如何与他人（教师、家人）分享你的想法？

教师的话

"评估儿童是否会运用和平策略的最好方法就是观察他们的行为。例如，如果有一节课涉及围绕一支铅笔发生的争论，那么在遇到类似的争论时，我们会希望看到儿童按照课堂上展示的方式进行解决。我们还可以通过观察儿童对其他类似情节和问题的反应来评估这个方案的成功程度。如果他们在《和平学者》中看到了类似的问题，并将其与解决冲突相联系，那么这个方案很可能就是成功的。"

行动研究：课堂上的冲突解决与和平创设

制订你的计划，并使用本章中的步骤（或行动研究的其他来源）来分析计划的有效性。

方案模式的案例

互联网上关于冲突解决、暴力预防、品格教育、和平教育、同伴调解和服务学习的方案越来越多。下列清单提供了一些方案信息，在本书的编写期间，这些方案仍然存在。但是，方案经常会被修改，联系方式也可能会改变。每个方案都被用这种方式标记：冲突解决（conflict resolution，CR）、品格教育（character

第十二章　冲突解决的方案模式　　317

education，CE)、暴力预防(violence prevention，VP)、同伴调解(peer mediation，PM)和服务学习(service learning，SL)。

1."品格至上"(character counts)是一个"由学校、社区和非营利性组织组成的非营利、无党派、非宗教的联盟提出的方案。它致力于通过教授品格的六大支柱——信任、尊重、责任、公平、关怀和公民身份——来促进品格教育"。该方案具有综合性，其范围不限于学校。很多城镇和小城市已经采用"品格至上"作为社区方案。地址：Character Counts National Office, Josephson Institute of Ethics, Marina del Rey, CA 90292-6610。(CE)

2."发展对自我和他人的理解"是一个适用于学前班到三年级儿童的"发展指导方案"，其依据是"儿童的自我价值感对其在社会和学校里的成功至关重要"。该方案包括了解自我、认识他人和做出选择三项内容。该方案的方法涉及倾听、讨论、戏剧表演、故事、引导性想象、木偶戏、角色扮演、词语感觉活动、职业意识、音乐和艺术。这一方案于1970年首次出现，它因强调自尊和使用引导性想象而受到一些宗教团体的批评。地址：American Guidance Service, 4201 Woodland Road, Circle Pines, MN 55014-1796。(CE)

3."关怀模式——发展社交技能并减少幼儿在课堂中的问题行为"，提供了"减少问题行为和发展亲社会技能的策略。在关怀模式中，一种用于教授幼儿社交能力的关键策略是使用课堂会议。(CR/CE)通过课堂会议，儿童可以更好地了解自己的情感和行为，并对他人的感情和观点产生高度的敏感性。相关主题包括使用安全规则、理解和表达情绪、发展积极的社交技能、学习解决问题的过程、介绍能使人放松的步骤和练习减压"。(CR)

4."烦恼克星"是"开端计划"项目使用的同伴调解方案，这一方案符合"开端计划"的目标，并以同伴调解方案的和平桌/规则为基础。吉莱斯皮和奇克(Gillespie & Chick, 2001)描述了一个非正式研究，该研究主要考察一个难相处的儿童在方案中的积极反应。(PM)

5."高瞻冲突问题解决"。该方案的目标是针对儿童的冲突，为成人提供六步调解法，同时为冲突中的儿童提供具体步骤。相关书籍：Evans, B. (2002). *You can't come to my birthday party: Conflict resolution with young children*. Ypsilanti,

MI: High/Scope Press。（CR）

6. "我能解决问题——人际认知问题解决干预"涉及三个年龄／年级——幼儿园、学前班／小学、初中／高中。（VP）该方案的重点是帮助儿童找到解决人际问题的方法，重点是对有行为功能障碍风险的儿童进行干预。图片、角色扮演和木偶被用来帮助儿童获得解决问题的能力。

7. "不放弃"致力于解决儿童在遭遇暴力时的消极反应。"'不放弃'是一个综合的、以学校为基础的课程，它可以满足你在预防暴力性格发展、预防药物滥用和培养生活技能方面的需要。"这一方案的五个基本步骤是思考原因、保持冷静、保护自己、思考应对方式和实施对策。邮寄地址：CONTACT Community Service, Syracuse, NY。（VP）

8. 和平教育基金会。该组织为幼儿园、小学、中学和家庭学校提供了一系列的方案和出版物，以解决动态冲突并促进和平。下面是和平教育基金会的两个方案。

- 吉姆·特里利斯（Jim Trelease）的"文学和平学者"。这个方案将和平和冲突解决的主题融入课堂故事中。它是教师友好型方案，可以帮助教师区分不同学习者的需要，并适用于建立家庭和学校之间的联系。类似的基于文学的方案与克里德勒的《通过儿童文学教授解决冲突的方法》相关。（PE/CR）
- F. 施密特和A. 弗里德曼（F. Schmidt & A. Friedman）的"儿童和平创设技能"。这是另一个来自和平教育基金会的方案，这个方案提供面向幼儿园到二年级儿童的特定关怀课程。"这些用户友好型材料涉及促进学校合作和解决问题的规范，而不是暴力和侵略。通过角色扮演、小组工作和其他互动技巧，儿童将学习亲社会技能（如愤怒管理、观点采择、同伴抵御、有效沟通和问题解决）。"（PE/CR）

9. "停止它！"是针对幼儿园到三年级儿童戏弄和霸凌行为的教师指南。这个方案解决了滥用戏弄和霸凌的问题。它提供了课程、活动、模块、阅读建议和家庭联系方法。地址：Educational Equity Concepts, New York。（VP）

10. "从幼儿园到十二年级儿童的创造性冲突解决"。侵犯和暴力是习得的，并且可以消退。该预防方案强调冲突解决和跨文化理解。它被广泛地应用于纽约市的60所公立学校（涉及9000名学生）以及美国社会责任教育工作者负责的12个其他系统。（VP）

11. "第二步"方案是一个专注于共情训练和愤怒管理的综合方案。该方案中的暴力预防课程是一个"为所有学生设计的普遍干预活动"。通过使用"第二步"方案，学生开始提高自尊，而不是使用拳头。该方案包括20个脚本课程。教师可以每天讲授45~50分钟，以促进儿童共情、解决问题和愤怒管理能力的发展。地址：Center for Effective Collaborations and Practice, Washington, DC。（VP）

12. "技能流"能够"满足表现出攻击性、不成熟、退缩或其他问题行为的学生对相关社会技能的需求。它旨在帮助青少年发展处理人际冲突的能力，学会使用自我控制，并促成积极的课堂氛围"。这个方案有三个级别：幼儿园至一年级、二至五年级和六至十二年级。开发人员有 A. 戈尔茨坦和 E. 麦金尼斯（A. Goldstein，E. McGinnes）。地址：Research Press, Champaign, Illinois。（VP）

13. "服务学习"。如本章所述，"服务学习"不是一个特定的方案模式。另请参阅与《采取行动的孩子》相关的方案（Roberts，2002）。

小　　结

随着人们越来越关注学校、社区和世界普遍存在的暴力行为，教师们被要求在课堂上通过"冲突解决""暴力预防"或"品格教育"等强制性方案来解决问题。在本章中，我们讨论了方案模式的类型，以及如何评估和调整这些模式，以便在早期儿童教育环境中适当和有效地使用它们。最有效的方案可能是你自己（作为一名教师或学校和中心的一员）所创造的方案。

补充材料

研究重点

对"烦恼克星"方案的研究提供了一个评估方案模式有效性的模型（Horsch et al., 2002）。你可以尝试使用上述方案或其他教师研究的模式对你的机构或其他地方已使用的方案进行评估。

应用练习

1. 埃尔金德（Elkind，1998）认为品格教育是一种"昂贵的奢侈品"，你怎么看待这个观点？你认为该如何消解他的顾虑？你希望"品格教育""冲突解决""和平教育"等方案具备哪些特点？

2. 让我们创建一个假定的课堂方案，该方案叫作"建构关怀型教室"。以下是一些可能的策略：

- 在课堂上找到充满关怀的行动，并表扬你所发现的内容。
- 帮助儿童体验关怀。
- 帮助儿童理解关怀。
- 与他人分享关怀的方式。

在制定方案时，你还会考虑什么？

对每一个儿童的思考

想一下本章中讨论的课程模式的类型，哪种模式适合于具有包容性和文化回应性的课堂？如果你所在的机构中有"冲突解决"/"暴力预防"/"品格教育"方案，你是否对可用性、文化回应性、特殊需要儿童适应性等问题有疑问？（更多内容请参见表12-1。）

表 12-1 方案模式评估

方案名称：_____

来源：_____

推荐人：_____

审核人：_____

日期：_____

描述性条目：这是为你的情况而设计的吗？	
1．方案的适用范围：这个方案是为教室、学校、社区或学区而设计的吗？学校或家里的哪些成人参与其中？这个方案是否适合于你所在的教育机构？	
2．儿童的年龄：参与方案的儿童的年龄是多大？	
3．方案的主要特点：方案的综合方法、总体目标和风格是否符合你的目标和课堂风格？是否符合儿童、学校和社区的需要？	
4．关于儿童的假设：本方案对儿童、学习和世界做了哪些假设？该信息应在方案的材料或文件中明确地说明。这些假设应与你的理解相一致。	
5．预测和试验：以前有人试用过该方案吗？方案文件或说明材料中应该包含有关试验的信息。	
实践方面：它是如何运作的？	
1．成本：这是一个基本但重要的问题。不同方案的费用差别很大。	
2．具有实用性和可用性的材料：难以使用或不方便使用的材料可能会成为实施方案的障碍。	

表12-1（续表1）

3．可更新和容易获得的材料：该方案是否包括消耗性材料和需要重新订购的材料，或者是否使用已提供的、便宜且容易找到的日常材料？	
4．易于学习：对于教师和儿童来说，该方案是否容易理解和实施？	
5．为教师提供培训和指导：即使是易于学习的课程也应包括明确的书面指导和实施策略，还应提供系统的培训和介绍会。	
实质性问题：方案可以良好运作吗？	
1．知识库：该方案是否基于我们在理论、研究和实践方面对儿童的了解？	
2．一致的理念：该方案的基础、目标和指向以及实施方法是否与你对儿童和学习的理解一致？	
3．发展适宜性：该方案能否反映年龄、个人和文化的适宜性？	
4．对儿童的回应：该方案是否允许你从孩子的问题出发？是否有一个预评估的部分来帮助你从正确的位置开始？	
5．整合：该方案是否适用于现有的课程？它是否可以被整合到所有的内容领域并融入日常事务？	
6．适应性：该方案是否允许你根据儿童的需要和兴趣、当天的时间表以及特殊活动进行调整？	
7．多种学习模式：该方案是否为儿童提供了多种学习模式（视觉、动觉和听觉模式以及多元智能）？	
8．文化回应能力：该方案是否尊重和回应儿童文化和家庭语言的多样性？	

表12-1（续表2）

9．各种能力的儿童：该方案是为具备各种能力的儿童而设计的吗？	
10．与儿童相关、有趣、有意义：儿童真的会喜欢这个方案中的活动吗？	
11．家庭/学校联系：该方案是否通过共享信息和利用家长的知识、观点和需求与家庭建立联系？它对家庭的看法是积极的吗（如上所述）？	
12．以儿童为导向的结果：该方案是否从成人指导的、结构化的过程转向内在的、自然的、儿童控制的解决方案？	
13．可迁移的学习：冲突解决与和平创设是只存在于特定情境中的技能，还是可概括的、可迁移的技能？例如，你能在操场上与他人和平相处，还是你只能在和平桌上达成和平？	
14．为所有儿童提供和平创设的机会：该方案是否会指定某些儿童为同伴调解者，或所有儿童都被视为和平创设者？哪种方法更适合你所在的教育机构？你会让儿童轮流扮演调解角色吗？你会鼓励自发的同伴调解吗？	
15．评估：在评估时，你是否可以确定方案的有效性并根据需要进行调整？	

第十三章

反思与行动：与儿童和成人一起解决冲突

> "当观察和评估了在我的生命中发生过的许多冲突后，我发现并没有一套固定的方法可供我来处理它们。每次的冲突似乎都是不同的，我需要用不同的策略来解决冲突。我还注意到，有些冲突我可以自己解决，有些冲突则需要额外的帮助，或者需要第二方或第三方进行某种干预。"

目标：为了进行总结并充分地运用新知识，在最后一章中，我们将重新审视并反思我们对儿童冲突的理解。通过持续的自我评估，我们将优先考虑并制定帮助儿童理解、管理和解决冲突的目标。第十三章还将提供维权工具、用于深入分析的相关案例研究，以及在专业环境中与其他成人发生冲突的附录。

反思与重新审视

☐ 反思你的解决冲突的方法

早期儿童专业工作者非常熟悉反思实践的方法。反思有助于我们理解每一天，并使我们明确自己对儿童、学习和教学的直观认知。很显然，反思实践的价值适用于我们对儿童冲突的理解。此外，我们知道教师的观念会影响他们的实践。因此，反思和认识我们的观念很重要。教师的观念与其在处理儿童冲突时的行为之间是否存在差距？研究表明，差距确实存在（Chen & Smith, 2002）。对儿童之间和成人之间冲突的反应进行持续的自我评估和理解，可以减少出现这种差距的可能性。

对待儿童冲突的态度

你如何看待儿童的冲突？如果你在阅读本书之初就展开了一个自我意识活动，那么现在将是"自我意识回顾"的好时机。请回答如下问题：

- 冲突不可避免吗？
- 它们有害吗？
- 什么是和平？
- 孩子们能够解决自己的冲突吗？
- 课堂和谐的价值是什么？
- 制止冲突或立即进行干预是比较好的做法吗？
- 作为一名教师，你在儿童冲突中扮演的角色是什么？

这些问题的答案将清楚地呈现出你对儿童同伴冲突的态度。虽然你对人际冲突的接受程度可能没有改变，但你对儿童冲突的本质和适当的成人干预可能会有新的认识。已有的知识、反思和自我评估将指导你进行明智的专业性实践。

一位教师的反思

教师有时会对个别儿童或某种类型的儿童有先入为主的看法吗？一位教师讲述了关于一个孩子的故事。这个孩子总是出现在冲突的现场。于是，教师提出了一个假设："这是一个麻烦制造者。"在对孩子们的冲突进行了一段时间的观察并倾听了正在发生的事情后，教师开始意识到这个儿童是一个积极的和事佬。为了调解，她被吸引到每个课堂冲突发生的地点。因此当教师到来时，她总是在现场。

另一位教师的反思

"由于家庭和社区的条件不好，所以我对孩子们的生活感到惋惜且期望值较低，但这是不公平的。现实情况是，如果你向儿童提供他们需要的支持网络，并在他们成功时为其庆祝，那么孩子们也可以并会做得更好。"

教师不断地反思他们的观念和实践。

对待成人冲突的态度

另一个需要进行自我反思的领域是你对成人冲突的反应。在大多数情况下，你对成人冲突的自然反应与你对课堂中儿童冲突的反应相似。

> **教师的话**
>
> "人们通常倾向于将冲突视为负面事件,因为他们在情感上无法以适当的方式处理冲突。"

> **教师的话**
>
> "冲突在生活中是不可避免的。不过,它们并不是问题的主要部分。我认为正是你处理冲突的方式决定了它是被和平地解决,还是变成一场灾难。"

如第十一章所述,对成人冲突的回应是讨论的重要组成部分。对于课堂内外的冲突,具有一致性的解决方法有助于确保你很好地应对儿童的冲突。模拟与其他成人的冲突与合作可以为儿童及其家长提供强有力的榜样和示范作用。与家长、同事、其他教师、合作者、工作人员、你需要监督的人员以及监督你的人员之间的互动都可以是为儿童提供积极榜样的机会。

成人冲突:员工问题 成人之间的冲突和儿童之间的冲突都不可避免。与儿童一样,成人有机会以积极与合作的方式面对和解决冲突。儿童在密切地观察着他们周围的成人。这些成人互动和面对冲突的方式为儿童提供了一个强有力的榜样示范。同时,这是一个了解成人世界冲突解决方式的窗口,然后,儿童将和他们的同伴一起进行实践。

教师之间、教师和校长或管理者之间的关系所形成的共同体意识可以是积极的,也可以是消极的,消极的体验会产生一种孤立感。成人互动的本质,以及成人处理同伴冲突的方法,是创造积极的社会道德环境的重要因素(DeVries & Zan,1994)。成人通过合作、倾听对立观点并达成一致意见来建立积极的互动和冲突解决模式。正如爱德华兹(Edwards)等人所描述的,这一过程经常发生在瑞吉欧·艾米利亚市属学校的教师之间(1998,p.191):

"在瑞吉欧·艾米利亚市属学校,智力观点上的冲突被认为是成长的动力。因此,教师们会试图找出而不是压制彼此对儿童的不同观点。同样,教师也做好了接受不同观点的准备,并期望展开更广泛的讨论和得到具有建设性的批评。这一举措被视为提升能力的最佳方式。教师们在团队合作中的乐趣和对分歧的接受为儿童和家长提供了一个很好的榜样。"

自我评估工具

实践中的持续反思

教师应该将反思作为一种持续性自我评估的工具。如前所述，反思性日记和定期的自我检查都是教师随时可用的自我评估形式。将反思作为一种工具，教师可以自问"为什么""如何"和"下一步怎么做"。反思可以成为行动研究的一个重要组成部分。

行动研究：课堂中的关怀

一位教师和孩子们讨论并模仿了内尔·诺丁斯（Nel Noddings，1992）所描述的关怀行为。教师请孩子们帮她留意课堂上的关怀行为。她想知道，这种对关怀行为的关注是否能够引导孩子们更加有目的地参与他们所遇到的关怀行动。作为一名忙碌的教师，她对自己观察的内容进行了逸事记录，并让孩子们在班会上确认和补充她的观察结果。

你能在你的课堂中尝试这种方法吗？

教师的话

"我最近在读查尼的《善的习惯：社会课程中的案例研究》。该书介绍了六位教师的案例研究，它们描述了在课堂上逐步培养学生的共同体意识，营造以关怀和友善为准则的环境的实际做法。另外，这本书提供了一个案例研究大纲，它可能会对教师开展反思性研究有所帮助。"

制定检查表和自我评估清单

检查表和清单也可以成为教师开展自我评估的手段。研究人员编制了一份评估教师对儿童同伴冲突的看法的量表，以检验其理念和实践的一致性。《社会冲突量表》（*Social Conflict Inventory*）分为三个维度：冲突的总体定位、停止冲突的信念以及促进冲突解决的信念（Chen & Smith, 2002）。第一章描述了五种教师解决课堂冲突的方式：简单直接的方式、问题解决型方式、折中的方式、圆滑的方式和忽视的方式（Kriedler, 1984）。毫无疑问，你会做一个快速的自我评估，并将自己分配到其中的一个类别。作为一个非正式的清单，你可以随时记录自己对冲突的反应，并根据这些类型来重新评估自己。请你制定自己的清单并定期使用它。

除了评估态度和信念外，你还要重新评估自己的教学以及支持冲突解决、和平创设、关怀行为的社会、物理和学习环境。

教师对课堂冲突的态度和回应的检查表　这些陈述可能有助于你了解自己对冲突、儿童冲突管理和自身角色定位的看法。问问你自己，在大多数情况下，你同意以下哪种说法：

- 在课堂上始终保持和平与和谐是很重要的。
- 让儿童学会如何与他人相处是很重要的。
- 除非成人介入以阻止冲突，否则可能会有人受伤。
- 儿童通常能够自行解决冲突。
- 教师的职责是维持秩序，防止冲突的发生。
- 教师的职责是在发生冲突时进行调解。
- 教师的职责是在发生冲突时为儿童提供冲突解决的言语策略。
- 当儿童因物品占有发生冲突时，成人的干预是非常重要的。
- 当儿童因规则发生冲突时，成人的干预是非常重要的。
- 当儿童取笑或辱骂别人时，成人的干预是非常重要的。
- 教师处理儿童冲突的最佳方法是将儿童隔离并惩罚引发冲突的儿童。
- 教师处理儿童冲突的最佳方法是告诉儿童如何结束冲突。
- 教师处理儿童冲突的最佳方法是帮助儿童自己找到解决冲突的方法。
- 儿童之间的冲突有害且具有破坏性，成人应阻止或立即制止。
- 冲突可以具有建设性，可以促进儿童的发展。

识别并阐明你在冲突解决中的目标

制定目标

基于自我评估,你可以开始制定支持儿童冲突解决的目标了,这与你的职业发展和你所重视的东西是一致的。在阅读本书后,你可能已经制定了一些目标:深入了解发生在你的课堂中的儿童冲突,规划进行观察的时间,为物理、社会环境的改善和课程制定策略,重新考虑你的干预方法,创造更多的家庭参与机会,评估你所在地区的文化敏感性,建立你自己的冲突解决与和平创设模式,密切关注学校现有的模式,阅读有关儿童冲突的专业文献。

使用"三层蛋糕"模型来规划你的目标 "三层蛋糕"的类比可以为你建构特定目标和行动提供一个框架(参见图13-1)。在每一层蛋糕中至少确定一个你可以采取的行动,并在这个基础上确定长期或短期目标。一定要在你的计划中至少包括几个短期目标,并做好耐心地面对长期目标的准备。

图13-1 蛋糕的最终外观

分享你所知道的　与其他专业工作者分享你学到的知识是一个重要的目标。与另一位教师合作制定课堂策略可以使两个教室受益，还可以进一步扩展你的关怀共同体。另一个可能的目标是开发和共享自我评估工具。

变革的重点

局部变革　为冲突解决与和平创设做出改变的第一步是找到你能做的事情。当开始考虑可能的目标时，你就会考虑那些影响课堂、儿童、家庭、同事和你自己的变革举措。让其他人参与变革是很重要的。即使是局部变革，也需要时间、耐心、持久性和灵活性。

社会变革　基于对全球化的思考，致力于更广泛的社会变革可能是一个长期的目标。这个目标非常困难但很有价值，你为社会变革做出的努力需要符合和平创设、服务学习和关怀课程的模式。反偏见课程就是一个让儿童参与社会变革的典型案例，在该课程中，儿童可以学习识别和面对偏见，并为自己和他人挺身而出（Derman-Sparks，1989）。社会变革是基于全球共同福祉的理念，即在无国界的世界社区中，让所有人都以某种方式联系在一起，帮助那些不喜欢自己的人，使世界对所有人来说都变得更加美好。基层社会变革的努力使选举权、八小时工作日和劳动法、环境和健康保护、家庭暴力法等成为现实。

维权、行动和成长

□ 维权的基础

早期儿童维权意味着为幼儿及其家长提供支持并阐明他们的需求（Lombardi & Goffin，1988）。第一步是了解维权的重要性，并根据我们对社会变革的界定，承诺以专业工作者的身份在教室、办公室和家庭之外采取行动。

早期儿童专业工作者有宝贵的知识和经验可供分享。作为维权者，我们的贡献包括表达我们所了解的知识，重申童年本身的重要性，而不是把童年时期作为未来劳动力的准备阶段。维权变革还包括界定该领域的专业性，为家庭创造一个可被倾听的空间，并扩充为儿童和家庭发言的人群以及企业和其他专业服务人员（Jensen & Hannibal，2000；Robinson & Stark，2002）。乔纳·埃德尔曼（Jonah Edelman，2002）建议组建一个维权团队以提高效率。正如他所建议的，你可以使用李奥尼创作的"小黑鱼"形象（*Swimmy*，1963）代表儿童发声。小黑鱼，一条非常小的鱼，和其他小鱼一起变成了一条非常大的鱼。

如何成为维权者

你可以做些什么来改变冲突解决

成为维权者是一个具有发展性的过程。你可以通过一些小步骤开始你作为儿童维权者的旅程（比如与家人分享非暴力电视节目的清单）。你可以承诺作为一个维权者继续成长，并计划在以后采取行动（例如拜访当地立法者以寻求对预防暴力问题的支持）。

以下是现在或将来可用于支持儿童冲突解决的一些想法：

- 在学校或教室里的家长园地写一篇相关的文章。
- 上网搜集关于冲突解决或预防暴力的资源，并分享你的发现。
- 针对充满暴力因素的玩具或游戏给玩具制造商或零售商写一封信或发送一封电子邮件（或给不适合儿童观看的电视节目的赞助商写信）。
- 向当地的书商咨询有关亲社会行为和反偏见主题的儿童书籍。
- 评估教室里的书籍和材料是否含有关怀、亲社会行为的主题。
- 计划一次关于社区暴力预防或冲突解决的家庭之夜、研讨会或家长教育会议。
- 加入地方或国家级宣传组织，如加入行动联盟（Action Alliance）或捍

教师可以通过分享信息和与他人交谈来成为儿童的维权者。

卫儿童（Stand for Children）（本章后面有关于这些组织的信息）。
- 在州立法机关为预防暴力的相关问题作证。

瞄准你的维权工作

要想在冲突解决与和平创设方面成为儿童的维权者，你可以按照隆巴尔迪和科芬（Lombardi & Coffin，1988）描述的"瞄准你的维权工作"的步骤开始工作。

首先，选择一个关注点或焦点：你最迫切的关注点是什么？是媒体对暴力的宣传，还是在社区中进行相关安全课程的讲解？

其次，收集相关的事实信息，这样你就可以知道谁会受到影响，儿童和家庭会受到什么影响，以及谁会同意或不同意这个议题。要收集事实信息、数字和令人信服的故事，还要在线查找立场声明和当前的统计数据等。

再次，将你的回应集中在能够反映当前政治局面的事实资料和关键词上。

最后，你应该已经准备好采取行动了。可针对目标受众进行信息完善，并找到一种适合你的维权风格。

维权和变革的资源

以下是你的维权工具资源库。

专业组织的立场声明　全美幼教协会、国际儿童教育协会、南方儿童协会（Southern Early Childhood Association，SECA）等专业组织的立场声明。

这些声明提供了对问题的简要解释以及实用建议。下列是全美幼教协会的一些立场声明：

《儿童生活中的媒体暴力》（*Media Violence in Children's Lives*）

《防止虐待儿童》（*Prevention of Child Abuse*）

《应对语言和文化多样性》（*Responding to Linguistic and Cultural Diversity*）

《儿童的标准化测试》（*Standardized Testing of Young Children*）

《道德行为准则和承诺声明》（*Code of Ethical Conduct and Statement of Commitment*）

美国教育资源信息中心文摘　美国教育资源信息中心的网站提供了许多资

源。你可以通过点击"ERIC Digests"这个选项卡来获取两页的全文文章,文章的小结有特定主题的最新信息。我们可以通过输入关键词(如冲突解决、和平创设、品格教育、暴力预防、与家庭合作以及社会能力等)来进行检索。

Aidman, A. (1997). *Television violence: Content, context, and consequences.* (ERIC Digest ED414078)

Bruns, D. A., & Corso, R. M. (2001). *Working with culturally & linguistically diverse families.* (ERIC Digest ED455972)

Flannery, D. J. (1998). *Improving school violence prevention programs through meaningful evaluation.* (ERIC Digest 417244)

Grosse, S. J. (2001). *Children and post traumatic stress disorder: What classroom teachers should know.* (ERIC Digest ED460122)

Johnson, M. L. (1998). *Trends in peace education.* (ERIC Digest ED417123)

Lue IA. (2001). *Children's literature in a time of national tragedy.* (ERIC Digest ED457525)

Marion, M. (1997). *Helping young children deal with anger.* (ERIC Digest ED414077)

Massey, M. S. (1998). *Early childhood violence prevention.* (ERIC Digest ED424032)

McClellan, D. E., Sit Katz, L. G. (2001). *Assessing young children's social competence.* (ERIC Digest ED450953)

Moore, S. G. (1992). *The role of parents in the development of peer group competence.* (ERIC Digest ED346992)

Otten, E. H. (2000). *Character education.* (ERIC Digest ED444932)

Schwartz, W. (1999). *Preventing violence by elementary school children.* (ERIC Digest ED436602)

Wallach, L. B. (1994). *Violence and young children's development.* (ERIC Digest ED369578)

Wheeler, E. J. (1994). *Peer conflicts in the classroom.* (ERIC Digest ED372874)

以成为维权者为主题的书籍

Jensen, M. A., & Hannibal, M. A. (2000). *Issues, advocacy, and leadership in early education* (2nd ed.). Boston Allyn, and Bacon.

Lombardi, J., & Coffin, S. G. (1988). *Speaking out: Early childhood advocacy*. Washington, DC: National Association for the Education of Young Children.

Robinson, A., & Stark, D. (2002). *Advocates in action: Making a difference for young children*. Washington, DC: National Association for the Education of Young Children.

更多的维权资源

关心安全环境教育工作者联盟，地址：55 Frost Street, Cambridge, MA。它是父母、教师和其他为儿童安全世界而工作的人组成的网络，提供儿童和成人的书籍列表、网站、文章和其他资源的时事通讯。

儿童保护基金会，地址：25 E. Street NW, Washington, DC 20001。通过官方网站，我们可以链接到儿童健康、安全和经济问题的相关报告以及其他资源。

南部贫困法律中心，地址：400 Washington Avenue, Montgomery, AL 36104。该组织的工作涉及资源、出版物和维权方面的内容。出版物包括《十种消除仇恨的方法》(*Ten Ways to Fight Hate*)和《从小事做起》(*Starting Small*)，后者是一种免费的教师资源，我们将会在后面提及。

捍卫儿童，地址：1420 Columbia Road, N. W., Washington, DC 20009。这是一个"为儿童发声的全国性基层组织"，它会在国家、州、社区和邻里层面开展维权工作。

行动联盟 这些地区、州和地方组织汇集了可供儿童和家庭维权者使用的资源，并且提供了有关当前问题的信息、赞助宣传活动的介绍，以及印刷品和在线材料。查找一下你所在地区的行动联盟小组。

> **教师的话**
>
> 名　字
>
> 世上只有一个儿童，
> 而这个儿童的名字叫所有儿童。
>
> ——卡尔·桑德堡
>
> "在我收藏的东西中我找到了这句话。当我们说自己是一个儿童维权者时，它似乎表达了我们的意思。维权活动可以尽可能地接近家庭，以帮助你照顾的某个孩子得到他（她）可能需要的服务。维权活动使邻居们意识到社区中儿童和家庭的需要。维权活动可以在国家和全球范围内举行，但你也可以从自己的身边开始。"

小　结

作为支持儿童冲突解决与和平创设的专业工作者，这一章是我们继续前进的又一步。和其他与儿童相关的实践领域一样，关键是要反思我们对儿童冲突的理解，并领会这种理解如何指导我们与儿童、家长和同事之间的工作。这种意识引导我们为未来的职业发展设定目标。最后，我们将把这些目标纳入一项计划，以实现我们作为儿童和家庭以及安全与和平世界的维护者的目标。

补充材料

研究重点

教师如何看待儿童的冲突？他们的看法会如何影响课堂上发生的事情？陈和史密斯（Chen & Smith, 2012）已经试用了一种研究工具来帮助回答这些问题。你可能想通过反思自己和询问周围的人关于儿童冲突的看法来进行非正式的研究。

你可以将你的发现与其他研究人员的发现进行比较。

让我们开始对话吧！

应用练习

1．重复第一章中的词汇网络活动——现在看起来有什么不同吗？

2．和同学、孩子或朋友制作一个和平被。每块正方形上都有由不同的人设计的和平信息。

3．设计一个带有和平或非暴力信息的车尾贴。

4．制作一段一分钟的公共服务公告（Public Service Announcement，PSA）来进行宣传。了解如何在当地的电视台或电台上发布公共服务公告。

对每一个儿童的思考

在本书中，我们使用了全美幼教协会对"每一个儿童"的界定——"包括发育迟缓或残疾的儿童、有着不同家庭文化和语言背景的儿童、有才华和天赋的儿童、来自不同社会经济阶层的儿童及其他具有不同学习风格和需要的儿童"（NAEYC，2001）。既然你已经读到了本书的结尾，那么你对儿童冲突的理解符合这个界定吗？你的维权计划是否包括了每一个儿童？

第十三章　反思与行动：与儿童和成人一起解决冲突

章节附录：案例研究和田野故事

☐ 开端计划教育协调员

"通过这个方案以及两年的开端计划项目，我对布里安娜这个孩子有了更多的了解。我知道，对她来说，开端计划项目是一个安全的避风港。这里是她的家，一个远离所有来自她的家庭和邻里间暴力压力的家。在这里她很舒服，而且她可以大声地表达自己。更重要的是，我还了解到她依靠开端计划项目工作者找到了她需要的帮助。因此，我们发誓要用我们所有的资源来满足这些需求。我知道布里安娜是一个4岁的孩子，她需要爱、指导和一个安全的环境。在这个年纪，她应该热衷于提问，参与充满乐趣的活动。她应该锻炼小肌肉技能，在校园里来回奔跑、跳跃。然而，我看到的布里安娜则经常发脾气，并且咄咄逼人。她会在学校里谈及自己在家里的任务（包括给小弟弟洗衣服、换尿片、盖被子）。对于一个4岁的孩子来说，这些任务是不合适的。这应该是孩子们在家政室里进行的假装游戏，而不是真的要她去做。布里安娜及其家人的下一步工作是进行咨询。当她的母亲打电话说她需要帮助时，中心里的工作人员非常高兴。我希望布里安娜的母亲能利用开端计划项目所提供的丰富资源。开端计划项目中的工作人员自愿陪她参加所有相关的预约活动。我最大的收获是知道这些资源将有助于布里安娜轻松地过渡到公立学校。"

☐ 教育机构的负责人

"在过去，我知道儿童冲突一直是儿童保育机构里的一个问题。我目前的职位决定了我不需要处理这样的问题。但在最近的一段时间里，我觉得我所做的一切都是成人式管理。说到这一点，我的意思是教师们有时会忘记他们在哪里，忘记孩子们的耳朵一直在听。很抱歉，我让教师们在孩子面前争论不休，直到我把他们分开，并让其中一个离开。同样，我不认为父母会意识到他们在孩子面前说的一些事情。有些家长对孩子在教室里发生的某种情况感到不安，我不得不和他们打交道。我发现,他们会在孩子面前大声地说话,并使用不恰当的语言。

"我认为教师应该参加冲突解决的培训。如果发生冲突,他们可以学习在孩子面前应做出怎样的表现。哇,也许我自己能为教师们开一个讲习班?"

巡回阅读资源教师

"在参观和观察几个幼儿园和小学教室时,我发现教室里的不同安排会带来学习和行为的差异表现。我发现,大量的开放空间会鼓励消极的行为,而精心布置的家具则会让儿童度过有组织、有秩序的一天。我还发现,杂乱无章的教室往往比有序的、有组织的教室更容易产生冲突。与那些强迫儿童坐在固定座位、教师持续地待在同一个儿童身边的教室相比,为儿童提供可供小团体和个人工作的场所的教室里发生的冲突更少。

"在第一间教室和第二间教室里,儿童可以自由地走动,但他们不会通过奔跑来制造冲突。此外,在这两间教室里,学生可以与小团体、搭档一起或独自一人进行工作,这似乎创造了一种愉快的、低冲突的氛围。虽然第二间教室组织良好,但它有点拥挤,与第一间教室里的安排相比,这似乎引起了更多的冲突。

"在第三间教室里,教师把房间布置得井然有序。每一个玩具和学习工具都有固定的位置,孩子们有一个舒适与平静的地方。这间教室里的冲突特别少。进入这间教室(和预期一样)会让人感到安全、平静和舒适。

"第四间教室是一个有组织的教室,但它的布置很明显由教师负责。孩子们的课桌呈 U 形排列,教师的位置在正前方。这间教室里没有足够的空间供儿童四处走动、相互交流。当儿童排成一队或坐在一起时,这间教室里发生的冲突往往比可以经常与同伴一起工作和互动的教室更多。

"第五间教室是一个有许多问题和学生冲突的地方。与第四间教室类似,这间教室里的课桌呈 U 形排列,教师负责所有的事情。不同的是,这里的课桌都挤在教室的前面,这使得教室后面有一块很大的空地,孩子们在那里会遇到麻烦。这间教室里的学生总是坐在同一个人或两个人的旁边,这给他们提供了最少的互动。当这些孩子被要求一起工作时,他们就会发生很多冲突。

"通过对这五间教室的参观,我发现,教室的设置对教室里存在的冲突和消极行为的数量有很大的影响。当给孩子们提供一个允许其在房间里走动与合作的环境时，他们之间的冲突会减少。当教室组织得井井有条且舒适，并且给孩子提供一些空间和支配物品的权利时，学生的表现往往比较积极。"

一年级教师

乔希的声音从阅读地毯那边传来。他的呼吸声听起来有些沉重。教师在教室的另一边问他出了什么事。乔希指着迈克说："他把笔记本扔到我的身上，打中了我的眼睛，我感到非常疼！"这时，教师走到地毯前，跪坐在乔希身边。迈克一句话也不说。乔希在这一刻变得更加激动，重复着他的指责："他把笔记本扔到我的眼睛上，他是故意这么做的！"教师看向迈克，问他乔希说的是不是真的。迈克哭着说："他打了我的背，我也很疼！"然后他们都没再说什么。乔希继续沉重地呼吸，迈克继续哭。教师没有讲话，几分钟后，迈克喊道："那是个意外！"乔希回答说："你是故意这么做的！"迈克接着说："不，那是个意外。对不起。"乔希此时开始平静下来，但迈克还在哭。教师转向乔希，问他是否觉得自己欠迈克一个道歉，因为他打了迈克的背。乔希回答说："我已经说了，但他没有听！"（实际上他没有道歉）。迈克说他没有听到。接着，乔希说："对不起。"教师问两个孩子他们本来该怎么做。迈克说他不会再扔笔记本了。乔希说："我也不会为了解决问题而打架了。"

关于在教室里建构共情和共同体的思考：一个真实的故事

鲁比·F. 马丁，主管

在积木区，丹尼尔踩到了扎卡里的手指。扎卡里哭了起来，很显然，他受伤了。丹尼尔的脸上露出了关切的表情。"你还好吗？"丹尼尔问道。扎卡里抓住自己的手指哭着点头。丹尼尔跪在扎卡里旁边，轻轻地把手放在他的背上，问道："你需要冰块吗？"扎卡里又点了点头。丹尼尔看向身边一直观察着这一情形的教师，问道："我们能给扎卡里弄点冰块吗？我踩到他的手指了。"在我指导的中心里，语言、共情和关怀他人经常会在日常生活中发生。丹尼尔和他的朋友都是3岁，他们从6周龄时就开始了模仿和共情的练习。

我们没有采用任何既定的课程来强调和平地解决冲突，也不会强迫儿童道歉。我们所做的是从孩子们很小的时候就开始温柔地引导他们理解自身的感受。教师们会表现出共情，孩子们也会听从他们的引导。这是一个简单有效的过程，3年来它已经取得了很好的效果。

为了创设一个和平的环境，我们做的第一步就是培训教师和助手，让他们以恰当的方式表达感情。我们需要专注于引导孩子们做出正确的选择，并为他们提供互相帮助所需的工具。

我们只使用积极的技巧来处理行为，始终把注意力集中在需要帮助的儿童身上，并让肇事者参与后续的行动。

一旦教师接受了培训，下一步就是实施。我开始听到教师们这样说："我看到你很难过，我们能让你感觉好一点吗？""我有时也会生气，你愿意听我说说我在生气的时候都做些什么吗？""我知道你很沮丧，但伤害别人是不可取的，所以让我们谈谈我们可以做的事情吧。""你能看到你的朋友受伤了吗？让我们看看可以做些什么来让他们感觉好一点。"几个月后，孩子们的语言和环境发生了彻底的变化。在解决冲突时，他们不再那么暴力，能够调节自己的情绪，并且开始一起作为一个共同体更加有效地工作。

在这一过程中，我们的最终目标是给孩子们提供这样一个地方：在这里他们可以大胆地说或做任何事，而不用担心会被随意评价、受到训斥或被严厉对待。我们希望他们知道，当大家一起工作并理解彼此的感受时，事情总会朝着积极的方向发展，日子也会过得很顺利。当我们与他人相处时，会有更多的时间去探索、实验和玩耍。我们达到目标了吗？

上周我在幼儿园里无意中听到杰恩对凯文说："当人们在我的身边指手画脚时，我觉得自己不被重视，你能不能尽量不指手画脚？"凯文考虑了一下她的要求，回答道："我尽量，因为你很重要。"

多米尼克正在因他的一个朋友的行为而心烦意乱，他流着泪说："你让我感到难过！"另一个孩子立刻走过去，轻抚多米尼克的背，说道："你感觉好点了吗？"只要孩子们认识到自己的行为会影响他人的情绪，我就会觉得，是的，我们已经达到了目的。这是一个持续练习的过程。教师必须时刻牢记，孩子们会认真地观察和倾听他们周围发生的一切。当新生到来时，孩子们可以指导他们，而成果往往会令人惊讶。如果我们在获得这些成果的同时为儿童树立共情和语言的榜样，那么这里将不会有消极的行为。作为董事或管理者，一旦做出了改变的承诺，员工将听从你的领导。最近一次因消极行为让学生到我的办公室已经是一年半以前的事情了。现在，所有的事情都是通过教学共同体来处理的。冲突是通过耐心和理解来解决的，因为我们知道每个孩子都有共情的能力，我们只需要引导他们理解这一点。当其他人参观我们的中心或参加培训时，我经常听到他们说他们没有听到任何令人不快的噪音。不仅教师融入了环境，孩子们也以愉快、尊重的方式互相交谈、平静地解决冲突。我坚信，以合适的方式创设环境，并在适当的实践中培训教师，可以明显减少需要处理的儿童冲突的数量。同时，培养儿童的共情能力也使我们的环境变得更加和谐。

我经常会告诉教师们，我们的孩子能教会社会上的许多成人了解彼此的感受。幸运的是，我们的孩子能生活在一个理解和进行积极的冲突解决的环境中！（注：和本书的其他部分一样，这个故事中的儿童和教师的名字已经做了调整。）

在城市教区中心使用"三层蛋糕"模型的教师：对儿童的承诺声明

最后的一个田野故事是一位教师在研究了本书中提到的儿童冲突后，为自我觉察而创建的列表。她的话表明了她对儿童的明确承诺，以及她致力于在一个安全和关怀的环境中支持儿童的冲突解决与和平创设的愿景。

- 每个儿童都有权拥有一个安全且充满爱心的家庭。
- 每个儿童都有接受教育的权利，并有机会回馈社会。
- 每个儿童都拥有绝对安全的权利，不会受到虐待和忽视的威胁。
- 每个儿童都有权利在没有恐惧的环境下生活，不受毒品、暴力和酒精的威胁。
- 每个儿童都有受到尊重和不受剥削的权利。
- 对课堂、课程和自己进行评估，以求不断进步和做出必要的改变。
- 做一个好榜样，表现出你希望儿童表现出来的行为。
- 为儿童提供解决问题所需的空间和机会。不要太快进行干预。

- 教授和展示价值观、尊重和解决问题的技能。
- 反思你的肢体语言、语调和对儿童的态度。
- 不要对情况反应过度。要有耐心和理解,保持宽容。
- 我是和平、非暴力和安全组织的维权者和支持者吗?
- 我是否可以通过技术媒体(如计算机、音乐等)知道发生了什么?
- 我是否了解影响社区和儿童的因素(如帮派、枪支、毒品等)?
- 我是否知道有哪些资源可用于解决冲突?在我的教室里什么最有效?
- 我是否鼓励和支持了那些向我寻求帮助的儿童?我是否与其父母合作并为他们提供了相应的资源材料?
- 我相信每个儿童都很特别,并有权利让未来的世界变得更好。

附 录 A

观察工具：游戏量表

这些游戏量表基于我们在认知和社会发展领域对儿童游戏的理解。皮亚杰（Piaget，1962）描述了游戏中的认知水平，帕顿（Parten，1932）提供了社交游戏的类型。这两种游戏视角都为儿童在冲突中的互动提供了一个背景。

皮亚杰的认知游戏

1．功能性游戏：又称练习性游戏。这一水平的游戏涉及有对象或无对象的重复运动。功能性游戏可以是单脚跳和双脚跳、锤击、堆叠立方体、来回倾倒沙子等。

2．建构性游戏：这一水平的游戏包括使用物体来搭建、创造或建造；当儿童用积木搭建塔楼或运用各种媒介来创造某种形象时，这些活动兼具功能性和象征性游戏的特征。

3．象征性游戏：又称戏剧游戏、假装游戏或想象性游戏。在这一水平的游戏中，儿童利用角色扮演和想象来改变自己、他人、物体或场所。例如一个孩子把积木当作电话，或者一群孩子从戏剧游戏中延伸出海盗船和埋藏的宝藏的情节。

4．规则性游戏：这一水平的游戏涉及一套预先确定的规则，玩家需要接受并遵守规则（其中可能包括竞争和目标定向）。赛跑、捉人游戏等户外游戏和棋盘游戏等室内游戏都是常见的规则性游戏。

帕顿的社交游戏分类

1．旁观者游戏：在这类游戏中，儿童饶有兴趣地观察他人，听他们说话，但不参与或与游戏中的儿童互动。

2．独自游戏：在这类游戏中，儿童经常一个人独自玩耍，不与周围的人和不同的材料互动。任何年龄的儿童都可能会独自游戏。

3．平行游戏：在这类游戏中，儿童和同伴聚在一起进行同样的活动，但他们各自独立地玩，不会共享玩具或材料，也不会对活动进行讨论。

4．联合游戏：在这类游戏中，儿童在相同或类似的活动中各自独立地玩，但是他们会评价他人正在做什么。

5．合作游戏：在这类游戏中，儿童与同伴一起进行共同的活动，在社会戏剧游戏、合作搭建或小组游戏中扮演约定的角色并实现共同的目标。

非游戏活动

在观察了童年早期环境中的儿童后，你会发现并非所有的活动都是一种游戏。有些是由教师指导的活动、常规活动、课堂过渡、从一个活动到下一个活动的衔接，或者仅仅是无约束的、闲暇的"待机时间"。

如何将游戏量表作为观察工具

1．你可以使用一个简单的检查表来记录你观察到的社交游戏类型或认知游戏水平。

2．你可以使用组合的帕顿/皮亚杰观察记录表同时记录儿童游戏的两个维度。使用计分法记录你观察到的社交和认知游戏类型。在熟练地分析儿童的游戏之前，你可能需要在表格的方框中做简洁的笔记。

来源

Isenberg, J. P., & Jalongo, M. R. (2001). *Creative expression and play in early childhood* (3rd ed.). Upper Saddle River, NJ: Merrill/Prentice Hall.

Johnson, J., Christie, J., & Yawkey, T. (1987). *Play and early childhood development*. Glenview, IL: Scott-Foresman.

Parten, M. (1932). Social participation among preschool children. *Journal of Abnormal Psychology*, 27(2), 243-269.

Piaget, J. (1962). *Play, dreams, and imitation in childhood*. New York: Norton.

帕顿/皮亚杰观察记录表

儿童姓名：_____

观察日期和时间：_____

		认知游戏			
社交游戏		功能性游戏	建构性游戏	象征性游戏	规则性游戏
	独自游戏				
	平行游戏				
	联合游戏				
	合作游戏				
非游戏活动					
闲暇或旁观者游戏，游戏活动之间的过渡					
其他非游戏活动：班级常规和过渡时间，以及教师指导的活动					

资料来源：改编自 J. Johnson，J. Chissie & T. Yawkey (1987).

附录 B

观察表和资源

▢ 观察表

下面是一些观察工具的列举，你可以直接使用或根据自己的需要重新设计，以便深入了解儿童解决同伴冲突的方法。

叙事观察表

儿童姓名：_____	日期/时间：_____
观察目的：_____	情境：_____
观察：	注释/解释：

后续建议和计划：

冲突观察记录表

（此记录表可用于记录正在发生的互动，或在互动发生后进行分析。）

社会情境		物理情境	主题		策略		结果	
社交游戏类型		游戏活动和地点	物理	社会	肢体	语言	儿童发起	成人控制
旁观者游戏、独自游戏或平行游戏	联合游戏或合作游戏		目标或范围	分组规则、优先权等	肢体：攻击性的或非攻击性的	简单的坚持或争论和协商	相互、支配、退缩或同伴帮助	

亲社会和社会道德能力评量表

(此评量表是由教师开发的,旨在更多地了解教室里的儿童。为了方便使用,你可以对表格内容进行添加或更改。)

	不确定	偶尔	经常	完全一致	评价
共情					
识别他人的情绪					
安慰他人					
关心他人的福祉					
冲突解决					
在没有成人帮助的情况下解决冲突					
运用推理和协商					
表现出自制力					
亲社会行为					
做出适当的行为选择					
与同伴合作					
显示出对群体角色的理解					
交流					
用言语表达冲突的细节					
用言语解决冲突					
倾听他人所说的话					
交流情感					

观察资源

Beaty, J. J. (1998). *Observing development of the young child* (4th ed.). Upper Saddle River, NJ: Merrill/ Prentice Hall.

Bentsen/ W. R. (1985). *Seeing young children: A guide to observing and recording behavior.* Albany, NY: Delmar.

Losardo, A., & Notari-Syverson, A. (2001). *Alternative approaches to assessing young children.* Baltimore: Paul H. Brookes.

McAfee, O., & Leong, D. J. (2001). *Assessing and guiding young children's development and learning* (3rd ed.). Boston: Allyn & Bacon.

Project Zero &Reggio Children. (2001). *Making learning visible: Children as individual and group learners.* Reggio Emilia, Italy: Reggio Children.

Ramsey, P. G. (1991). *Making friends in school: Promoting peer relationships in early childhood.* New York: Teachers College Press.

Wortham, S. (2001). *Assessment in early childhood education* (3rd ed.). Upper Saddle River, NJ: Merrill/ Prentice Hall.

附 录 C

以关怀、冲突解决与和平教育为主题的儿童图书

这些推荐书籍或新或旧，都可以用来支持儿童的关怀、冲突解决与和平创设。这个清单包括一系列适合幼儿、学龄前儿童和小学儿童的书籍。请按照你的意愿进行选择，以找到最合适的书籍或材料。与关怀和冲突解决相关的主题包括：

- 情绪和情感
- 家人和朋友
- 观点采择和共情
- 友好和同情
- 多样性和确定性
- 社会正义、行动主义和反偏见
- 关心地球和环境
- 体验和解决冲突

教师可以找到一本或多本与这些主题相关的图书。故事中的人物会以多种方式相互交流，这是与儿童讨论的基础。利用概念性图书或信息性图书，教师还可以提供解决问题、观点采择的机会，并培养儿童解决冲突和理解他人的能力。下列是与关怀和冲突解决主题相关的书籍。

Bang, M. (1999). *When Sophie gets angry—really, really angry*. New York: Blue Sky Press.

主题：情绪和情感，生气，家人和朋友。

Bourgeois, P. (1993). *Franklin is bossy*. Toronto: Kids Can Press.

主题：情绪和情感，友谊。

Bruchac, J. (1993). *First strawberries: A Cherokee story*. Dial: New York.

主题：家人和朋友，经验和冲突解决，成人冲突。

Bunting, E. (1991). *Fly away home*. New York: Clarion Books.

主题：适应能力和观点采择，经济多样性。

Carle, E. (1977). *The grouchy ladybug*. New York: Harper Collins.

主题：友好，分享，暴力的替代品。

Carlsson-Paige, N. (1998). *Best day of the week*. St. Paul, MN: Redleaf Press.

主题：体验和解决冲突。这本画册是为配合教师的指导而写的。《在压力来临之前：与儿童一起建立解决冲突的技能》（*Before Push Comes to Shove: Building Conflict Resolution Skills with Children*）。

Cheltenham Elementary School Kindergarteners (1991). *We are all alike we are all different*. New York: Scholastic.

主题：多样性和确定性，友谊。

Cherry, L. (1990). *The great kapok tree: A tale of the amazon rain forest*. San Diego, CA: Harcourt Brace Jovanovich.

主题：关心环境。

Clifton, L. (1976). *Three wishes*. New York: Viking.

主题：体验和解决朋友之间的冲突。

Coleman, E. (1996). *White socks only*. Morton Grove, IL: Albert Whitman.

主题：社区活动，社会正义，行动主义，反偏见。

Coles, R. (1993). *The story of Ruby Bridges*. New York: Scholastic.
主题：社会行动主义，直面偏见的勇气。

Crary, E. (1996). *My name is not dummy*. Seattle: Parenting Press.
主题：霸凌，问题解决。

de Paola, T. (1980). *The knight and the dragon*. New York: Putnam.
主题：以和平替代打架。

Feelings, M. (1971). *Moja means one: A Swahili counting book*. New York: Dial Books.
Iamb means hello: A Swahili alphabet book. New York Dial Books. (1974)
主题：多样性，确定性，观点采择。

Feeney, S. (1980). *A Is for aloha*. Honolulu: University of Hawaii Press.
主题：多样性，确定性，观点采择。用各种语言和符号书写的字母表和计数书传达了多样性和共性。

Greenfield, E. (1973). *Rosa Parks*. New York Crowell.
主题：社会行动主义，直面偏见的勇气。

Greenfield, E. (1976). *First pink light*. New York: Black Butterfly.
主题：家庭——父母和子女之间的冲突与解决。

Greenfield, E. (1978). *Honey I love and other poems*. New York Crowell.
主题：多样性，情绪，确定性，家人和朋友。

Grimes, N. (1994). *Meet Danitra Brown*. New York Lathrop, Lee & Shepard.

主题：友谊，情绪，面对逆境。

Guback, G. (1994). *Luka's quilt*. New York: Greenwillow.
主题：家庭中的冲突解决。

Hamanaka, S. (1994). *All the colors of the earth*, New York: Morrow Junior Books.
主题：多样性和确定性。

Henkel, K. (1991). *Chrysanthemum*. New York: Greenwillow.
主题：多样性和确定性，情绪和情感，对脏话的反应。

Henkes, K. (1996). *Lily's purple plastic purse*. New York: Greenwillow.
主题：情绪和情感，家人和朋友，伤害行为的后果。

Herron, C. (1997). *Nappy hair*. New York: Knopf.
主题：多样性和确定性。

Hoffman, M. (1991). *Amazing grace*. New York Dial Books.
主题：多样性和确定性，克服肤色和性别的限制。

Hoose, P., and Hoose, H. (1998). *Hey, little ant. Berkeley*, CA: Tricycle Press.
主题：观点采择和共情，友好和同情，显现社会良知，自然地关怀他人，霸凌。

Hutchins, P. (1986). *The doorbell rang*. New York Greenwillow.
主题：分享，协商，问题解决，关心他人。

Jeffers, S. (1991). *Brother eagle, sister sky*. New York: Dial Books.

附录C 以关怀、冲突解决与和平教育为主题的儿童图书

主题：尊重地球，观点采择。

Jones, R. (1995). *Matthew and Tilley*. New York, Dutton.
主题：朋友之间的冲突和解决。

Keats, E. J. (1968). *A letter to Amy*. New York: Harper.
Pet show. (1972). New York: MacMillan.
Peter's chair. (1967). New York: Viking.
Whistle for Willie. (1964). New York: Viking.
主题：情绪，家人和朋友，确定性，多样性。济慈的每一本书都为孩子们提供了一个真实的儿童世界，让他们与彼得、他的家人和朋友一起体验。

Kraus., R. (1971). *Leo the late bloomer*. New York: Windmill Books.
主题：情绪，家人和朋友，多样性和确定性。

Leaf, M. (1936). *The story of Ferdinand*. New York: Viking Press.
主题：和平，友好，同情，情绪和情感，特立独行。

Lionni, L. (1963). *Swimmy*. New York: Parthenon.
主题：团队合作。
Little blue and little yellow. (1959). New York: Astor.
主题：多样性和友谊。
It's mine. (1996). New York: Knopf.
主题：冲突和共同学习。
A color of his own. (1975). New York: Parthenon.
主题：多样性和确定性。
李奥尼所有的书都以亲社会行为为主题。

Morgan, P. (1990). *The turnip: An old Russian folk tale*. New York: Philomel Books. 关于合作的老故事有几个版本，包括：Tolstoy, Aleskey. (2002). *The enormous turnip: A classic folk tale*. San Diego, CA: Harcourt.

Naylor, P. (1994). *King of the playground*. New York: MacMillan.
主题：遭遇霸凌时的问题解决。

Pfister, M. (1992). *Rainbow fish*. New York: North-South Books.
主题：分享，友好，友谊。

Ringold, F. (1991). *Tar beach*. New York: Crown Publishers.
主题：家庭，多样性和确定性。

Ringold, F. (1995). *Aunt Harriet's underground railroad in the sky*. New York: Crown Publishers.
主题：勇气和帮助困苦的人。

Sciescka, J (1989). *The true story of the three little Pigs by A. Wolf*. New York: Scholastic.
主题：观点采择，处理冲突。

Sendak, M. (1963). *Where the wild things are*. New York: Harper.
主题：情绪和情感，安慰。

Seuss, Dr. (1984). *The butter battle book*. New York Random House.
主题：团队冲突升级的经验。
The lorax. (1971). New York: Random House.
主题：关心环境。

Horton hears a who. (1954). New York: Rand. House.

主题：关心他人，尊重，平等，为他人挺身而出。

Sharrnat, tvl. (1980). *Gila monsters meet you at the airport*. New York: Aladdin.

主题：多样性，应对刻板印象。

Swat, M. (1983). *Angel child, dragon child*. New York: Scholastic.

主题：情绪，家庭，多样性，文化冲突和理解。

Viorst, J. (1972). *Alexander and the terrible, horrible, no good, very bad day*. New York: Atheneum.

主题：情绪和情感，鼓励，共情，家庭。

Williams, V. B. (1982). *A chair for my mother*. New York: Greenwillow.

主题：家庭，友好，同情，观点采择和共情。

Zolotow, C. (1976). *The hating book*. New York: Harper Trophy.

主题：沟通技巧和友谊，情绪和情感。

附录 D

教师用书——活动和课堂点子

Carlsson-Paige, N., & Levin, D. E. (1998). *Before push conies to shove: Building conflict resolution skills with children*. St. Paul, MN: Redleaf Press.

Charles, C. M. (2000). *The synergistic classroom: Joyful teaching and gentle discipline*. New York: Longman.

Crary, E. (1984). *Kids can cooperate: A practical guide to teaching problem solving*. Seattle, WA: Parenting Press.

Kreidler, W. J. (1984). *Creative conflict resolution: More than 200 activities for keeping peace in the classroom K-6*. Glenview, IL: Scott, Foresman.

Kreidler, W. J. (1994). *Teaching conflict resolution through children's literature*. New York: Scholastic Professional Books.

Levin, D. E. (1994). *Teaching young children in violent times: Building a peaceable classroom*. Philadelphia, PA: New Society Publishers (2nd edition, 2003, Washington, DC: NAEYC).

Luvmour, S., & Luvrnour, J. (1990). *Everybody wins! Cooperative games and activities*. Philadelphia: New Society Publishers.

Pelo, A., & Davidson, A. (2000). *That's not fair!: A teacher's guide to activism with young children*. St. Paul, MN: Redleaf Press.

Prutzman, P., Stem, L, Burger, M. L, Bodenhamer, G. (1988). *Friendly classroom for a small planet: A handbook for creative approaches to living and problem solving for children*. Philadelphia: New Society Publishers.

Roberts, P. (2002). *Kids taking action: Community service learning projects K-8*. Greenfield, MA: Northeast Foundation for Children.

Smith, C. A. (1993). *The peaceful classroom:162 easy activities to teach preschoolers compassion and cooperation.* Mt. Ranier, MD: Gryphon House.

Vance, E., & Weaver, P. J. (2002). *Class meetings: Young children solving problems together.* Washington, DC: National Association for the Education of Young Children.

Wichert, S. (1989). *Keeping the peace: Practicing cooperation and conflict resolution.* Philadelphia: New Society Publishers.

York, S. (1991). *Roots and wings: Affirming culture in early childhood programs.* St. Paul, MN: Redleaf Pre.

York, S. (1992). *Developing roots and wings: A trainer's guide to affirming culture in early childhood programs.* St. Paul, MN: Redleaf Press.

附 录 E

如何进行第八章和第九章中的游戏

▢ 和平创设和共同体建设的游戏和活动：幼儿园、学前班和小学

这些游戏有很多版本，其中一些游戏非常相似。教师可以随时做出调整，只需确保新版本的游戏仍然基于合作、共同体建设和所有游戏者的相互支持。应避免个人竞争、物质奖励和仅基于体型、力量或能力的结果。以下的大部分游戏都是从多个来源收集和改编的，但在某些情况下已提供的参考资料可能会有所帮助。

- 动物表演：孩子们选择一种动物来表演哑剧，而其他人则试图猜测他们在表演什么（Luvmour，1990，p. 38）。
- 一个什么？：这个游戏涉及问答顺序的协调。尽量不要搞混了！

  孩子1将物品交给孩子2并说："这是一个球（或任何物品）。"

  孩子2问："一个什么？"

  孩子1："一个球。"

  孩子2："哦！"（转向孩子3）"这是一个球。"

  孩子3："一个什么？"

  （以此类推）

  [现在，让这个过程变得有趣和富有挑战性的是在圆圈的相反方向传递两个物品。适合大一点的孩子（甚至成人）的一个游戏变式是一个接一个地传递物品，这样玩家就可以同时进行两次对话。你可以使用本身就很有趣的东西（比如香蕉、球或积木），然后把它称作别的东西。]

- 用毯子抛接球：孩子们一起抓住毯子，把一个或多个球抛向空中，然后再用毯子接住球。还有其他用毯子开展合作游戏的想法，使用降落

伞也是一个不错的选择。
- 身体雕塑：孩子们结对或团队协作，把自己或对方摆出雕像或雕塑的姿势（Wichert, 1989, p. 67）。
- 合作玩杂耍：孩子们玩接球游戏，一次将两个或多个球掷过一个圆圈。关键是要集中注意力！同样，这个游戏也有变式。
- 合作制作怪物：这是一项集体艺术活动，每个人都参与创造一个想象的怪物、外层空间生物或幻想的动物。孩子们轮流添加多个身体部位，最后大家可能会给这个生物命名或集体讲一个故事（Prutzman, 1988, p. 28）。
- 合作音乐椅：这是一个我们熟知的合作游戏，它曾经是一个非常有竞争性的游戏。在这个游戏中，椅子逐渐被移除，而不是游戏者被淘汰，最后所有的人都挤在剩下的椅子上。使用枕头可能比使用椅子更安全。
- 合作蜘蛛网1：孩子们坐在地板上围成一个圈，在圈里来回滚动一团纱线，形成一个网，记住要一直抓住纱线。孩子们可以轮流对彼此说一些好话、讲一个故事或押韵词等。
- 合作蜘蛛网2：孩子们组成一个团队，每个人都有一团纱线或细绳，共同创造一个房间大小的蜘蛛网。另一个团队来解开这个网。每条线的末尾都可能有意想不到的物品、惊喜或留言。
- 合作讲故事：每个人都通过在故事中加入一部分情节来做出贡献。讲故事可以绕着圈子进行，也可以跟着一团纱线从一个人到另一个人。讲故事的人可以传递一个物品或道具并在故事中使用它。这个游戏可以有许多变式。
- "最喜欢的事物"清单：通过列出每个人的"最爱"，语言活动可以成为合作建构共同体的机会。孩子们会发现他们的"最爱"是多么地相似和不同，进一步探索他们之间的共性和差异性，并了解他们从属于一个群体的特征。
- 寻找动物伴侣：每个孩子都被秘密地告知动物的名字，他们会表演相

附录E　如何进行第八章和第九章中的游戏　　365

应的动物,直到他们发现另一个孩子表演的是同一种动物(Luvmour, 1990, p. 27)。

- 回旋爬行动物:这是最受孩子欢迎的游戏!孩子们做了一条用"肚子力量"移动的长蛇。他们排成长队躺在地上,抓住前面孩子的脚踝。最前面的孩子可以用手,尾部的孩子可以用脚,但其他人只能向前扭动(Luvmour, 1990, p. 39)。

- 亲爱的,我爱你,但我不能笑:这是一个"憋笑"的挑战!玩家1对玩家2说:"我爱你,亲爱的!"玩家2在回答"亲爱的,我爱你,但我不能笑"时要忍住不笑。然后玩家2继续和玩家3重复刚才的对话,以此类推。(不笑越来越难了!)

- 热与冷:这是一项众所周知的集体活动。一个物品被藏起来,除了一个孩子(或一个小团队)外,其他人都知道它在哪里。其他人给出线索——"热"(接近了)和"冷"(远离了),直到寻找者(们)找到目标物。

- 真人拼图:在这项活动中,孩子们靠着躺在地板上,把他们的胳膊和腿交织成连锁的拼图块,从而制造出一个人体拼图。几分钟后,他们站起来,四处走动,然后试着复原拼图(Prutzman, 1988, p. 24)。

- 传球:孩子们站成一圈,只用张开的手掌将球传给下一个人。我们的规则是尽可能快地传球,球不能掉下来,也不能用拇指和其他手指抓球(Luvmour, 1990, p. 46)。

- 柠檬汽水:在这个团队哑剧游戏中,一个团队负责表演一个动作、物体或动物等。当另一个团队中有人猜对时,表演哑剧的团队就跑向基地,猜谜团队在后面追。只要有人被标记则更换队伍(Luvmour, 1990, p. 15)。

- 制造机器:在这个游戏中,儿童使用身体表演来代表一个真实的或虚构的机器(Prutzman, 1988, p. 30)。

- 哑剧游戏:儿童可以尝试多种变式游戏,如在没有台词的情况下,孩子们成对或以团队的形式摆出字母表中的字母、舞台造型或故事场景等（参见创造性戏剧资源以及普鲁茨曼的观点，1988）。
- 爆米花球：当教师安排这项活动的指定动作时，孩子们先坐在地板上作为爆米花仁。当他们假装被加热时，他们会突然弹起来到处跳，最后全都粘在一起形成一个大爆米花球（Luvmour，1990，p.16）。
- 向前滚动：孩子们躺在地板上，脚底并拢地向前滚动，试图保持两脚不分开（Luvrnour，1990，p.17）。
- 提绳：这个游戏比看起来要困难得多。孩子们围成一圈坐着，手里拿着一根两端绑在一起的绳子。所有人试着一起站起来（Luvmour，1990，p.17）。
- 沉睡者：一个玩家被秘密地指定为"沉睡者"。当"沉睡者"秘密地向其他玩家眨眼时，他们会假装睡着了，直到有人发现"沉睡者"是谁。
- 意大利面：孩子们站成一个圈，与不站在他们旁边的人握着手。孩子们需要耐心和合作，才能解开意大利面，并在不松手的情况下形成一个圆圈。
- 一起站起来：这是另一个集体身体挑战游戏！孩子们手牵手地坐成一个圈，一起努力站起来（Luvmour，1990，p.16）。
- 这不是钢琴：孩子们并排躺在地板上形成一个键盘。每个孩子都会选择一种独特的声音。当教师或儿童钢琴演奏者触摸他们的脚时，孩子们会发出自己的声音（Wichert，1989，p.80）。
- 描摹朋友：孩子们在地板上的一张大纸上描绘彼此的身体轮廓。这是一种合作的替代方法，而不是让教师进行描绘。可以根据游戏者的年龄调整游戏。蜡笔比记号笔更好用（Wichert，1989，p.70）。
- 包裹朋友：这个游戏需要依靠团队的努力，并且有无穷的乐趣！几个孩子一起把另一个孩子裹在一大张纸里。当他们完成后，被包裹的孩子从纸里跳出来。一些要注意的规则是：露出头部，不要用剪刀。游戏者可以使用胶带，但只能在纸上使用，不能粘在儿童的身上（Wichert，1989，p.85）。

参 考 文 献[1]

Aboud, F. (1988). *Children and prejudice.* New York: Blackwell.

Adams, S. K., & Wittmer, D. S. (2001). "I had it first": Teaching young children to solve problems peacefully. *Childhood Education, 77,* 10–16.

Adults and Children Against Violence. (2002). *Violence prevention in early childhood: How teachers can help.* Washington, DC: American Psychological Association and National Association for the Education of Young Children (NAEYC).

Alat, K. (2002). Traumatic events and children: How early childhood educators can help. *Childhood Education, 79,* 2–8.

American Academy of Pediatrics. (2001). Organized sports for children and preadolescents. *Pediatrics, 107,* 1459–1462.

American Psychological Association. (1993). *Violence and youth: Psychology's response. Volume I: Summary report of the American Psychological Association Commission on Violence and Youth.* Washington, DC: Author.

American Psychological Association & the National Association for the Education of Young Children. (2002). *Violence prevention in early childhood: How teachers can help.* Washington, DC: Authors.

Arcaro-McPhee, R., Doppler, E. E., & Haw-kins, D. A. (2002). Conflict resolution in a preschool contructivist classroom: A case study in negotiation. *Journal of Research*

---

[1] 为了环保，也为了节省您的购书开支，本书参考文献不在此一一列出。如果您需要完整的参考文献，请通过电子邮箱1012305542@qq.com联系下载，或者登录www.wqedu.com下载。您在下载中遇到问题，可拨打010-65181109咨询。

in Childhood Education, 17, 19–25.

Armstrong, T. (1994). *Multiple intelligences in the classroom*. Alexandria, VA: Association for Supervision and Curriculum Development.

Arnold, D. H., Homrok, S., Ortiz, C., & Stowe, R. M. (1999). Direct observation of peer rejection acts and their temporal relation with aggressive acts. *Early Childhood Research Quarterly, 14*, 183–196.

Association for Supervision and Curriculum Development. (1997). *Promoting social and emotional learning: Guidelines for educators*. Alexandria, VA: Author.

Association for Supervision and Curriculum Development. (1998). Making parent involvement meaningful. *Education Update, 40*(1), 1, 3, 8.

Ayres, B. J., & Hedeen, D. L. (2003). Creating positive behavior support plans for students with significant behavioral challenges. In M. S. E. Fishbaugh, T. R. Berkeley, & G. Schroth (Eds.), *Ensuring safe schools: Exploring issues—Seeking solution* (pp. 89–105). Mahwah, NJ: Lawrence Erlbaum.

Bakeman, R., & Brownlee, J. R. (1982). Social rules governing object conflicts in toddlers and preschoolers. In K. H. Rubin & H. S. Ross (Eds.), *Peer relationships and social skills in childhood* (pp. 99–111). New York: Springer-Verlag.

Bakly, S. (2001). Through the lens of sensory integration: A different way of analyzing challenging behavior. *Young Children, 56*(6), 70–76.

Ballen, J., & Moles, O. (1994). *Strong families, strong schools: Building community partnerships for learning*. Washington, DC: U.S. Department of Education.

Banks, J. A. (1999) *Introduction to multicultural education* (2nd ed.). Boston: Allyn & Bacon.

Barazzoni, R. (2000). *Brick by brick*. Reggio Emilia, Italy: Reggio Children.

Beaty, J. J. (1998). *Observing development of the young child* (4th ed.). Upper Saddle River, NJ: Merrill/Prentice Hall.

Bell, N., Grossen, M., & Perret-Clermont, A. (1985). Sociocognitive conflict and intellectual growth. In M. W. Berkowitz (Ed.), *Peer conflict and psychological growth. New directions for child development, 29* (pp. 41–54). San Francisco: Jossey-Bass.